Cerwinka/Schranz
Beim Ersten Eindruck gewinnen

Für die ...

alles Liebe und

Gute

l. Gila

Gabriele Cerwinka
Gabriele Schranz

Beim Ersten Eindruck gewinnen

Professionell agieren in Alltag und Business

Bibliografische Information Der Deutschen Bibliothek

Die Deutsche Bibliothek verzeichnet diese Publikation in der Deutschen Nationalbibliografie; detaillierte bibliografische Daten sind im Internet über http://dnb.ddb.de abrufbar.

ISBN 3-7093-0100-9
ISBN-13: 978-3-7093-0100-5

Umschlag: AG MEDIA GmbH
© LINDE VERLAG WIEN Ges.m.b.H., Wien 2006
1210 Wien, Scheydgasse 24, Tel.: +43/1/24 630
www.lindeverlag.at

Satz: deleatur, Dr. Ing. Karl Giesriegl (www.deleatur.com)
Druck: Hans Jentzsch & Co. GmbH., 1210 Wien, Scheydgasse 31

Inhaltsverzeichnis

Vorwort

Vor bald zehn Jahren haben wir uns erstmals mit dem Thema Erster Eindruck befasst. Schon damals war das Echo dazu enorm. Für uns Menschen ist es einfach besonders wichtig, schon vom ersten Moment an zu gewinnen. Denn nicht zuletzt die Schnelllebigkeit unserer Zeit macht uns bewusst, wie entscheidend dieser für unseren Erfolg ist. Wir haben heute lediglich Bruchteile von Sekunden zur Verfügung, um den anderen positiv zu beeindrucken.

Für uns war es interessant zu beobachten, wie sich diese Bedeutung des Ersten Eindrucks in den letzten Jahren noch weiter erhöht hat. Die Reaktionszeiten werden immer kürzer und der Erfolg im Berufsleben muss immer härter erkämpft werden. Deswegen wollten wir uns noch einmal mit diesem Thema damit auseinander setzen.

Im Zentrum dieses Ratgebers steht dabei die Funktionsweise unserer Wahrnehmung und was wir bewusst dazu beitragen können, in der Wahrnehmung der anderen einen „gewinnenden Eindruck" zu hinterlassen. Diese Wahrnehmung erfolgt nicht immer nur in der persönlichen Begegnung, sondern vermehrt über unseren beruflichen „Hauptkommunikationsweg", das Internet. Wir haben diesem Bereich daher besondere Beachtung geschenkt.

Wir hoffen, unseren Lesern des ersten Buches „Die Macht des Ersten Eindrucks" eine umfassende Ergänzung zu liefern und allen neuen Lesern wertvolle Anregungen zu geben.

Nützen Sie Ihre Chancen vom ersten Moment an und entscheiden Sie mit, in welcher Schublade Sie bei den anderen landen: Top oder Flop!

Aus Gründen des Umfangs dieses Ratgebers konnten wir nicht auf jede Situation eingehen, die bei dem Phänomen Erster Eindruck entstehen können. Sollten sich Fragen ergeben, die Sie hier nicht beantwortet erhalten, stehen wir Ihnen gerne unter http://www.schranz-cerwinka.at zur Verfügung.

Gabriele Cerwinka   Gabriele Schranz

PS: Wir haben bewusst auf das jeweilige Anführen der weiblichen und männlichen Form verzichtet. Unser Buch ist für sämtliche interessierte Leser geschrieben – unabhängig von Geschlecht, Alter und Position.

1. Wahrnehmungsphänomen Erster Eindruck

1.1 Wie unsere Wahrnehmung funktioniert

Familie Müller fährt mit dem Touristenbus durch Havanna. Eine Vielfalt von Eindrücken strömt auf sie ein: alte, halbverfallene Häuser mit reichhaltigen Fassadenverzierungen, bunt gekleidete Menschen, Autos wie aus dem Museum, bunte Verkaufsstände und vieles mehr ... Sie staunen und „saugen" die unterschiedlichsten Eindrücke nur so in sich auf. Als sie dann in einer schäbigen, aber gemütlichen Bar bei einem Glas Rum und Fruchtsaft sitzen, besprechen sie ihre Eindrücke:

„Ich würde mich hier nie selber fahren trauen, da gibt es ja keine Verkehrsregeln! Und dann diese alten Schrottlauben, die fallen ja schon auseinander, wenn man sie nur fotografiert!"

„Diese Frau vor dem kleinen Laden hatte so was von geschmeidigen Bewegungen – da hört man ja geradezu den Salsa! Da kann sich meine Aerobic-Trainerin was abschauen!"

„Ich möchte ja gerne wissen, wie viel man hier für die Renovierung so eines Miethauses veranschlagen muss. Das könnte eine recht lohnende Investition sein."

„Hier ist alles so schmutzig und der Müll wird wohl auch nie abtransportiert. Ich habe nirgendwo eine Mülltonne gesehen. Und der Lärm würde mich wahnsinnig machen".

Es ist schon eigenartig, wie unterschiedlich wir unsere Umwelt wahrnehmen. Ist es nicht ein und derselbe „Film", der vor uns abläuft? Sind es nicht dieselben Geräusche und Gerüche, die an unsere Ohren und Nasen dringen? Warum empfinden wir so unterschiedlich? Warum sehen wir meist nur einen Teil des Bildes?

Unsere Wahrnehmung ist ein sehr komplexer Vorgang, bei dem wir die uns angebotenen Informationen aufnehmen und verarbeiten. Wie funktioniert das und was verstehen wir unter „Wahrnehmung"?

Unter Wahrnehmung versteht man im Allgemeinen den Prozess der bewussten Informationsaufnahme eines Lebewesens mit Hilfe seiner Sinne. Die genauere Definition dieses Begriffes hängt jedoch vom jeweiligen wissenschaftlichen Betrachtungswinkel ab.

Die **Biologie** bezeichnet mit Wahrnehmung jene Fähigkeit eines Organismus, mit seinen Sinnesorganen Informationen – und zwar in Form von Reizen – aufzunehmen und zu verarbeiten.

Die **Psychologie** versteht unter Wahrnehmung die Summe der Schritte von Aufnahme, Auswahl, Interpretation und Verarbeitung von Informationen unserer Sinne. Es führen also nur jene Sinnesreize zur Wahrnehmung, die auch geistig verarbeitet werden und so zu einer Handlung (auch einer Unterlassung einer Handlung) führen.

Die **Philosophie** unterscheidet und trennt die reine Wahrnehmung von der gedanklichen Verarbeitung des Wahrgenommenen. Die reine Wahrnehmung ist also zunächst nur die Abbildung der Realität mit Hilfe der Sinne im Zentralnervensystem.

So unterschiedlich oder für den Laien spitzfindig diese drei Definitionen auch sein mögen – sie haben doch eines gemeinsam: Sie gehen von der Kombination einer biologischen Funktion unserer Sinnesorgane und der geistigen Verarbeitung dieser Informationen aus.

Unsere Sinne

Beginnen wir also bei diesen Sinnesorganen. Sie reagieren auf Reize und setzen diese in einen „Sinn", eine Sinneswahrnehmung um. Die Sinnesrezeptoren, zum Beispiel die Stäbchen und Zapfen der Augen, nehmen dabei diese Reize auf und leiten sie weiter.

1.   **Sehen – visuelle Wahrnehmung:** Das Sinnesorgan Auge hilft uns, visuelle Reize, wie Farben, Kontrast, Linien, Formen und Gestalten, Bewegung und Räumlichkeit wahrzunehmen. Das Auge ist das am meisten beanspruchte und verwendete Sinnesorgan. Es wird daher am meisten überlastet. Allerdings kann es auch einfach geschlossen werden, um so die Sinnesreiz-Aufnahme zu unterbrechen.

2.   **Hören – auditive Wahrnehmung:** Das Sinnesorgan Ohr hilft uns, akustische Reize, wie Schall, Töne, Rhythmen und Klänge, wahrzunehmen.

Im Unterschied zum Auge kann es nicht einfach „geschlossen" werden, es ist also permanent den Umweltreizen ausgesetzt. Dem Ohr kommt die zentrale Bedeutung in der Kommunikation zu, es ist die Grundlage zur Entwicklung der Sprache. Das Ohr hilft uns auch, Entfernungen zu bestimmen.

3. **Riechen – olfaktorische Wahrnehmung:** Das Sinnesorgan Nase, genauer gesagt die Riechschleimhaut in der Nase, hilft uns, Riech- und Duftstoffe als Reize wahrzunehmen. Im Unterschied zur Tierwelt ist die Nase beim Menschen nicht ganz so gut ausgeprägt und steht oft nicht im Vordergrund. Doch gerade diese Art der Wahrnehmung ist eng mit unseren Emotionen verbunden und daher oft unbewusst sehr stark an unserer gesamten Wahrnehmung beteiligt.

4. **Schmecken – gustatorische Wahrnehmung:** Das Sinnesorgan Zunge mit seinen Geschmacksknospen nimmt geschmackliche Reize, wie die chemische Qualität der Nahrung, auf. Diese Art der Wahrnehmung hängt eng mit dem Riechen zusammen und wird dadurch unterstützt.

5. **Tasten – taktile Wahrnehmung:** Das Sinnesorgan Haut ist unser größtes Sinnesorgan. Wir tasten nämlich nicht nur mit den Händen, sondern nehmen über die gesamte Hautoberfläche Reize, wie Druck, Berührung, Vibration und Temperatur, wahr.

6. **Bewegungs- und Stellungssinn – kinästhetische Wahrnehmung:** Wir nehmen über unsere Gelenke, Muskeln und Sehnen Reize auf, die es uns ermöglichen, die Stellung der Körperglieder zueinander und damit die Körperhaltung wahrzunehmen. Wir sprechen daher auch von unserem „Muskelsinn". Die Reize stammen dabei nicht von außen, sondern von innen, aus unserem Körper. Die Bewegungsabläufe sind dabei so „eintrainiert", dass wir z.B. auch mit geschlossenen Augen die Hand zum Mund führen können.

7. **Gleichgewichtssinn – vestibuläre Wahrnehmung:** Das zuständige Sinnesorgan für unser Gleichgewicht ist das Gleichgewichtsorgan im Innenohr. In Zusammenarbeit mit den Augen und dem Muskelsinn bewirkt es, dass wir aufrecht gehen und Lageveränderungen sowie Bewegungen erkennen und kontrollieren können.

8. **Fühlen:** Vielfach wird in der Literatur auch noch jeweils der **Schmerzsinn**, das **Empfinden von Hunger und Durst** als eigener Sinn angeführt.

Fest steht, dass die Tiere noch über weit mehr Sinne verfügen als wir Menschen.

Die Wahrnehmungskette

Wie funktioniert nun diese Aufnahme von Reizen und deren Verarbeitung, die dann letztendlich zu unserem Handeln führen? Modellhaft dargestellt bildet unsere Wahrnehmung einen Kreislauf: Ein Ereignis bedingt das nächste und die Reaktion, die damit ausgelöst wird, beeinflusst wieder unsere nächste Wahrnehmung. Um diesen Zusammenhang zu verdeutlichen, wird der gesamte Prozess in einer Art Kette dargestellt:

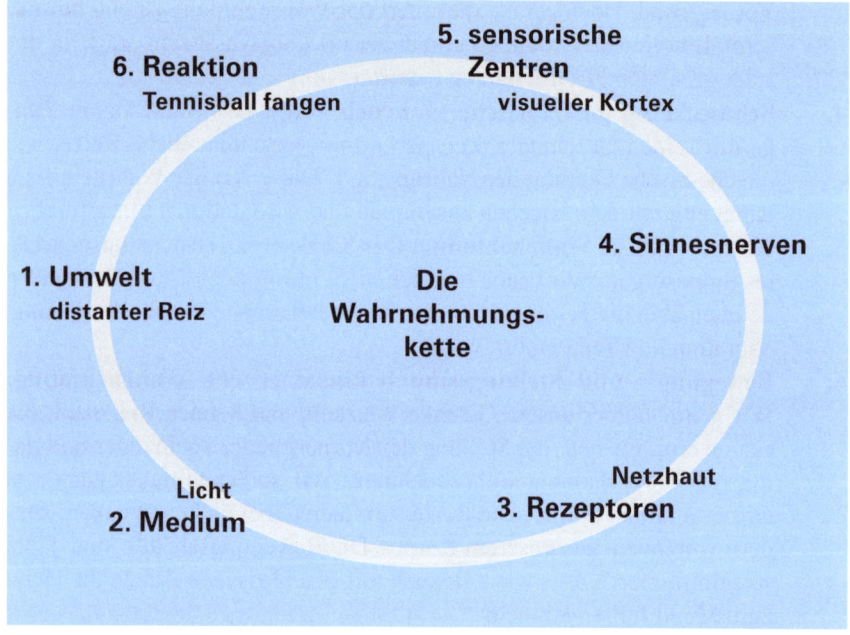

1. **Umwelt:** Die Außenwelt gibt Reize an das wahrnehmende Lebewesen ab. Diese Reize sind Ausgangspunkt des Wahrnehmungsvorgangs.
   Medium: Es übermittelt die jeweilige Eigenschaft der Umwelt und ist der „Transporteur" der Reize. Medien sind physikalisch messbare Größen, wie zum Beispiel der Schall, der Druck oder die Strahlung.
2. **Rezeptoren:** Das Medium trifft nun auf eine Sinneszelle des Körpers, die für die Aufnahme genau dieses Mediums spezialisiert ist: zum Beispiel die Stäbchen und Zapfen im Auge. Diese Sinneszellen werden Rezeptoren genannt. Nur wenn ein Rezeptor auf ein Signal des Mediums reagiert, spricht man von einem Reiz. So führt also nicht jede Umwelt-

eigenschaft auch zu einem Wahrnehmungsreiz. Ein Teil der so im Sinnesorgan aufgenommenen Information wird bereits dort „vorverarbeitet".

3. **Sinnesnerven:** Jetzt wird die aufgenommene und vorbereitete Information über Nerven zum jeweiligen sensorischen Zentrum des Gehirns weitergeleitet. Sie erfüllen somit eine wichtige Transportfunktion.

4. **Sensorische Zentren:** Die Sinnesnerven münden in einen bestimmten Bereich der Großhirnrinde, in der sich die jeweiligen sensorischen Zentren befinden. Hier passiert die eigentlich entscheidende Arbeit, hier wird Struktur in die Wahrnehmung gebracht. Die von außen erhaltene Information wird mit Hilfe von Vernetzen, Erinnern, Kombinieren, Assoziieren und dadurch Beurteilen bewusst verarbeitet und zugeordnet. Das ergibt jedoch nicht zwangsläufig ein klares gedankliches Bild, das ins volle Bewusstsein des Menschen vordringt. Viele dieser „Wahrnehmungs-Erkenntnisse" bleiben vage Empfindungen, die aber nichtsdestotrotz eine Reaktion hervorrufen. Wir sprechen von unterbewusster Wahrnehmung. Was wir wie wahrnehmen, wird von einigen so genannten „Wahrnehmungsgesetzen" festgelegt. Genau diese Gesetze sind für unser Phänomen „Erster Eindruck" sehr wichtig und werden uns in der Folge noch näher beschäftigen.

5. **Reaktion:** Als Ergebnis des Verarbeitungsprozesses im Gehirn erfolgt eine bestimmte Reaktion auf die Umwelt. Will ich zum Beispiel den Gegenstand vor mir näher erkunden, werde ich ihn angreifen, befühlen, daran riechen etc. So nehme ich weitere Reize auf, und der Prozess beginnt von neuem. Das geschieht ebenso, wenn ich eine fremde Person kennen lerne. Ich werde sie vielleicht nicht gleich „befühlen" – aber die kleinste Reaktion meinerseits – und sei es nur ein kurzes Augenzucken – kann eine Reaktion der Person hervorrufen, die mir wiederum neue Reize liefert.

Wird man sich bewusst, was sich da in Bruchteilen von Sekunden abspielt, beginnt man zu verstehen, wie komplex unsere Wahrnehmung ist und was dabei alles „passieren" kann.

Die Wahrnehmungsgesetze

Unsere Wahrnehmung ist keine detailgetreue und passive Abbildung der Realität, sie ist vielmehr das Ergebnis eines aktiven Filterungs- und Verarbeitungsprozesses. Viele dieser Kriterien sind je nach individueller Situation des Wahrnehmenden sehr unterschiedlich, wohingegen es auch einen Bereich gibt, in dem sich viele Menschen sehr ähnlich verhalten. Nach welchen Kriterien filtern wir nun unsere Wahrnehmung?

Objektive Wahrnehmungsgesetze

Hier werden all jene Gesetzmäßigkeiten zusammengefasst, die auf die Mehrzahl der Menschen zutreffen, unabhängig von individuellen Unterschieden. Endlose Versuchsreihen haben das bestätigt. Sie entsprechen dem offensichtlichen Grundbedürfnis des Menschen, sich zu orientieren, Bekanntes zusammenzufassen, komplizierte Dinge zu vereinfachen, um damit rasch und richtig reagieren zu können.

1. **Das Gesetz der Strukturierung:** Was wir wahrnehmen, wird von uns sofort in eine Struktur gebracht, wir versuchen im Chaos einen Sinn, ein Bild, eine Melodie zu erkennen. Wir haben in der Wahrnehmung die Tendenz, die Reize zu ordnen und in Gruppen überschaubar, einordbar zu machen.
2. **Das Gesetz der Unterscheidung in Figur und Grund:** Wir unterscheiden bei den wahrgenommenen Reizen in einen Vordergrund (eine Figur) und einen Hintergrund. Die Figur ist begrenzt, klar erkennbar und uns näher. Der Hintergrund ist unbegrenzt, meist unauffälliger und ohne Kontur. Dieses Prinzip gilt nicht nur für das Sehen, auch beim Hören und Fühlen geschieht dasselbe: Eine Melodie tritt klar in den Vordergrund, eine bekannte Stimme wird erkannt, ein Gefühl ist stärker als das andere.

Kennen Sie diese beliebten Kippbilder? Was ist Vordergrund, was Hintergrund? Die Vase oder die zwei einander zugewandten Profile? Das Faszinierende an solchen Bildern ist, dass sie uns deutlich machen, wie

unsere Wahrnehmung funktioniert. Wir können, auch wenn wir wissen, dass beide Motive in diesem Bild stecken, im selben Augenblick immer nur ein Bild sehen. Wollen wir das andere Bild wahrnehmen, müssen wir unsere Deutung umkippen, einen Schalter in unserer Wahrnehmung „umlegen".

3.   **Das Gesetz der Geschlossenheit:** Was durch Linien zusammengeschlossen ist, empfinden wir als zusammengehörig. Was jedoch offen ist, als nicht zusammengehörig. Auch eine Leerzeile im Text interpretieren wir zum Beispiel als Linie, als Trennung. Ist etwas unvollständig, wird es von uns „gedanklich" ergänzt, wieder zu einer geschlossenen Form gemacht.

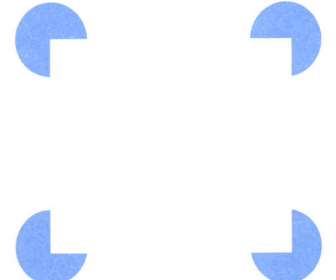

Wir ergänzen diese Figur in unserer Wahrnehmung sofort zu einem Quadrat, obwohl die Linien dafür fehlen.

4.   **Das Gesetz der Nähe:** Was nahe beieinander wahrgenommen wird, erfassen wir als zusammengehörig. Was dagegen weiter auseinander liegt, wird als nicht zusammengehörig eingestuft.

Wenn wir diesen Punkten eine Rechenoperation zuordnen sollen, werden die meisten wie folgt reagieren: 1 + 2 + 4 = 7

5.   **Das Gesetz der Ähnlichkeit:** Ähnliches oder Gleiches wird als zusammengehörig wahrgenommen. Die Gleichartigkeit kann sich dabei z.B. durch die gleiche Farbe, Form, das gleiche Symbol vor einem Text, die einheitliche Kleidung ausdrücken.

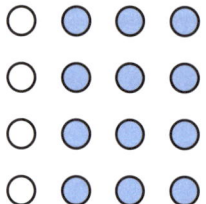

Wir erfassen die dunklen Punkte als zusammengehörig und die Reihe mit den weißen Punkten davon getrennt.

6. **Gesetz der Einfachheit:** Wir tendieren in unserer Wahrnehmung zur einfachen Form. Was uns zu kompliziert und keiner Gesetzmäßigkeit folgend erscheint, wird weniger leicht wahrgenommen. Wir orientieren uns lieber an Symmetrien und klaren Senkrecht- und Waagrechtlinien. Das gilt ebenso für akustische Reize: Wir erkennen eine Melodie, auch wenn sie falsch gespielt wird.

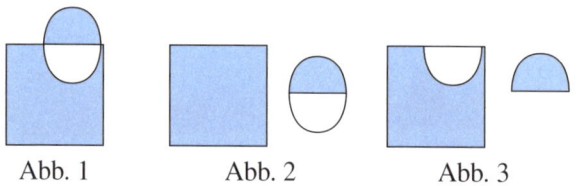

Abb. 1 Abb. 2 Abb. 3

Fragt man eine Versuchsperson, welche zwei Formen sie in Abb. 1 sieht, wird das Ergebnis wie in Abb. 2 lauten. Kaum jemand erfasst die beiden Figuren exakt so, wie sie eigentlich abgebildet sind (Abb. 3) Wir ergänzen zu einem Rechteck und einem Ei, weil dies die „einfacheren", klareren und bekannteren Formen sind.

7. **Gesetz der Kontextabhängigkeit:** Objekte oder Personen werden immer im Zusammenhang mit der Umgebung wahrgenommen. Die Umgebung bildet den Bezugspunkt zur Einordnung. Wird das Objekt aus diesem Zusammenhang genommen und in einen anderen gebracht, erscheint es uns verändert, obwohl dies objektiv nicht der Fall ist.

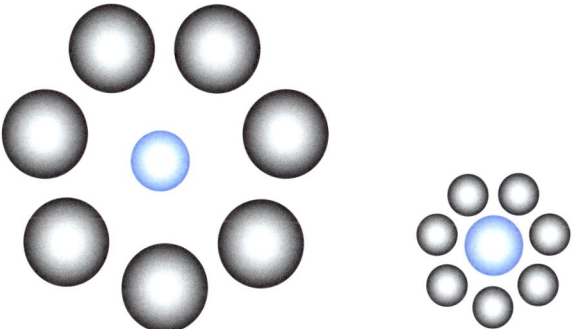

Der Ball in der Mitte der rechten Figur erscheint uns größer als der in der linken Figur, obwohl beide in ihrer Größe genau gleich sind. Genauso kann es aber auch bei der Beurteilung von Menschen zugehen. Ein durchschnittlicher Mitarbeiter wird in einem guten Team schlechter bewertet als in einem schlechten – auch bei exakt gleicher Leistung.

In der einschlägigen Fachliteratur findet man noch einige andere dieser objektiven Gesetzmäßigkeiten der Wahrnehmung. Wir haben hier die wichtigsten herausgenommen, um zu zeigen, wie selten unsere Wahrnehmung mit der tatsächlichen Realität zu tun haben kann.

Subjektive Filtereffekte

Noch deutlicher werden die Unterschiede in der Wahrnehmung des Einzelnen bei all jenen Einflussfaktoren, die mit unserem ganz persönlichen Filter zu tun haben. Wir filtern aus der Summe der Eindrücke jene heraus, die uns auf Grund unserer Erfahrung und früherer Lernprozesse als wichtig erscheinen. Komplexe Vorgänge lassen sich nur so verarbeiten, wir können nicht alle Reize gleichwertig aufnehmen, verarbeiten und uns erst dann geeignete Handlungsstrategien zurechtlegen – der Zeitaufwand wäre zu groß, wir könnten nicht rechtzeitig reagieren, wir wären in unserer Umwelt nicht lebensfähig. Unser persönlicher Filter ist also lebenswichtig. Vieles nehmen wir dabei zwar wahr, verarbeiten es auch und reagieren darauf, es dringt aber nicht bis in unser volles Bewusstsein vor. Das ist das „Heimtückische" an diesem Filter: Wir kennen ihn oft viel zu wenig, haben kaum Kontrolle darüber, was er ganz wegfiltert, erst gar nicht wahrnimmt, oder was er nur ins Unterbewusstsein weiterleitet. Je besser wir um die Funktion dieses Filters Bescheid wissen, umso mehr können wir unsere Wahrnehmung beeinflussen. Machen wir uns daher auf die Suche nach den Effekten, die diesen subjektiven Filter prägen!

1. **Der Erfahrungs-Effekt:** Was uns an bekannte Formen, Geräusche, Gerüche etc. erinnert, nehmen wir bevorzugt wahr. So bestimmt alles, was wir in unserem bisherigen Leben erfahren haben, unsere Wahrnehmung. Wir haben dabei die Tendenz, diejenigen Reize vermehrt aufzunehmen, die unseren bisherigen Erfahrungen entsprechen. So verfestigen sich unsere Vorurteile. Einerseits werden wir dadurch sicherer, weil wir ja sehr rasch entscheiden können, wie wir reagieren. Andererseits nehmen wir vieles um uns herum nicht mehr wahr – eigentlich schade! Schon Goethe war dieser Sachverhalt bewusst: „Man weiß nur, was man sieht, und man sieht nur, von dem man weiß."

    Die Erfahrung kann sich dabei direkt auf den Gegenstand, den wir wahrnehmen, beziehen: Wir erkennen zum Beispiel eine Blume auch dann, wenn die Darstellung nur sehr schemenhaft ist. Wir wissen ja, wie eine Blume aussieht. Die Erfahrung kann sich aber auch direkt auf den Wahrnehmungsprozess beziehen – ein geübter Wildhüter erkennt ein Reh viel eher als ein klassischer Stadtmensch. Oder aber die Erfahrung bezieht sich auf eine unmittelbar zuvor gemachte Erfahrung. Wer gerade von einem Polizisten beim Überschreiten der erlaubten Höchstgeschwindigkeit erwischt worden ist, wird beim Anblick des Polizisten an der nächsten Ecke auch zusammenzucken – selbst wenn er ordnungsgemäß mit 30 km/h unterwegs ist.

2. **Der Bedürfnis-Effekt:** Wer sich mit dem Gedanken befasst, Nachwuchs in die Welt zu setzen, sieht plötzlich überall Schwangere und Kinderwägen. Haben denn alle plötzlich den gleichen Wunsch? Wohl kaum. Es gibt nicht mehr und nicht weniger Schwangere und Babys als sonst auch. Wer mit dem Auto unterwegs ist und die Tankanzeige sich bedenklich dem Nullpunkt nähert, der sieht nur mehr Hinweise auf die nächste Tankstelle und nimmt die berauschend schöne Landschaft, deretwegen es ihn hierher verschlagen hat, nicht mehr wahr. Unsere selektive Wahrnehmung bestimmt also, welchen „Ausschnitt" unserer Umwelt wir wahrnehmen. Das kann sich bis hin zu echten Obsessionen steigern, wie etwa beim Verfolgungswahn.

3. **Der Stimmungs-Effekt:** Auch momentane Stimmungen und Gefühle bestimmen unsere Wahrnehmung. Wer frisch verliebt ist, hat plötzlich eine ganz besondere „Antenne" für alles Schöne, Rührende. Wer eher von pessimistischen Gefühlen geprägt ist, reagiert auf negative Reize

seiner Umwelt besonders. „Nur Mord, Tod und Katastrophen in den Nachrichten" – der klassische Satz eines Pessimisten. Die Nachricht über die heute eröffnete Gartenausstellung und den Sieg der Fußball-Nationalmannschaft hat er dabei überhört.

4. **Der Interessen-Effekt:** Der Geografie-Lehrer gerät in besonderes Schwärmen, als er seinen Schülern die Dias vom Grand Canyon vorführt. Umso größer ist seine Enttäuschung, als diese entweder gelangweilt gähnen oder schnell noch die Mathematik-Hausübung abschreiben. Er sollte diesen Umstand jedoch nicht persönlich nehmen – unsere Interessen und Vorlieben bestimmen nun einmal unserer Wahrnehmung. Wahrscheinlich hätte er beim neuesten Videoclip der coolen Boygroup, der seine Schüler(innen) in Begeisterung versetzt, auch nur müde gelächelt …

5. **Der Halo-Effekt** (nach „halo", engl. für den Hof um eine Lichtquelle): Eine hervorstechende Eigenschaft „überstrahlt" alle anderen Eigenschaften, die dann nicht oder kaum mehr wahrgenommen werden. So geschieht es oft bei Prominenten: Eine bestimmte Eigenschaft, die dann auch noch mediengerecht in den Vordergrund gerückt wird, macht es dem Betrachter unmöglich, den Promi noch als ganz normalen Mensch mit Fehlern und Schwächen zu sehen. So wird der neue Schi-Star zum Helden, der attraktive Jungschauspieler zum idealen Mann oder Schwiegersohn. Die negativen Eigenschaften werden „ausgeblendet". Diesen Effekt machen sich die Medien zunutze: Sie steigern ihre Auflagen nur dann, wenn sie genau das berichten, was die Fans hören wollen. Für negative Schlagzeilen ist ja dann noch genügend Zeit, wenn der jeweilige Star in Ungnade beim Publikum gefallen ist. So funktioniert der Halo-Effekt sowohl in die positive wie auch in die negative Richtung.

6. **Der Primacy-Effekt:** Werden einer Testperson mehrere Varianten vorgelegt, bleibt statistisch meist die erste Variante am besten in der Erinnerung haften, sie wird besonders stark wahrgenommen. Es handelt sich dabei also um ein psychologisches Gedächtnis-Phänomen. Die ersterhaltene Information kann deswegen rascher ins Langzeitgedächtnis vordringen, weil dort unmittelbar zuvor nichts gespeichert ist, der Weg frei ist. Dieser Effekt bestimmt sehr wesentlich gerade den Ersten Eindruck. Vielfach wird er daher auch oft als Synonym für den Ersten Eindruck verwendet. Er beschreibt aus unserer Sicht lediglich einen Teil des Phä-

nomens, da er ja nicht der einzige Faktor ist, der unsere Wahrnehmung beeinflusst.

7. **Der Recency-Effekt:** Dem Primacy-Effekt steht der Recency-Effekt gegenüber. Bei diesem Effekt steht die zuletzt aufgenommene Information, der letzte Reiz im Vordergrund. Diese Information ist im Unterschied zum vorherigen Effekt direkt im Kurzzeitgedächtnis gespeichert und wird dort durch keine andere Information überlagert, da sie ja die letzte war. Sie ist daher leichter abrufbar als die unmittelbar davor eingegangenen Informationen. Da sie jedoch oft nur im Kurzzeitgedächtnis bleibt, ist dieser Effekt etwas weniger prägend für unsere Wahrnehmung als der Primacy-Effekt, wo unser Langzeitgedächtnis betroffen ist. Was wir zuerst wahrnehmen, beeinflusst also unsere Einstellung nachhaltiger.

8. **Der Analogie-Effekt:** Haben wir einmal eine bestimmte Eigenschaft einer beobachteten Person oder eines Objektes wahrgenommen, schließen wir von dieser Eigenschaft gerne auch auf andere, nicht direkt beobachtete. Die neue Kollegin, die ihren Arbeitsplatz immer ordentlich aufgeräumt hat, ist sicher auch eine Person, die Sauberkeit liebt. Doch muss ordentlich auch immer sauber bedeuten? Ein Schüler, der aktiv am Unterricht teilnimmt, wird von Lehrern oft auch als intelligenter eingestuft. Diese Analogieschlüsse beruhen einerseits auf eigenen Erfahrungen, andererseits aber auch zu einem nicht geringen Teil auf der so genannten allgemeinen Meinung und tradierten Wertevorstellungen.

9. **Der Projektions-Effekt:** Eigene, an uns selbst beobachtete oder auch nur im Unterbewusstsein wahrgenommene Eigenschaften werden auf andere Personen übertragen. So mokiert sich zum Beispiel jemand, der selbst zum Geiz neigt, bei einem anderen über dessen in seinen Augen übertriebene Sparsamkeit. Worauf der andere nur mit dem lapidaren Satz „Na, der hat's gerade nötig!" reagiert.

10. **Der Beharrungs-Effekt:** Von einer einmal aus einer Summe von Wahrnehmungen gebildeten Einstellung trennen wir uns sehr ungern. Es wäre anstrengend, unsicher, unbequem und mit viel Energie verbunden. Da tendieren wir doch lieber zum einfacheren Weg und beharren auf der bereits erprobten und aus unserer Sicht bewährten Meinung.

11. **Der Kategorisierungs-Effekt:** Auf Grund von bestimmten „Signal-Reizen" schreiben wir einer beobachteten Person oder einem Objekt bestimmte Eigenschaften zu, ohne diese auch tatsächlich wahrgenommen zu haben. Wir rechnen diese Person/dieses Objekt einer bestimmten Kategorie zu. „Ah, ein deutsches Auto, zwar teuer, aber gute Qualität!" „Die neue Tänzerin kommt aus Brasilien, die hat sicher Rhythmus im Blut." In diesen Bereich fallen alle mehr oder weniger plumpen Vorurteile.

12. **Der „Wear-out-Effekt":** Die meisten bisher besprochenen Wahrnehmungs-Effekte beruhen auf der Tendenz des Menschen, sich die Sache irgendwie leicht zu machen, indem er auf bereits Erfahrenes, Erprobtes zurückgreift. Er blendet Neues eher aus, um sich nicht der unnötigen Anstrengung einer eingehenden Prüfung zu unterziehen. Doch nicht immer folgt unsere Wahrnehmung diesem Muster. Manchmal erregt gerade das unsere Aufmerksamkeit, was neu und unerwartet ist. Denn was wir immer wieder gleich vorgesetzt bekommen, hat sich irgendwann einmal abgenützt (engl. *wear out*), wir nehmen es nicht mehr wahr.

13. **Der Dissonanz-Effekt:** Einem ähnlichen Muster folgt der Effekt, dass Reize, die eben gerade nicht unseren Erwartungen entsprechen, eher wahrgenommen werden als das, was der Norm entspricht. Zuhause sehen wir tagtäglich jede Menge Autos mit dem heimischen Kennzeichen. Es fällt uns nicht Besonders auf. Befinden wir uns aber tausende Kilometer weg von zuhause, bleiben wir sofort stehen, wenn wir ein Auto mit „unserem" Kennzeichen sehen, es sticht uns ins Auge.

Auch diese Aufzählung von subjektiven Effekten, die unsere Wahrnehmung beeinflussen, erhebt keinen Anspruch auf Vollständigkeit. Uns geht es darum, hier aufzuzeigen, wie selektiv wir wahrnehmen. Die Realität wird durch unseren persönlichen Filter „verzerrt" abgebildet und beeinflusst dadurch unser Handeln. Dieses Handeln schafft wiederum neue Realitäten, verändert so unsere Umwelt. Dieser Prozess findet laufend, in jeder Situation und bei allen beteiligten Personen statt, und zwar in rasendem Tempo. Da bleibt nicht lange Zeit, korrigierend einzugreifen.

Es zeigt sich, wie sehr unsere Wahrnehmung beeinflusst wird, wie wenig sie objektiv ist. Wir leben alle in einer Art „Tunnel-Realität", in der wir nur immer einen Teil unserer Umwelt wahrnehmen und den Rest ausblenden – weil oft einfach nicht sein kann, was nicht sein darf.

1.2 Wie unsere Kommunikation funktioniert

Unsere Kommunikation als Paket

Die Wahrnehmung beeinflusst direkt und ursächlich unsere Kommunikation –
Zeit also, sich einmal genauer anzuschauen, wie sie funktioniert.
Die Summe aller Informationen, die der andere an uns sendet, ist wie ein Paket. In diesem Paket befinden sich

- sein Gesichtsausdruck,
- seine Körpersprache,
- seine Stimme,
- seine ersten Worte,
- sein Tonfall, seine Formulierung und Betonung,
- seine Sprechweise,
- seine Körperhaltung,
- seine Kleidung,
- seine Umgebung.

Ich als Empfänger dieses Paketes nehme es entgegen und öffne es. Ich will ja
wissen, wen ich da vor mir habe. Dabei können wir achten auf

- den **Paketinhalt** – der eigentliche Ausgangspunkt, der Grund bzw.
  das Ziel, warum der andere mit mir kommuniziert.
- die **Verpackung des Paketes** – die Art und Weise, wie dieser Paketinhalt präsentiert wird, welche Gefühle und Einstellungen beim Sender des Paketes vorrangig sind bzw. mitspielen.
- die **Übergabe des Paketes** – die Art und Weise, wie das Kommunikationspaket überreicht bzw. wie es angenommen wird. Hier wird in Sekundenbruchteilen festgelegt, wie Sender und Empfänger miteinander kommunizieren, in welcher Beziehung sie zueinander stehen.

Kommunikation ist jedoch kein einseitiger Prozess. Wenn ich ein Kommunikationspaket erhalte, verpacke ich auch schon wieder mein eigenes Paket, dass
ich dann „postwendend" wieder zurücksende. Somit läuft schon die allererste
Kontaktaufnahme vielschichtig ab – und das alles in einem Zeitraum von einigen Augenblicken!

Auf all diese Aspekte zu achten, ist unmöglich. Niemand kann in so kurzer
Zeit sämtliche Bestandteile gleichzeitig bemerken, alle registrieren und objek-

tiv bewerten. Wir müssen daher blitzschnell wählen, was wir davon aufnehmen. Von unserem persönlichen Filter hängt es nun ab, welche Teile des Paketes wir wahrnehmen und welche „ungeöffnet" im Abfall landen.

1.3 **Wie lange dauert ein Augenblick?**

„Der erste Augenblick entscheidet: Top oder Flop!"

Diese Schlagzeile lesen wir häufig. Sie gilt als einer der Leitmotive für Werbung, Medien, Persönlichkeitstrainer und Personalberater. Sie prägt aber auch tagtäglich das Leben von uns „Normal-Menschen". In unserer von Informationen überfluteten Welt haben wir einfach nicht länger als einen Augenblick Zeit, um uns über Top oder Flop klar zu werden.

Der genaue Zeitraum, der uns dafür zur Verfügung steht, wird dabei immer kürzer. Vor einiger Zeit sprachen Soziologen noch von der so genannten „30-Sekunden-Gesellschaft": die Aufmerksamkeit der Menschen reiche gerade mal für die Dauer eines Werbespots. Jetzt wollen immer mehr Studien in den USA nachgewiesen haben, dass dieser Ersteindruck in gerade mal dem Bruchteil einer Sekunde oder der Dauer eines Augenschlages – eben nur eines Augenblickes – entsteht.

Aus unserer Sicht ist die Zeitspanne, in der sich der Erste Eindruck bildet, auch von der jeweiligen Situation abhängig. Nicht allen Vorgängen in unserer Umwelt schenken wir die gleiche Aufmerksamkeit. Wer eine Begegnung mit einem Fremden nicht als wichtig einstuft, wird ihm auch nur flüchtige Aufmerksamkeit schenken – wie zum Beispiel einem Menschen, der auf dem Weg zur U-Bahn an uns vorbeigeht. Wer gerade viele neue Informationen aufnehmen muss und dabei vielleicht noch unter Stress steht, hat wesentlich weniger Zeit für eine Erstentscheidung, in welche Schublade die neue Information wandert. So ist es zum Beispiel am ersten Arbeitstag in der neuen Firma: Eine Menge Leuten stellen sich vor, viele wesentliche Infos müssen verarbeitet werden. Da ist es kaum möglich, jedem die ihm gebührende Aufmerksamkeit zu schenken. „Macht nichts", werden Sie vielleicht jetzt sagen, „dazu ist ja dann noch genügend Zeit." Doch so einfach ist es eben nicht. Der Erste Eindruck ist „passiert", die passende Schublade gefunden und der Weg aus dieser Schublade ist für diese Information mühevoll.

Doch gibt es auch Situationen, in denen wir ganz entspannt und ohne Zeitdruck an Neues herangehen können. Wenn wir bei einem gemütlichen Abendessen bei Freunden einen Bekannten der Gastgeber kennen lernen, geben wir ihm in der Regel mehr Zeit für den „Sprung in die Schublade", nämlich ca. drei Minuten. Das ist auch nicht gerade viel, wenn der gemütliche Abend bei Freunden fünf Stunden dauert, aber immerhin mehr als ein Sekundenbruchteil.

Dazu kommt noch ein weiteres wesentliches Detail zum Ersten Eindruck: Je schneller wir diesen Eindruck bilden, desto weniger leicht erreicht er auch unser bewusstes Denken. Er wandert, meist ohne weiter hinterfragt zu werden, in unser Unterbewusstsein. Dort bleibt das Urteil dafür umso nachhaltiger bestehen und prägt sowohl unsere Einstellung als auch unser Verhalten. Wer es hingegen bis zur „Minuten-Hürde" schafft, hat gute Chancen, dass sein „Urteilsspruch" auch bis in unser Bewusstsein vordringt. Wenn dann noch die Gastgeberin am nächsten Tag fragt, wie wir denn den „Neuen" finden, kleiden wir dieses Ersturteil auch noch in Worte und holen es so an die Oberfläche unseres Bewusstseins. Das sagt zwar noch nichts über die Qualität dieses Urteils aus, aber die Chancen stehen gut, dass wir uns mit unserem Urteil auseinander setzen und es zumindest im Ansatz hinterfragen. Gute Karten also für den „Neuen"!

Ein Augenblick ist hartnäckig

Im extremen, jedoch durchaus sehr häufigen Fall entsteht also ein Erster Eindruck innerhalb eines Augenblickes. Was aber passiert, wenn diesem Ersten Eindruck weitere Eindrücke folgen? Verändern wir dann das Bild? Korrigieren wir das Image vom anderen?

Meist machen wir uns nicht die Mühe. Es gilt ja, schon wieder andere erste Eindrücke zu verarbeiten. Im besten Fall fügen wir dem bereits entstandenen Bild einige neue Mosaiksteine hinzu. Dabei wirken jedoch die oben beschriebenen subjektiven Wahrnehmungseffekte voll und ganz. Wir nehmen nur jene Mosaiksteine in das Bild auf, die zu unserem Erstbild passen.

Den Ersten Eindruck also samt und sonders zu verwerfen und durch ein neues Bild zu ersetzen, entspricht nicht unserem gängigen Kommunikationsverhalten. So etwas würde unser gesamtes „Sicherheitssystem" in Frage stellen, wir müssten unsere Art der Wahrnehmung neu ordnen. Haben wir uns erst einmal ein Bild gemacht, halten wir so lange wie möglich daran fest.

Manchmal gibt es aber zu viele „erdrückende Beweise" für einen anfänglichen „Irrtum" und wir sehen uns gezwungen, unser erstes Bild doch entscheidend zu korrigieren. Doch nicht einmal dann sind wir bereit, diesen Ersten Eindruck ganz aus unserem Unterbewusstsein zu streichen. Irgendwo in den Tiefen unserer Erinnerung schlummert er weiter. Scheint dann ein bestimmtes Detail im Verhalten des anderen doch wieder für unsere erste Einschätzung zu sprechen, fühlen wir uns sofort bestätigt. Das erste, sorgsam gehütete Bild wird hervorgeholt: Wir haben es ja gleich gewusst, uns macht so leicht doch keiner was vor!

Je öfter wir so eine Erfahrung gemacht haben, dass sich ein ursprünglich gebildetes Urteil bestätigt, desto hartnäckiger behaupten sich die ersten Bilder. Wir sprechen dann „abgeklärt" von großer Lebenserfahrung und mit der Zeit erworbener Menschenkenntnis. Doch ist nicht das Einzige, das wir erworben haben, ein von persönlichen Filtern geprägtes Wahrnehmungskonzept?

Tipp:

Es fällt uns leichter, einen Ersten Eindruck zu korrigieren, wenn wir ihn uns erst einmal bewusst machen.

Wie hat der andere auf mich gewirkt?
Wie schätze ich ihn ein?
Wie komme ich zu diesem Urteil?

Erst wenn dieser Erste Eindruck so hinterfragt wird, geben wir dem anderen eine zweite Chance. Nur so erkennen wir, dass es auch in unserem Interesse ist, den anderen objektiver zu sehen.

Umgekehrt funktioniert das bei all unseren „Kommunikationspartnern" genauso.

Auch wir müssen mit dem Ersten Eindruck, den wir beim anderen erweckt haben, leben. Auch er hat oft nur in Sekundenbruchteilen ein Urteil über uns gefällt, ob uns das nun passt oder nicht.

Wird er uns eine zweite Chance geben?
Oder anders gefragt: Wie können wir sein starres, persönliches Wahrnehmungsmuster „austricksen"?

1.4 Wie ein Image entsteht

Der Begriff „Image" stammt aus dem Englischen und umfasst alle Erwartungen und Vorstellungen, die subjektiv mit einer Persönlichkeit, einem Produkt oder einer Firma verbunden sind.

Das Image einer Person ist also nicht das Abbild der Person, wie sie wirklich ist, sondern vielmehr, wie sie von den anderen wahrgenommen wird.

Und Wahrnehmung ist, wie eben besprochen, etwas sehr Subjektives. Sie erfolgt mit all unseren Sinnen und fügt so aus vielen Mosaiksteinen ein Bild zusammen. Im Unterschied zum Ersten Eindruck entsteht ein Image nicht sofort: Einem ersten „Vorentwurf" werden immer wieder neue Teile hinzugefügt. Auch beim fertigen Bild werden laufend Teile ausgetauscht und ergänzt. Ein Image ist daher auch veränderbar. Aber die ersten Umrisse des Bildes entstehen meist sehr rasch. Wie mein Image beim Gegenüber aussehen wird, entscheidet sich in den Grundzügen schon in den ersten Augenblicken – eben mit dem Ersten Eindruck.

Das ist keine Willkür des Schicksals, sondern vielmehr seit Urzeiten für unser Überleben notwendig: Wenn ein Lebewesen nicht sofort entscheiden kann, was es von seinem Gegenüber halten soll, kann es nicht reagieren. Wir müssen uns also sofort ein Bild machen: Ist der andere gefährlich, ist er harmlos? Wo sollen wir ihn einordnen? Auch wenn wir nicht mehr – wie unsere Steinzeitvorfahren – bei Gefahr mit Knüppeln aufeinander losgehen oder blindlings die Flucht ergreifen, unsere Verhaltensmuster sind doch dieselben geblieben. Wir entscheiden blitzschnell, ob wir uns verteidigen müssen oder ob wir unsere „innere Bewaffnung" aufgeben können.

Mit dem Wort „Image" wird auch die Aussagekraft von Symbolen verbunden. Gewisse Symbole stehen für einen bestimmten Imagewert. Besonders Statussymbole prägen das Image einer Person:

Welchen Wagen fährt er?
Von welchem Designer stammt ihr Kleid?
Welchen Titel hat sie vor ihrem Namen?
Wo und wie wohnt er?
Wer sind seine Freunde?
Wo war sie zuletzt auf Urlaub?

Das heißt, nicht nur meine Person selbst, sondern auch mein Umfeld dienen dem Ersten Eindruck als Orientierungshilfe. Statussymbole zeigen, wie ich mich selbst darstellen möchte. Es sind meist äußere Attribute meiner Persönlichkeit. Je harmonischer sich dieses Bild nach außen präsentiert, desto leichter mache ich den anderen die Einordnung.

Schwierig wird es, wenn die Statussymbole einem anderen Kulturkreis entstammen. Manche Menschen legen auch besonderen Wert auf ihre Individualität und demonstrieren das durch bewusste „Stilbrüche" in ihrer Selbstdarstellung:

Der reiche Erbe und Harvard-Absolvent fährt einen klapprigen, zwanzig Jahre alten Kleinwagen und wohnt in einem Arbeitervorort. Was soll man davon halten? Auch hier neigen wir zu Vereinfachungen. Wir stufen ein solches Verhalten schlichtweg als „exzentrisch" ein.

Beispiel

Wir sind irritiert, wenn jemand nicht in den gängigen Rahmen passt. Haben Sie auch schon einmal im Schwimmbad den Typ „Manager auf Mittagspause" beobachtet? Die Aktentasche feinsäuberlich neben dem Handtuch, Lederschnürschuhe statt Badeschlapfen, die Haut eher mäßig gebräunt und die Frisur makellos – irgendwie seltsam, dass er zur Badehose nicht noch die Krawatte trägt. Er verkörpert nicht eben den klassischen Typus „Schwimmbadbesucher". Auch hier liegt ein Stilbruch vor, der beim Ersten Eindruck verunsichert. Der Rahmen – in diesem Fall das Schwimmbad – hilft bei der Einteilung in eine „Schublade" nicht immer zuverlässig weiter.

Überhaupt ist die Sache mit den Symbolen gar nicht so einfach. Die Grenzen verschwimmen in unserer heutigen Gesellschaft immer mehr und die eindeutige Zuordnung zu einer Gesellschaftsschicht wird immer schwieriger – und damit auch, zwischen Sein und Schein zu unterscheiden.

Doch auch hier hilft uns unser Unterbewusstsein. Wir spüren meist genau, ob das vornehme Verhalten unseres Gegenübers echt oder aufgesetzt ist. Wir empfinden die Art, wie er auf uns wirken will, als echt und stimmig oder als falsch und unehrlich.

Wichtig!
Die Subjektivität des Ersten Eindrucks hat also auch eine
sehr positive Komponente: Unser Unterbewusstsein regis-
triert „Echtheit" oft viel besser als unser Intellekt.

Stimmung als Rahmen

Der Erste Eindruck ist also stark geprägt von der Atmosphäre, in der er entsteht.

Je entspannter wir einer neuen Person gegenübertreten, desto weniger voreingenommen werden wir sie beurteilen. Empfinden wir den anderen nicht als Gefahr, ist der persönliche Filter toleranter und weniger restriktiv. Die Abwehrmechanismen, die sich jeder im Laufe der Jahre angeeignet hat, sind nicht aktiv. Der andere hat gute Chancen, positiv bewertet zu werden.

Auf der anderen Seite blockieren Angst und Unsicherheit unsere Wahrnehmung. Sitzt jemand zum Beispiel völlig verängstigt im Wartezimmer des Zahnarztes, wird er sich nachher an die übrigen Patienten nur vage erinnern können. Die Sprechstundenhilfe dringt auch nur nach mehrmaligem Anreden zu ihm durch. Ob die nett war oder nicht, kann er nicht sagen. Sie wollte nur etwas wegen dem nächsten Termin …

Oft können wir uns die allgemeine Stimmung, in der wir unseren „ersten Auftritt" absolvieren, nicht aussuchen. Wir sollten uns aber dessen bewusst sein, dass wir in einer negativ belasteten Atmosphäre mit einem entscheidenden Nachteil zu kämpfen haben. Auch wenn wir an dieser Situation schuldlos sind: **Das erste Bild, der erste Augenblick klebt nun einmal in diesem Rahmen!**

1.5 Warum unnütz anstrengen?

Es ist also gar nicht so leicht, ein einmal verpasstes Image wieder loszuwerden. Wer einmal durch den persönlichen Filter seines Gegenübers „geschleust" wurde, hat als Ergebnis dieses Prozesses eine Beschriftung, ein Etikett zugewiesen bekommen und wird je nach Etikett in eine Schublade gesteckt.

Und wie gesagt: Ist diese Schublade erst einmal geschlossen, kommt er schwer wieder heraus!

Achten Sie also darauf, gleich in der richtigen Schublade zu landen! Gelingt es Ihnen auch noch, ein interessant gestaltetes Etikett zu bekommen, bleibt die Schublade vielleicht sogar einen Spalt breit offen. Sie bleiben für Ihren Gesprächspartner interessant, er möchte mehr über Sie in Erfahrung bringen. So entsteht ein positiver Gesprächskreislauf, Ihre neue Beziehung kann sich gewinnbringend entwickeln.

Wichtig!
Ein positiver Erster Eindruck ist das beste Fundament für eine erfolgreiche Gesprächsbeziehung und für den persönlichen Erfolg!

Steckt Sie Ihr Gesprächspartner aber vorschnell in eine x-beliebige Schublade und knallt sie zu, ist Ihre Chance erst einmal dahin. Vielleicht hört er Ihr verzweifeltes Klopfen aus der Lade und Ihre Beteuerungen, eigentlich falsch eingeordnet worden zu sein. Sehr wahrscheinlich ist er aber schon mit einer neuen Etikettierung und Einordnung beschäftigt und Sie „schmoren" weiter in der falschen Lade.

Schauspieler und Entertainer wissen um dieses Verhalten Bescheid. In der Bühnensprache heißt es: „gut über die Rampe kommen". Gemeint ist damit nichts anderes, als einen positiven Einstieg zu schaffen. Eine alte Bühnenregel besagt: „Schaffst du es nicht in den ersten paar Minuten, dein Publikum zu gewinnen, schaffst du es gar nicht mehr!" Das Leben auf den Brettern, die die Welt bedeuten, ist in dieser Beziehung gnadenlos. Springt der Funke nicht über, nützen sämtliche Profi-Tricks nichts mehr. Die Show ist verloren.

Das Geheimnis des Erfolges liegt also häufig in der richtigen Gestaltung des ersten Auftritts. Wer in den ersten paar Augenblicken punktet, hat einen entscheidenden Startvorteil. Wer all seine Kraft und Energie hier investiert, schafft sich nicht nur einen oft schon Match-entscheidenden Vorsprung, sondern spart auch später unnütze Energien, um wieder aus der falschen Schublade herauszukommen.

2. Innere Einstellung und Erster Eindruck

2.1 Die innere Einstellung als Grundlage und Ergebnis der Wahrnehmung

Beispiel

Am Vorabend des ersten Schultages nimmt die Großmutter die Enkeltochter zur Seite: „Ich gebe dir einen guten Rat: Zeig deinem Lehrer vom ersten Moment an, dass du gerne in die Schule gehst, aufmerksam bist und mitarbeitest. Hat der Lehrer erst einmal einen guten Eindruck von dir, kannst du dir auch ein paar Nachlässigkeiten erlauben. Aber der Erste Eindruck, der haftet dein ganzes Schülerleben lang an dir!"

Was die Großmutter ihrer Enkelin als Ratschlag weitergibt, entspringt wohl ihrem Erfahrungsschatz und ihrem gesunden Hausverstand. Sie wäre wohl sehr überrascht, eben diesen Ratschlag in der psychologischen Fachliteratur (das Beachten des „Rosenthal-Effekts") wiederzufinden.

Der Rosenthal-Effekt

Der Rosenthal- oder Pygmalion-Effekt geht auf die beiden amerikanischen Psychologen Rosenthal und Jacobson zurück, die 1968 in zahlreichen Untersuchungen die Interaktion zwischen Lehrer und Schüler untersucht haben. Sie stellten dabei Folgendes fest: Wenn nach einem Test eine beliebig ausgewählte Gruppe von Schülern (unabhängig vom Testergebnis) in einer Klasse dem Lehrer als besonders intellektuell entwicklungsfähig genannt wird, erzielen genau diese Schüler nach einiger Zeit tatsächlich ein besseres Testergebnis als der Rest der Klasse. Was ist passiert? Der Lehrer hat in seiner subjektiven Erwartung, seiner inneren Einstellung diesen Schülern gegenüber, anders auf sie reagiert. Er hat ihnen zum Beispiel länger Zeit gelassen, zu antworten, sie mehr gelobt, beachtet und auch mehr gefördert. Andererseits waren diese Schüler dadurch auch stärker motiviert, ihre Potenziale besser auszunutzen. Sie waren mehr von sich überzeugt, haben somit die innere Einstellung des Lehrers übernommen.

Kritiker haben diesen Behauptungen entgegengehalten, dass dieses Phänomen nur bei jüngeren Schülern beobachtbar ist und auch nur dann, wenn die willkürlich als positiv bewerteten Schüler bisher ihr Potenzial nicht ausgeschöpft hatten oder vom Lehrer unterschätzt wurden – was freilich auf sehr viele Schüler zutrifft.

Somit hat die Großmutter aus unserem Beispiel nicht ganz Unrecht, und die meisten von uns können ihr wohl beipflichten: Der Erste Eindruck, den wir bei einem Lehrer hinterließen, war für die gesamte Schulzeit wichtig!

Die selbsterfüllende Prophezeiung

Dieser Begriff wurde 1957 von Robert K. Merton geprägt. Er meint damit das Phänomen, dass eine möglicherweise falsche Prophezeiung nur deswegen eintritt, weil sie zu einer bestimmten Verhaltensweise der betroffenen Personen führt.

Beispiel

◆ *Ein Wirtschaftsexperte äußert sich kritisch zur wirtschaftlichen Lage einer Bank. Das führt dazu, dass vermehrt Kunden dieser Bank ihr Vertrauen entziehen und ihre Gelder bei anderen Banken unterbringen. Die Folgen sind ernsthafte wirtschaftliche Schwierigkeiten des betroffenen Geldinstituts.*

◆ *Ein sehr abergläubischer Fernsehmoderator verliert ausgerechnet am Tag vor einer wichtigen Live-Show sein Maskottchen, ein kleines gläsernes Hufeisen. Er verwendet nicht nur viel Zeit mit der Suche nach seinem Glücksringer, er wird auch zunehmend nervöser. Und prompt hat er schon nach wenigen Augenblicken auf Sendung ein komplettes Blackout und verwechselt den Namen seines prominenten Gastes mit dem eines unliebsamen Konkurrenten.*

Dieses Phänomen hebt in gewisser Weise den sonst geltenden Ursache-Wirkungs-Zusammenhang auf. Die vorhergesagte Wirkung wird selbst zur Ursache, die ein Ereignis eintreten lässt. Die Ursache existiert aber nur in unserer inneren Einstellung.

So erlangen auch die vielfach belächelten Horoskope in Tageszeitungen ihre Richtigkeit. Wem darin ein erfolgreicher Tag mit Errungenschaften in Beruf und Liebe vorausgesagt wird, der geht selbstsicherer in diesen Tag. Der Erfolg stellt sich oft zwangsläufig ein.

Der Wahrnehmungs-Einstellungs-Kreislauf

Diese beiden Phänomene sind zwei Beispiele dafür, wie unsere Wahrnehmung unsere innere Einstellung prägt. Alle in Kapitel 1 beschriebenen Wahrnehmungseffekte wirken so auf unsere innere Haltung. Sie bestimmen damit nicht nur den Ausschnitt unserer Umwelt, der von uns wahrgenommen wird, sondern auch unsere innere Gedankenwelt, unsere Erwartungshaltung.

Diese wiederum bestimmt unsere Handlungen. Wir behandeln unsere Umwelt so, wie es unserer inneren Einstellung entspricht. Damit beeinflussen wir aber nicht nur die Handlungen des anderen, sondern oft auch seine innere Einstellung – genauso wie der Lehrer auf seine Schüler beeinflussend wirkt. Wenn uns andere etwas zutrauen, tun wir das auch mit der Zeit selbst.

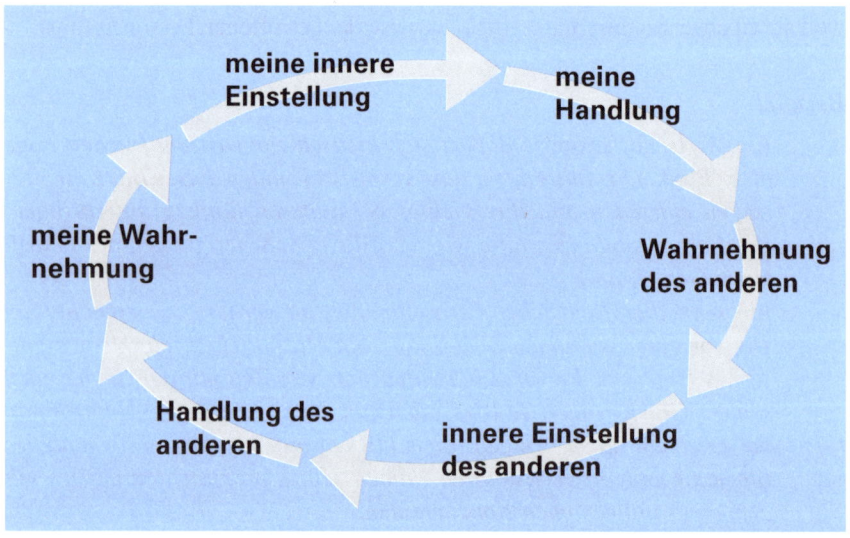

Aus dieser Grafik wird deutlich, wie sehr wir durch unsere Wahrnehmung, unsere innere Einstellung und Handlung auch die Wahrnehmung und innere Einstellung des anderen beeinflussen. Das bewirkt wieder ein bestimmtes Handeln des anderen, das wir – gefiltert – wahrnehmen. Damit verstärkt und verfestigt sich auch jeweils die innere Einstellung. Der andere reagiert ja dann so, wie ich es erwarte, und bestätigt meine innere Einstellung. Wir sprechen in diesem Zusammenhang von „festgefahrenen Bahnen", in denen wir uns in der zwischenmenschlichen Kommunikation bewegen.

Natürlich wirken noch andere Einflussfaktoren auf unsere Kommunikation. Doch eine Tatsache ist wohl unbestritten: Unsere innere Einstellung hat große Macht über unser Handeln und ist somit der entscheidende Einflussfaktor auf die Wirkung des Ersten Eindrucks.

2.2 Selbstbewusstsein als positiver Baustein der inneren Einstellung

Gelingt es mir, meine innere Einstellung zu mir selbst positiv zu beeinflussen, verändere ich damit auch die Wirkung auf andere und deren innere Einstellung zu mir. Dieses positive Selbstbewusstsein ist somit die entscheidende Basis für einen positiven Ersten Eindruck.

Was prägt die innere Einstellung eines selbstbewussten Menschen?
- Er ist von seinen Fähigkeiten überzeugt.
- Er weiß, dass er sich nicht zu verstecken braucht.
- Er hat schon oft die Erfahrung gemacht, dass auch Fremde positiv auf ihn reagieren.
- Er hat es nicht nötig, sich in den Vordergrund zu spielen, seine Ausstrahlung nimmt andere sofort für ihn ein.
- Er rechnet einfach gar nicht damit, auf Ablehnung zu stoßen.
- Das Überwinden der Hürden des Alltags erscheint bei ihm leicht und mühelos.
- Er ist ein geborener Sieger, ohne überheblich zu sein.

Vom Mauerblümchen zur Orchidee

Wie aber erreiche ich das strahlende Selbstwertgefühl des echten Siegers? Wie wird aus einem Mauerblümchen eine strahlende Orchidee?

Tipp 1

Der erste Schritt ist eine simple Frage:
„Bin ich wirklich so ein unscheinbares Mauerblümchen?"
Viele von uns tragen ein negatives Selbstbild mit sich herum. Es stammt daher, dass schon in der Erziehung, in der Schule und später auch im Berufsleben negative Eigenschaften und Verhaltensweisen immer besonders aufgezeigt wurden – nach dem Motto: Schlechte Angewohnheiten gehören korri-

giert, gute entwickeln sich dann schon von selbst! **Machen Sie sich dieses innere „Negativmuster" bewusst und hinterfragen Sie es.**

Es wäre nun zu leicht, über unsere Eltern und Lehrer herzuziehen und ihnen die alleinige Schuld an unserem mangelnden Selbstbewusstsein zuzuschieben. Wir sind jedoch nicht nur das Produkt unserer Erziehung, sondern auch Wesen mit einem eigenen Willen und einer eigenen Verantwortung.

Tipp 2

Entdecken Sie Ihre Orchideenseite!
Verstecken Sie sich nicht hinter Ausflüchten und Rechtfertigungen. Lernen Sie, für Ihr Leben Verantwortung zu übernehmen. Machen Sie das Beste aus den „Bestandteilen", die Sie erhalten haben.

Wie sehen Sie sich?

Beispiel

Kennen Sie das Fotogespenst? Es verwandelt makellose Schönheiten in lächerliche Gestalten. So geschehen auf meinen letzten Urlaubsfotos. Denn so unvorteilhaft kann ich ja wohl nicht aussehen! Meine Freunde sehen ja auch ganz normal aus, und die haben sicher nicht weniger Caipirinha getrunken als ich!
Und erst das Video auf dem letzten Präsentationsseminar in meiner Firma! Die reinste Katastrophe! Meine Stimme klingt dünn, die Bewegungen der Hände sind fahrig und dann noch dieses seltsame Kopfnicken!

Sehen Sie dieses Gespenst auch manchmal? Wieso sind wir oft so entsetzt, wenn wir uns selbst auf Fotografien oder Videoaufnahmen sehen?

Dieses Phänomen hängt ebenfalls mit der Subjektivität unserer Wahrnehmung zusammen. Genauso wenig wie wir unsere Umwelt objektiv erfassen, haben wir ein objektives Bild von uns selbst. Unser Selbstbild entsteht in unserem Inneren und ist stark geprägt von unserem persönlichen Filter und unseren (Wunsch-)Vorstellungen.

Betrachten wir uns dann einmal „von außen", also zum Beispiel auf einem Foto oder auf einem Video, stellt sich das Bild ganz anders dar. Es ist uns fremd. Es stimmt nicht mit unserem „inneren" Bild überein, und das verunsichert uns.

Besonders deutlich wird dieses Phänomen bei unserer Stimme. Sie klingt für uns anders, weil wir sie „von innen", mit einer völlig anderen Akustik hören als unser Gegenüber. Es lässt sich also schon rein physikalisch begründen, warum die Stimme für uns anders klingt!

Wer aber vor dieser Erkenntnis flüchtet, sich seinem „Selbstbild" nicht stellt, der wird nie mit sich selbst Frieden schließen. Und wer sich nicht selbst akzeptiert und mag, den werden auch die anderen nicht mögen.

Tipp 3

Mut zur Ehrlichkeit
Befassen Sie sich einmal näher mit der eigenen Person. Das hat nichts mit Eingebildetsein oder Narzissmus zu tun, sondern mit der Suche nach der eigenen Identität. Zum Selbstbild gehört wesentlich mehr als nur das Erkennen der eigenen Haarfarbe. Ich muss um die Summe aller Faktoren, die die Einzigartigkeit meiner Persönlichkeit ausmachen, Bescheid wissen. Dazu ist es notwendig, sich einmal drei zentrale Fragen zu stellen:
1. Woher komme ich?
2. Wohin gehe ich?
3. Wozu bin ich überhaupt auf der Welt?

Wenn Sie nun meinen, dass so grundlegend philosophische Fragen in einem Buch über den Ersten Eindruck nichts verloren hätten, möchten wir Ihnen widersprechen. Nur wer sich mit diesen entscheidenden Fragen der eigenen Existenz auseinander setzt, sozusagen seine eigenen Spuren sucht und auch findet, wird fähig sein, sich selbst positiv zu sehen, und damit ein sicheres Auftreten entwickeln.

Die Frage, **woher ich komme**, betrifft meine Wurzeln. Jeder Mensch braucht das Wissen um seine Herkunft. Es macht wenig Sinn, die eigene Herkunft zu verleugnen. Besonders deutlich werden diese Wurzeln an der eigenen Sprechweise, am Dialekt. Viele leiden unter ihrer Herkunft, halten zum Beispiel einen ländlichen Dialekt für „ungebildet" und versuchen, bewusst die Hochsprache zu verwenden. Das wirkt oft künstlich, unecht und dadurch unglaubwürdig.

Diese Menschen rauben sich so ein Stück ihrer Identität. Oft ist dieses Phänomen bei Spitzensportlern zu bemerken, die plötzlich in Interviews um Schriftsprache bemüht sind. Sie verlieren ihre Natürlichkeit, werden auswechselbar und nicht mehr wegen ihrer Originalität geschätzt.

Stehen Sie zu Ihrer Herkunft, versuchen Sie nicht, Ihre eigenen Spuren zu verwischen. Es gibt ja auch keine objektiv „schlechte" Herkunft, derer man sich schämen müsste. Sie sind verantwortlich für das, was Sie aus sich gemacht haben, und dafür schätzen Sie die anderen. Wer sich ständig für seine Herkunft schämt, kann auch nicht selbstsicher auftreten.

Die Frage, **wohin Sie gehen**, ist eng mit Ihren persönlichen Zielsetzungen verbunden. Wer nicht weiß, wohin er will, treibt wie ein Blatt im Wind, hat nie festen Boden unter den Füßen. Setzen Sie sich persönliche Ziele, die Ihnen helfen, den richtigen Weg einzuschlagen. Wenn Sie wissen, was Sie wollen, werden Sie selbstsicher auftreten. Setzen Sie sich jedoch realistische Ziele, Ziele die zu Ihnen passen, die Sie auch verwirklichen können. Ziele sind im Unterschied zu Träumen realistisch, klar formuliert und somit erreichbar. Überprüfen Sie Ihre Träume: Welche taugen dazu, in konkrete Ziele umformuliert zu werden? Gehen Sie diese Ziele schrittweise an – kein Palast ist an einem Tag erbaut worden!

Die dritte Frage, **wozu Sie überhaupt auf der Welt sind**, ist wohl am schwersten zu beantworten. Hier stoßen auch viele Philosophen an ihre Grenzen. Trotzdem sind wir Menschen Wesen, die immer nach dem „Wozu", nach dem Sinn fragen. Manager haben schon lange erkannt, dass Mitarbeiter eine Aufgabe viel erfolgreicher erledigen, wenn sie um deren Sinn Bescheid wissen. Umso mehr gilt dieser Grundsatz für die Selbstsicherheit: Wenn ich überzeugt bin, dass mein Leben einen Sinn hat, strahle ich diese Überzeugung auch aus. „Es ist gut, dass es mich gibt."

Diese Einstellung hat nichts mit Selbstverherrlichung zu tun. Auf dem Weg der Sinnsuche werden wir auch immer wieder von Selbstzweifeln und Ängsten geplagt. Das ist zutiefst menschlich und doch sind es gerade diese Zweifel, die uns auf unserer Suche weiterbringen.

Tipp 4

Mut zu Fehlern
Stehen Sie zu Ihren Fehlern! Nur wer etwas riskiert, begeht Fehler. Sie sind ein natürlicher Teil des menschlichen Wesens, ein Zeichen für Weiterentwicklung. Wir machen alle immer wieder Fehler und beginnen trotzdem wieder von Neuem. Wir lernen daraus und machen es das nächste Mal besser.

Eine uns bekannte Volksschullehrerin hat für ihren Unterricht ein schönes Motto geprägt: „Fehlermachen erlaubt!" Wann immer sich ein Kind irrt, sagen die anderen im Chor diesen Satz. Fehlermachen ist für sie nichts Schlechtes, dessen man sich schämen muss, sondern ist erlaubt! Die Kinder fühlen sich daher in ihrem natürlichen Wissens- und Forschungsdrang nicht gebremst aus Angst vor Fehlern.

Genau diese Mischung aus Vorzügen und Fehlern, aus Stärken und Schwächen macht uns zu einmaligen Wesen, zu Individuen. Jeder Mensch ist ein Original, in seiner Art einzigartig.

Tipp 5

Akzeptieren Sie auch Ihre Ängste. Sie sind eine wichtige Triebfeder für Ihre persönliche Weiterentwicklung. Ängste weisen uns auf unsere Grenzen hin, sie machen Gefahren deutlich und fordern uns heraus. Wer die eigenen Ängste überwindet, lernt sein Persönlichkeitspotenzial vollständig zu nutzen.

Wie möchten Sie von den anderen gesehen werden?

Gehen wir noch einmal zurück zum Fotogespenst. Warum bin ich mit meinem Urlaubsfoto so unzufrieden? Und warum möchte ich es in der Freundesrunde am liebsten gar nicht erst herzeigen?

Vor anderen möchten wir in einem möglichst guten Licht erscheinen. Wir wollen perfekt erscheinen, unsere Fehler sollte keiner sehen.

Wichtig!
Viele verstehen unter selbstsicherem Auftreten daher nur
das Aufrechterhalten der perfekten Illusion.

Doch meist existiert dieses Idealbild nur in unseren Köpfen. Unsere Mitmenschen sehen uns viel realistischer. Mit dieser Wahrheit konfrontiert zu werden, ist für viele sehr schmerzlich.

Doch woher stammen unsere Idealvorstellungen? Sind wir wirklich so naiv, dass wir trotz brauner Haare, Sommersprossen und Konfektionsgröße 44 wie Heidi Klum aussehen wollen?

Der Teufelskreis der eigenen Ansprüche

Viele unserer Ideale stammen aus unserer Kindheit. Wir wollten genau so werden wie die um drei Jahre ältere Nachbarstochter: genauso blond, lieb und klug! Oder wie Tante Elisabeth oder wie unsere Mutter. Egal, wer unsere ersten Vorbilder waren, sie prägen unser Wunschbild im Unterbewusstsein manchmal ein Leben lang. Bei Kindern berühmter Eltern heißt es oft, sie würden unter der starken Persönlichkeit ihrer Eltern leiden, sie könnten dem übermächtigen Vorbild nie ganz gerecht werden.

Später, in der Pubertät, schwärmen wir für andere Idole: Musiker, Schauspieler oder Spitzensportler. Wir imitieren in unseren Jugendjahren ihre Kleidung, Frisuren oder ihre Art, sich zu bewegen. Diese Phase wird von den Psychologen als völlig natürlich angesehen, sie ist notwendig, um die eigene Identität zu entwickeln. Wir durchlaufen dabei meist verschiedene Identifikationsphasen, bis wir zu unserem eigenen Stil finden.

Es ist also nicht immer unvorteilhaft, sich an Wunschbildern zu orientieren – solange sie uns eben nur Orientierungshilfen sind. Gefährlich wird es nur dann, wenn die Wunschvorstellungen auch im Erwachsenenalter unrealistisch und unerreichbar bleiben.

Tipp 6

Vermeiden Sie übertriebenen Perfektionismus!
Wer zu hohe Ansprüche an sich stellt, wird immer wieder Enttäuschungen erleben. Und jede Enttäuschung schwächt das Selbstwertgefühl und macht das Erreichen des hochgesteckten Zieles noch schwieriger. Wunschbild und Realität klaffen immer weiter auseinander. Wir stecken in einem Teufelskreis zu hoher Ansprüche fest.
Wenn Sie jedoch gelernt haben, sich selbst und Ihre Fehler zu akzeptieren, werden Sie auch akzeptieren, dass Sie die anderen realistisch sehen, mit allen Ihren „Ecken und Kanten".

Wichtig!
Wie auch immer Sie von den anderen gesehen werden wollen
– bleiben Sie sich und Ihrer Linie treu, bleiben Sie echt.
Zeigen Sie auch den anderen das Original, keine Kopie! Nur
so wirken Sie glaubwürdig und selbstsicher.

Wie sehen Sie die anderen?

So sehr Sie sich auch bemühen, den anderen ein bestimmtes Bild von sich zu präsentieren – wie die anderen Sie wirklich sehen, entscheidet alleine deren Wahrnehmung, deren persönlicher Filter. Und wie die anderen Sie empfinden und erleben, wie Sie auf die anderen wirken, so sind Sie für Ihre Umwelt wirklich!

Die einzige Chance jedoch, zu erkennen, wie wir auf andere wirklich wirken, ist ehrliches Feedback. Es ist für Sie die wertvollste Hilfe zum Entwickeln eines gefestigten Selbstbewusstseins. Wer aber gibt uns diese wertvolle Rückmeldung?

Versuchen Sie, Feedback von ehrlichen Freunden zu bekommen. Wichtig dabei ist, dass gegenseitiges Wohlwollen die Grundlage bildet. Nur, wenn Ihr Freund weiß, dass Sie es ihm nicht übel nehmen, wenn er auch einmal etwas Kritisches anmerkt, wird er sich getrauen, ehrlich zu sein. Und je mehr Sie selbst Feedback geben, umso mehr werden Sie auch ein solches bekommen.

Tipp 7

„Die Feedback-Kultur"
Entwickeln Sie in Ihrem Freundes- und/oder Mitarbeiterkreis eine positive Feedback-Kultur. Befolgen Sie daher klare Regeln für Kritik und Anerkennung:
1. Das Feedback soll beschreiben, nicht bewerten. Sätze wie „Du machst das besser als Herr Müller" helfen wenig.
2. Feedback soll konkrete Aussagen enthalten, sich auf konkrete Anlässe beziehen. Vermeiden Sie Verallgemeinerungen wie „Du denkst immer nur an dich!". Solche Sätze drängen lediglich in die Defensive.
3. Feedback soll immer positiv formuliert werden. Negative Formulierungen erzeugen ebenfalls Abwehr.
4. Kritik soll nie verletzend oder beleidigend sein.
5. Vermeiden Sie Missverständnisse! Bei Unklarheiten besser sofort nachfragen, egal, ob Sie Feedback bekommen oder geben.
6. Feedback soll zeitlich passend erfolgen. Bezieht es sich auf Begebenheiten, die schon länger zurückliegen, weiß der andere kaum mehr etwas anzufangen.
7. Feedback soll als persönliche Wahrnehmung formuliert sein und keinen Anspruch auf Allgemeingültigkeit erheben. Was den einen stört, findet der andere vielleicht gerade liebenswert.

8. Feedback soll immer konstruktiv, auf eine Verbesserung gerichtet sein. Feedback als Machtspiel fällt in den Bereich der unfairen Waffen des täglichen Lebens!

Wichtig!
Zeigen Sie Dankbarkeit für echtes Feedback, hören Sie möglichst offen zu und versuchen Sie nicht, sich sofort zu verteidigen. Nehmen Sie die Rückmeldung als Denkanstoß, als Hilfe, um endlich deutlicher zu erkennen, wie die anderen Sie wirklich sehen.

Legen Sie nun die Antworten auf die drei Fragen „Wie sehe ich mich?", „Wie möchte ich gesehen werden?" und „Wie sehen mich die anderen wirklich?" wie drei Kreise übereinander. In dem Bereich, in dem sich diese drei Kreise decken, sind Sie am glaubwürdigsten, am echtesten. Das ist genau der Bereich, in dem Sie die meiste Ausstrahlung haben und selbstsicher auftreten.

Wer gelernt hat, sich selbst mit allen Stärken und Schwächen zu akzeptieren, sich realistische Ziele setzt und seiner Persönlichkeit dabei treu bleibt, bei dem ist der Selbstbewusstseinsbereich besonders groß. Die drei Kreise liegen fast übereinander.

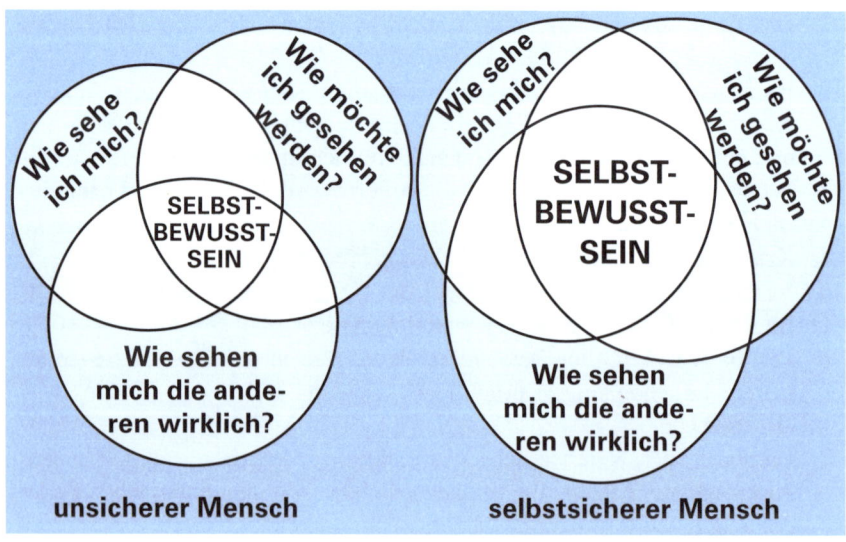

Tipp 8

Verstärken Sie Ihre Stärken – der Weg zum Selbstbewusstsein
Stellen Sie bei diesem „Deckungsbild" Ihre Stärken in den Vordergrund. Wenn Sie sich auf Dinge konzentrieren, die Sie gut können und gerne tun, rücken die „Schattenseiten", die Schwächen, von selbst in den Hintergrund. Wer immer nur versucht, seine Schwachstellen auszugleichen, bleibt zu sehr im Negativen verhaftet, positive Selbstmotivation bringt da wesentlich mehr!

Selbstbewusstsein hat also nichts mit übertriebener Selbstdarstellung zu tun. Selbstdarsteller wirken wie schlechte Schauspieler – aufgeblasen und arrogant.

Wer versucht, sich immer nur perfekt zu präsentieren, wird den anderen unheimlich. Und wer uns in seiner Perfektion unheimlich ist, den stufen wir gerne als arrogant ein. Schnell ist er mit einem Etikett versehen und in einer Schublade verschwunden.

Auch wer immer versucht, eine Rolle zu spielen, wird bald durchschaut. Die Rolle wird ihm „vom Publikum" nicht abgenommen, er wirkt unglaubwürdig und unecht. Und wen wir als unecht einstufen, mit dem kann sehr schnell das oben Erwähnte geschehen – ab in die „Arroganzschublade".

Versuchen Sie nicht, den anderen mit Ihrem Selbstbewusstsein gleich beim Ersten Eindruck zu überfahren. Er reagiert dann meist mit Abwehr und Ablehnung. Sie erreichen wahrscheinlich kurzfristig Ihr Ziel, aber langfristig wird Ihr Image in seinen Augen nicht das Beste sein. Kleine Unsicherheiten im Rahmen der ersten Begegnung dagegen sind oft ein guter Anhaltspunkt, eine menschliche Wellenlänge herzustellen.

Echtes Selbstwertgefuhl wirkt nie arrogant: Es zeigt nur, dass sich ein Mensch seiner Fähigkeiten bewusst ist.

2.3 Was eine positive innere Einstellung bewirkt

Die innere Einstellung bewirkt nicht nur eine Veränderung der eigenen Wahrnehmung, sie verändert auch mein Verhalten und in Folge den Eindruck, den die anderen von mir haben. Sie ist somit der Schlüssel zum Erfolg.

Wer an sich glaubt, der hat es vom ersten Moment an leichter!

10 Tipps für eine positive innere Einstellung:

1. **Freuen Sie sich, wenn Ihnen etwas gelungen ist.** Nur, wer gelernt hat, die eignen Erfolge zu erkennen und entsprechend zu achten, kann dies auch vom anderen erwarten.

2. **Führen Sie positive Selbstgespräche.** Der Großteil unserer Selbstgespräche ist negativ: „Ist ja wieder einmal typisch, das kann nur mir passieren." – Streichen Sie solche Sätze aus Ihrem „inneren Sprachschatz", sagen Sie sich selbst hin und wieder etwas Nettes.

3. **Nehmen Sie Lob bewusst an.** Viele von uns tendieren dazu, ein von anderen ausgesprochenes Lob herunterzuspielen und dadurch sich und die eigene Leistung klein zu machen. „Das war ja gar nicht so schwer, das ist ja selbstverständlich." Beim nächsten Mal bedanken Sie sich für ein Lob eines anderen und zeigen Sie ruhig Ihre Freude darüber.

4. **Konzentrieren Sie sich auf Ihre Stärken.** Wer seine Vorzüge hervorhebt und fördert, der verstärkt sie zusätzlich. Die ein oder andere negative Eigenschaft verliert sich so oft von selbst. Wer jedoch immer nur versucht, Negatives zu verändern, schenkt seinen eigenen Schwächen viel zu viel Augenmerk.

5. **Sind Sie etwas weniger kritisch.** Versuchen Sie, sich selbst mit mehr Nachsicht zu beurteilen. Übertriebener Perfektionismus ist oft eine Bremse auf dem Weg zum Erfolg. Befreien Sie sich von zu hohen Ansprüchen, egal, ob sie aus Ihrer eigenen Entwicklungsgeschichte (Kindheit) oder aus Ihrem Umfeld kommen.

6. **Decken Sie Ihre Ängste und Blockaden auf.** Machen Sie sich ruhig bewusst, was Sie auf dem Weg zu mehr Selbstbewusstsein behindert. Oft spielen unbewusste und nicht eingestandene Ängste dabei eine große Rolle. Wir können nicht alle unsere inneren Ängste besiegen, aber wir müssen lernen, bewusster mit ihnen umzugehen.

7. **Sehen Sie sich hin und wieder aus der Vogelperspektive.** Etwas Abstand zur eigenen Person kann gelegentlich helfen, die Dinge wie-

der ins richtige Lot zu rücken. Oft erscheinen dann Probleme, die uns behindern, viel weniger bedrohlich. Die Vogelperspektive hilft uns, die innere Ausgeglichenheit wieder zu finden.

8. **Folgen Sie nicht jedem Trend.** Wer immer nur dem Zeitgeist hinterherhetzt, der kommt irgendwann einmal außer Tritt. Nicht jede neue Strömung ist für Sie passend. Bleiben Sie sich selber treu und lassen Sie Ihre innere Einstellung unberührt von Mode-Erscheinungen.

9. **Nehmen Sie Verantwortung wahr.** Für Ihre innere Einstellung sind nur Sie selbst verantwortlich, nicht Ihre Eltern, Lehrer, Partner oder Chefs. Verwehren Sie negativen „Einsagern" den Zugriff auf Ihre innere Festplatte. Das Copyright liegt nur bei Ihnen!

10. **Pflegen Sie Ihre positive Einstellung zur Umwelt.** So gut wie alle genannten Tipps gelten genauso für Ihre Einstellung zur Außenwelt. Wer seine Mitmenschen grundsätzlich positiv wahrnimmt, wird als Reaktion darauf auch von außen positiver wahrgenommen. Wer hat nicht lieber mit positiven, wohlmeinenden Menschen zu tun als mit griesgrämigen Schwarzsehern?

Uns ist bewusst, dass der Aufruf nach mehr Selbstbewusstsein nicht neu ist. Viele Bücher und Seminare predigen ähnliche Inhalte. Selbstbehauptung und Selbstverwirklichung sind häufig dabei verwendete Schlagworte. „Wie werde ich erfolgreich und wie komme ich als erster ans Ziel?" Selbstbewusstsein wird dabei oft mit knallhartem Erfolgsdenken, mit nacktem Egoismus verwechselt. Rücksichtslose Sieger sind dann zwar zuerst am Ziel – aber dort dann ziemlich einsam!

Es ist daher wichtig, die positive innere Einstellung auch auf unsere Umwelt zu beziehen. Stellen Sie sich gelegentlich die Frage: „Was ist mir wichtiger – Selbstverwirklichung um jeden Preis oder Achtung und Liebe von meinen Mitmenschen?"

Wichtig!
Wie Sie sich und andere vom Ersten Eindruck an positiv motivieren:
Begegnen Sie sich und anderen mit offener Neugier, ehrlicher Achtung und Zuneigung. Auch und gerade positive Erwartungen erfüllen sich gerne selbst!

---

3. Erster Eindruck – ohne Worte!

Unsere Wahrnehmung ist also ein sehr komplexer Prozess. Viele Einflussfaktoren bestimmen, was überhaupt bis an unsere Wahrnehmungsgrenze stößt und wie das Wahrgenommene dann in unserem Gehirn verarbeitet wird. Es hängt also von unendlich vielen Mosaiksteinen ab, wie auch wir vom anderen wahrgenommen werden. Doch je besser wir um das Zusammenspiel dieser Mosaiksteine wissen, um so eher können wir diesen Prozess bewusst positiv beeinflussen. Denn unser Ziel ist es ja, genau diesen Ersten Eindruck möglichst positiv zu gestalten.

3.1 Die visuelle Wirkung als Hauptfaktor

Die visuelle Wahrnehmung ist bei uns Menschen am wichtigsten. Optische Reize wirken daher am stärksten, werden besonders intensiv wahrgenommen und sind daher die wichtigsten Beurteilungskriterien, wenn es um den Ersten Eindruck geht. Unsere Kommunikation funktioniert daher zum Großteil über nonverbale Ausdrucksmittel. Gerade beim Ersten Eindruck ist die Wirkung der Optik besonders stark.

Die 55-38-7-Regel von Albert Mehrabian
In einer Studie von Mehrabian und Ferris, „Inference of Attitude from Nonverbal Communication in Two Channels", untersucht der Forscher die Wirkung auf die Zuhörer bei Präsentationen vor Gruppen (The Journal of Counselling Psychology 31, S. 248–252, 1967).
Wir beurteilen den anderen demnach :

♦ zu   ca. 55 %   nach optischen Reizen (Aussehen)
♦ zu   ca. 38 %   nach akustischen Reizen (Stimme)
♦ und nur zu   ca. 7 %   nach seinen Worten!

Zu den optischen Reizen gehören dabei Kleidung, Frisur, Gesamteindruck, Haltung, Gestik und Mimik. Zu den akustischen Reizen zählen Stimmlage, Sprechgeschwindigkeit, Betonung und Dialekt.

Wichtig!
Es ist nicht so wichtig, was wir sagen, sondern wie wir es sagen und wie wir dabei aussehen!

Bei der ersten Beurteilung ist also das äußere Erscheinungsbild im Vordergrund. Unabhängig von den inneren Werten zählt beim Ersten Eindruck der äußere Schein.

Dieser „Trend zur Äußerlichkeit" ist in unserer Gesellschaft besonders ausgeprägt. Das äußere Erscheinungsbild, das Styling, ist in vielen Bereichen unseres Lebens das Maß aller Dinge. Sicher hängt auch diese Entwicklung mit der Tatsache zusammen, dass unser Leben immer komplizierter wird und wir daher nach klar und vor allem rasch erkennbaren Signalen bewerten müssen. Tatsache ist dabei jedoch auch, dass wir dadurch in unserer Beurteilung oft noch mehr zur Oberflächlichkeit verleitet sind. Wir müssen jedoch mit der Erkenntnis leben, dass unser „Styling" oft schon alleine ausschlaggebend für unseren Erfolg oder Misserfolg und die Entstehung unseres Images ist.

Beobachten Sie einmal bewusst Ihre Mitmenschen. Wie beurteilen Sie Menschen nach ihrem Aussehen? Betrachten Sie im täglichen Leben Menschen im Bus oder im Zug und versuchen Sie, sich ein Bild über die Person zu machen. Sie werden merken, auf wie viele Details Sie achten und wie Sie diese interpretieren. Wir haben alle gelernt, den anderen optisch zu beurteilen – allerdings machen wir uns die Details viel zu selten bewusst. Auch die Wissenschaftler sind sich einig, dass wir die Bedeutung der nonverbalen Kommunikation nach wie vor unterschätzen.

3.2 Kleidung, Accessoires und Styling

Bleiben wir zunächst beim Aussehen, zum äußeren Erscheinungsbild im Unterschied zur Körpersprache, dem zweiten großen Bereich der nonverbalen Kommunikation. Was aber gehört zu diesem äußeren Erscheinungsbild alles dazu? Worauf müssen wir – besonders im Berufsleben – achten?

Kleidung oder Verkleidung?

Der wichtigste „Stylingbereich" ist die Kleidung. Sie spiegelt am deutlichsten unsere Selbstdarstellung wider. Sie wird beeinflusst von unseren Bedürfnissen, unseren Vorlieben und der Mode.

Mode ist Ausdruck der Kultur. Sie zeigt gesellschaftliche Strömungen, drückt das Selbstverständnis einer Gesellschaft aus. Wir richten uns nach den modischen „Spielregeln", weil wir Teil dieser Gesellschaft, dieser Kultur, sind. Niemand würde auf die Idee kommen, sich heute so zu kleiden wie am Hofe Ludwig des XIV. – außer auf einem Kostümfest. Wir haben also Mode-Richtlinien, innerhalb derer wir uns bewegen. Trotzdem wechseln die Trends immer häufiger, die Mode wird immer vielfältiger. Was heute supermodisch gilt, ist morgen absolut „out".

Sehen wir doch diesen Trend des raschen Wechsels positiv, als Trend zur Vielfalt. Heute ist vieles „tragbar", vieles möglich und das Korsett der Modevorschriften lange nicht mehr so eng wie früher. Doch gerade deswegen ist Vorsicht geboten. Statt jeden neuen Trend bedingungslos mitzumachen, sollten wir unseren persönlichen Stil entwickeln und diesem auch treu bleiben. Suchen Sie sich aus den neuen Trends immer nur genau das heraus, was zu Ihrem Stil passt.

Jeder Mensch ist ein Original, ist einmalig. Und das sollte er auch nach außen hin zeigen, nicht versuchen, sich hinter einer falschen Rolle zu verstecken. Viele unserer Mitmenschen verstecken sich hinter der falschen Kleidung, ihre Kleidung wird zur Verkleidung!

♦   Versucht der biedere Bankangestellte mit bunter Krawatte in Kombination mit einem Hawaii-Hemd lässig zu wirken, ist er verkleidet.

♦   Trägt die durchtrainierte Sportartikel-Verkäuferin zur Arbeit ein strenges Business-Kostüm, wirkt sie ebenfalls verkleidet.

♦   Kommt der Vorstandsvorsitzende im Jogginganzug zum Quartalsmeeting, wird er zum Schluss gar abgewählt!

Ihre Kleidung soll zu Ihnen ebenso wie zum jeweiligen Anlass passen. Ihre Kleidung soll Ihre Persönlichkeit unterstreichen, sie soll ein harmonisches Gesamtbild entstehen lassen: „Ich will mich nicht hinter ihr verstecken und ich will niemanden ‚hinter's Licht führen'".

Die nachfolgenden Tipps gelten primär für das Berufsleben. Damit ist nicht gemeint, dass Kleidung in Ihrer Freizeit unwichtig wäre – auch da gelten die gleichen Grundsätze, auch da wollen Sie einen positiven Ersten Eindruck hinterlassen. Vielleicht treffen Sie beispielsweise beim nächsten Spaziergang Ihren neuen Chef. Oder Sie laufen ausgerechnet der neuen, überaus sympathischen Kollegin im Supermarkt über den Weg und bereuen zutiefst, nur den Jogginganzug angezogen zu haben. Bleiben Sie Ihrem Stil auch in der Freizeit treu, sonst liegt der Verdacht nahe, dass Sie meist nur verkleidet sind.

Ein Mosaikstein, um im Berufsalltag vom ersten Moment an erfolgreich zu sein, ist es, auf Ihre Kleidung besonders zu achten. Denn „Kleider machen Leute" – vorausgesetzt, es sind die richtigen!

Einige Tipps zur Kleidung

1. Passende Kleidung **muss nicht teuer sein**. Sie soll „passen" – im Schnitt, im Material und in der Farbe. Das teuerste Designerstück ist Verkleidung, wenn es nicht zu Ihnen passt.

2. Der **Schnitt** Ihrer Kleidung soll Ihre Figur unterstreichen. Ein paar Zentimeter Rocklänge mehr oder weniger bringen die Beine vielleicht besser zur Geltung. Bei Männern entscheidet die Figur, ob sie Doppelreiher oder Einreiher wählen sollen.

3. Achten Sie auf die **Passform** Ihrer Kleidung. Zu lange Ärmel stören den Gesamteindruck. Sitzt der Rock um die Hüften zu eng, wirken Sie stärker, als Sie tatsächlich sind. Schiebt sich das Sakko am Rücken hoch, erweckt das den Eindruck einer gebückten Haltung. Und nicht nur die äußere Erscheinung ist dabei wichtig, auch das innere Wohlbefinden. Wer sich nicht wohl fühlt, weil seine Kleidung beengt, der wird auch wenig Harmonie ausstrahlen.

4. Das **Material** Ihrer Kleidung ist ein entscheidender Faktor. Auch wenn derzeit Kunstfasern den Modemarkt erobern – wer schon einmal einen Vortrag in einer „100%-Polyester-Umhüllung" gehalten hat, weiß, was wir meinen. Naturfasern, besonders Baumwolle, tragen sich einfach angenehmer auf der Haut. Wolle und Angora sind dagegen weniger dafür geeignet, direkt auf der Haut getragen zu werden. Wollstoffe oder Leinen sehen dafür bei Anzügen, Kostümen und Kleidern wesentlich edler aus als dünne Kunstfasern.

5. Achten Sie auf eine **gute Kombinationsfähigkeit** Ihrer Kleidung. Wer einmal seinen Stil gefunden hat und weiß, welche Farben zu ihm passen, wird damit kein Problem haben. Die einzelnen Teile passen dann wie von selbst zusammen. Wer jedoch öfter einen neuen Trend verfolgt, hat meist unkombinierbare Einzelteile im Schrank hängen.

6. Entwickeln Sie auch **beim Material- und Mustermix** in Ihrer Garderobe Ihr persönliches Gefühl. Es wirkt zwar am Laufsteg im Pariser Modetempel kreativ, zur Hose aus Sackleinen ein Seidenoberteil mit Strickbünden zu tragen, beim Meeting in Ihrer Firma jedoch befremdend. Kombinieren Sie daher dicke und dünne Stoffe bzw. mehr als zwei verschiedene Muster äußerst vorsichtig.

7. Lassen Sie sich **von VerkäuferInnen nichts einreden**! Nehmen Sie besser eine Person Ihres Vertrauens zum Kleidungskauf mit, die Ihnen auch ehrlich sagt, wenn das Kleidungsstück nicht zu Ihnen passt. Denn das ist das einzige Kaufkriterium – und nicht, „ob man das jetzt halt so trägt"! Prüfen Sie beim Kauf sehr kritisch Material und Farbe, auch bei Tageslicht. Lesen Sie die Pflegeanleitung! Und horchen Sie auf Ihr inneres Gefühl – das sagt Ihnen oft sehr genau, ob Sie sich in diesem Stück wohl fühlen oder nicht.

8. Auch wenn es am Morgen noch so zeitig und draußen ziemlich finster ist – prüfen Sie genau, ob nirgends ein **Schmutzfleck** zu sehen ist. Ein Schmutzfleck während einer Sitzung – und noch dazu für andere gut sichtbar – kann uns ziemlich aus dem Konzept bringen.

9. Als persönlichen Tipp empfehlen wir Frauen, **Reservestrümpfe** bereitzuhalten, denn Laufmaschen wirken nun einmal nicht dekorativ, auch wenn jede Frau dieses Problem kennt und versteht!

Die richtigen Farben

Farben sind für die Wahrnehmung einer Person entscheidend. Die Bedeutung der Farben und Vorliebe oder Ablehnung sind im Gehirn des Betrachters gespeichert. Diese Bedeutung wird sofort abgerufen, sobald eine andere Person eingeschätzt werden soll. So wirkt ein und dieselbe Person im dunkelblauen Kostüm seriöser als im feuerroten Zweiteiler.

Farben wirken aber auch individuell unterschiedlich – ein und dieselbe Farbe sieht an zwei unterschiedlichen Typen ganz anders aus: Den einen bringt diese Farbe so richtig zur Geltung, der andere sieht damit blass und krank aus.

Immer mehr Menschen befassen sich daher heute mit ihrem „Farbtyp". Und das mit gutem Recht: Farben haben Signalwirkung, Farben erzeugen Stimmungen, sie wirken direkt auf unsere Psyche.

Kennen Sie den Unterschied zwischen einem leuchtenden Blaugrün und einem gedeckten Gelbgrün? Oder ist für Sie grün einfach grün? Jede Farbe hat eine unendliche Anzahl von Zwischentönen und es gibt fast beliebig viele Mischtöne. Mit modernen Technologien werden heute immer neue Farben kreiert, inklusive Glitzer- und Neonfarben. Diese Vielfalt verwirrt manchmal unsere Sinne, wir sind häufig „reizüberflutet" – Farben stellen sehr starke Reize für das Sinnesorgan Auge dar. Nicht umsonst tragen gerade kreative Menschen, die in ihrem Beruf besonders viel mit Farbe zu tun haben, bevorzugt schwarz.

In all dieser Vielfalt die für mich passenden Farben zu finden, ist nicht einfach. Das rote Kostüm in der Lieblingsboutique zum Beispiel, ist vielleicht zu verlockend – warum soll ich mich nicht einfach trauen, auch einmal rot zu tragen? An meiner Freundin sieht ihr rotes Kleid ja auch so toll aus! Das Kostüm bekommt dann vielleicht auch Komplimente, aber gelten die auch mir selbst? Was vielleicht bei dem einen chic wirkt, lässt den anderen im wahrsten Sinne alt aussehen!

Die „falsche" Farbe betont Hautunreinheiten, hebt Falten hervor, lässt Augen und Haare glanzlos und die Person insgesamt krank oder erschöpft aussehen. Die „richtigen" Farben hingegen unterstreichen unsere Augen und Haare, wir sehen dadurch frischer und gesünder aus.

Wir unterscheiden grundsätzlich vier Farbtypen, nach den vier Jahreszeiten: den Frühlings-, den Sommer-, den Herbst- und den Wintertyp.

◆ Winter und Sommer werden als „kühl" eingestuft, der Grundton ihrer Farben ist blau. Der Winter hat dabei eher kräftige, klare Farben, der Sommer eher gedecktere.

◆ Frühling und Herbst gelten als „warme" Jahreszeiten, ihr Grundton ist gelb bzw. gold. Auch hier hat der Frühling eher die klaren, leuchtenden Farben und der Herbst die gedämpfteren.

Die Grundidee stammt von dem Farbtheoretiker Johannes Itten, einem Künstler und Lehrer. Er spezialisierte sich auf die Bedeutung und Anwendung von Farben und stellte bei seinem Unterricht fest, dass viele seiner Schüler in ihren Bildern genau jene Farben verwendeten, die auch mit ihren eigenen Körperfarben harmonisierten. Auf dieser Erkenntnis aufgebaut, entwickelte sich eine eigene Farbenlehre, die sich damit befasst, welche Farben des Spektrums am besten zum persönlichen Typ passen. Ausschlaggebend sind dabei die Farbtönungen von Haut, Haaren und Augen.

Haben Sie einmal „Ihre" Farben herausgefunden, ist es nicht mehr schwer, immer das passende Outfit zu wählen. Die einzelnen Farben sind untereinander leicht kombinierbar, und Ihre Garderobe passt. Statt dem Kompliment über das schöne Kostüm werden Sie eher hören: „Du siehst aber heute gut aus!" Und schließlich wollen ja **Sie** erfolgreich sein und nicht Ihr Kostüm!

Exkurs: Die psychische Wirkung von Bekleidungsfarben

Rot *Es ist die Farbe der Leidenschaft – von Liebe, aber auch Hass. Es ist auch die Farbe der Könige, sie steht für Freude, Herrschaft, Macht, aber auch für Aufruhr, Gefahr, Unruhe und Angst. Als Kleiderfarbe wirkt sie extrovertiert, als Blickfang, zieht Aufmerksamkeit auf sich, wirkt optimistisch, selbstbewusst und energiegeladen bis hin zu feurig und leidenschaftlich, aber auch bedrohlich und aggressiv, in Kombination mit schwarz fast schon dramatisch – **keine Farbe für Mauerblümchen!***

Orange *Diese Farbe stimuliert die Sinne, aktiviert und regt an. Sie setzt ein Zeichen der Selbstsicherheit, des Mutes und der Abenteuerlust. Sie wirkt fröhlich und extrovertiert, steht für Kommunikationsfähigkeit. Orange regt den Willen zur Diskussion an – **nichts für Pessimisten!***

Gelb *Gelb steht für Wissensdurst und Forscherdrang, für Offenheit mit gleichzeitiger Liebe zum Detail. Sie wird mit der Sonne assoziiert und wirkt daher auch positiv und optimistisch. Sie steht aber auch für Autorität und Kontrolle – **nichts für Schattengestalten und Duckmäuser!***

Grün *Diese Farbe drückt Harmonie und Gleichgewicht aus. Sie wirkt beruhigend, ausgleichend, selbstbewusst, überlegen, verlässlich, aber auch risikoscheu, dickköpfig, langweilig und eher konventionell. Sie steht weniger für Visionen, Erfolg und Dynamik. Sie steht eher für Natur und Sicherheit – **nichts für dynamische Mittelpunktstypen!***

Türkis *Türkis wirkt klar, erfrischend und offen. Diese Farbe bringt auch Klarheit ins Denken, ins Fühlen und steht für offene Kommunika-*

tion. Vor der Kamera wirkt Türkis besonders vorteilhaft, besonders echt. Türkis steht für „jugendlich, dynamisch" und weckt Interesse – **nichts für Stubenhocker!**

Blau   Blau ist die Farbe für Ehrlichkeit, Sympathie, Treue und Tradition. Auch wenn Blau manchmal kühl und fern scheint, steht es doch für Freundschaft, Vertrauen, Harmonie, Kraft und Vernunft. Sie wirkt ruhig, friedlich und still, manchmal sogar introvertiert. Blau wird von umso mehr Menschen bevorzugt, je technologischer ihre Kultur orientiert ist, sie ist die Farbe der Verstandesbetonung, des logischen Denkens und praktischen Handelns. Sie fördert Ordnung und den Blick hinter die Dinge, aber auch Autorität – **nichts für kreative Revoluzzer!**

Lila   Lila steht für Selbstachtung, Würde und Selbstsicherheit. Im katholischen Glauben ist diese Farbe Sinnbild für Demut und Spiritualität. Früher wurde die Farbe Lila oft für Reichtum und Herrschertum verwendet. Sie steht auch für Extravaganz. Lila Kleidung fällt auf, polarisiert – **nichts für graue Mäuse!**

Braun   Diese Farbe symbolisiert die Erde, die Stabilität und die Elemente. Sie bezeigt eine feste Verwurzelung, Selbstsicherheit und Autorität. Sie steht auch für Treue und Organisationstalent. Sie wirkt ernsthaft und solide – **nichts für „Luftikusse"!**

Weiß   Weiß wird mit Reinheit, Unschuld und Sauberkeit assoziiert. Sie ist die Farbe der Luft, der Losgelöstheit, der Ästhetik. Sie reflektiert andere Farben, lässt diese leben, ohne sie zu erdrücken. Sie wirkt rein, klar, frisch, sauber, futuristisch aber auch nüchtern, kalt und neutral In östlichen Kulturen auch die Farbe des Todes und der Trauer – **nichts für Schwarzseher!**

Schwarz   Schwarz ist die Farbe, die alle anderen Farben und auch das Licht verneint. Es wird daher oft behauptet, es sei überhaupt keine Farbe, sondern das Gegenteil von Farbe. Sie steht bei uns für Trauer, Tod, Buße. Schwarz in der Kleidung steht für konservative Eleganz, betonte Sachlichkeit. Sie wirkt aber auch geheimnisvoll, raffiniert, stark und dadurch interessant. Sie kann auch Ausdruck von Rebellion und Ablehnung gesellschaftlicher Normen sein. Besonders bei Jugendlichen ist die „schwarze Phase" notwendig, um sich von der bunten Jugendzeit zu lösen. Schwarz wirkt auch leblos, düster, reserviert und negativ – **nichts für „Bunte Vögel"!**

Grau   Grau ist eine Farbe ohne Individualität. Sie steht oft für das Altmodische, die Armut, die Tristesse und die Langeweile. Doch auch ge-

*rade deswegen wirkt sie auch seriös, ausgewogen und professionell. Sie belässt die Konzentration der Zuhörer bei den Inhalten, lenkt weg von Äußerlichkeiten. Ihr Understatement wirkt schick und diskret – um die Individualität zu betonen, lässt sie sich gut mit anderen, kräftigeren Farben kombinieren. In ihrer reinen Ausprägung ist diese Farbe **nichts für auffällige Kreative**!*

Das Gesichtsstyling

Beispiel

„Wenn ich mich an den Zahnarzt meiner Kindheit erinnere, fallen mir natürlich sofort der unangenehme Geruch im Stiegenhaus und das unerträgliche Geräusch des Bohrers ein. Wenn ich mir jedoch den Arzt selbst in Erinnerung rufe, fällt es mir schwer, ihn genau zu beschreiben. Ich würde ihn nicht wieder erkennen. An eines erinnere ich mich aber noch sehr gut: seine Brillengläser. Er hat mich immer hinter seiner riesigen, dunkelgerahmten und leicht getönten Brille angesehen. Doch seine Augen konnte ich nicht erkennen. Ich weiß nur, wie seine Brillen über und über mit unzähligen Flüssigkeitsspritzern bedeckt waren. Ich war mir sicher, er könne mich durch all die Flecken nicht sehen, und hatte fürchterliche Angst, er würde mir irrtümlich einen falschen Zahn anbohren. Vielleicht war er ein sehr guter Zahnarzt. Vielleicht war seine Ordination auch sehr sauber. Ich weiß nur, das er mir unheimlich war und ich den Eindruck hatte, seine ganze Ordination sei dreckig und unhygienisch. Ob ich wohl heute lieber zum Zahnarzt gehen würde, wenn er sich damals regelmäßig seine Brillen geputzt hätte?

Schon vor 2000 Jahren schrieb der Römer Cicero: „Das Gesicht ist der Spiegel der Seele." Nach diesem Grundsatz richten wir uns immer noch, wenn es darum geht, unser Gegenüber zu beurteilen. Wir blicken ihm als Erstes ins Gesicht und nehmen bewusst oder unbewusst ein ganze Menge wahr: Verdecken dicke, spiegelnde Brillengläser die Augen? Betont die falsche Lippenstiftfarbe die kleinen Linien um den Mund? Versteckt sich der Mund hinter einem wüsten Vollbart-Gestrüpp?

Wir wollen beim Ersten Eindruck erkennen, ob der andere eine Gefahr darstellt oder nicht. Wie sollen wir das aber feststellen, wenn wir nur einen Teil seines Gesichtes sehen? Verdeckt jemand durch Bart, Sonnenbrille oder Ähnliches sein Gesicht, macht uns das sofort misstrauisch. Was hat dieser Mensch zu verbergen?

◆ Wenn Sie einen Vollbart tragen, achten Sie darauf, dass er gepflegt und immer „in Form" ist.

◆ Make-up sollte die Vorzüge eines Gesichtes betonen und nichts verfremden. Weniger ist meist mehr und die richtige Farbwahl von entscheidender Bedeutung. Beachten Sie dabei, dass Augen-Make-up jene Akzente setzt, die dem Gesicht die typische Eigenart verleiht. Lassen Sie sich ruhig beraten, das Geld dafür ist gut investiert!

◆ Das Tragen von Sonnenbrillen in geschlossenen Räumen sollten Sie Mafia-Darstellern im Film überlassen. Es ist nicht nur unhöflich, sondern wirft ganz einfach ein schlechtes Licht auf Sie oder lässt eine durchzechte Nacht vermuten.

◆ Achten Sie darauf, dass Ihre Brille auch wirklich zu Ihrer Gesichtsform passt, und die Farbe des Rahmens Ihrem Farbtyp entspricht. Dünne und unsichtbare, leichte Brillengläser „zerschneiden" das Gesicht nicht und bilden keinen „Balken" vor den Augen.

◆ Entspiegeltes Glas ist günstiger, da irritierende Lichteffekte nicht von Ihren Augen ablenken. Reflexe irritieren den Gesprächspartner.

◆ Umso deutlicher sichtbar werden jedoch auch schon die kleinsten Verschmutzungen der Brillengläseroberflächen. Entfernen Sie Staub, Fingerabdrücke oder eingetrocknete Wassertropfen regelmäßig.

◆ Achten Sie auf einen guten Sitz Ihrer Brille. Unschöne Druckstellen stören ein positives Gesichtsbild. Wer ständig seine Brillengläser zurechtrückt, wirkt fahrig und nervös.

◆ Die richtige Brille kann ein Gesicht sehr schmücken, die Augen besonders zur Geltung bringen und ein Ausdruck Ihrer Individualität sein!

Die Frisur

Den Rahmen für Ihr Gesicht bildet die Frisur. Egal, ob Sie dichtes, goldblond glänzendes oder dünnes, bereits leicht ergrautes Haar haben, die richtige Frisur ist entscheidend. Sich dabei nur nach Modeströmungen zu orientieren, ist falsch. Ausschlaggebend ist zunächst Ihre Gesichtsform, danach die Qualität Ihrer Haare sowie Ihr gesamter Stil, Ihre Persönlichkeit.

Und nicht nur Frauen haben die Möglichkeit, durch eine neue Frisur einen „neuen Menschen" aus sich zu machen. Manche Friseure bieten virtuelle Programme an, mit deren Hilfe Sie testen können, wie Sie mit einer neuen Frisur aussehen würden – ein interessantes Experiment!

Das oberste Gebot ist aber die richtige Pflege. Schuppiges und fettig strähniges Haar wirkt in keinem Fall gut. Langes Haar soll wirklich gesund und glänzend aussehen. Wirken lange Haare ausgedünnt und von Grausträhnen bereits durchzogen, wird leicht das Image eines „Berufsjugendlichen" vergeben – das gilt gleichermaßen für Mann und Frau!

Für Männer, deren Haarwuchs langsam schütter wird, gilt: Bitte nichts vortäuschen, was nicht mehr vorhanden ist. Ein gepflegter Kurzhaarschnitt wirkt gerade bei weniger Haaren wesentlich vorteilhafter. Beweisen Sie Selbstsicherheit und stehen Sie zu Ihrem natürlichen Aussehen.

Viele Frisuren, die in Modezeitungen als „trendig" angepriesen werden, eignen sich nicht unbedingt für den beruflichen Alltag. In der Kreativ-Branche sind bunt eingefärbte, unterschiedlich lange Strähnen, die bis tief über die Augen reichen, unpassend.

Schmuck und sonstige Accessoires

Schmuck war zu allen Zeiten und in fast allen Kulturkreisen ein deutliches Erkennungszeichen: Je höher der gesellschaftliche Rang, desto wertvoller und auffälliger der Schmuck. So konnte man beispielsweise in der Kaiserzeit an einem Orden sofort erkennen, wen man da vor sich hatte – zumindest seiner gesellschaftlichen Bedeutung nach. Schmuck macht besonders deutlich, wie sich der Träger nach außen hin präsentieren will. Heute gilt jedoch nicht mehr der Grundsatz: „Je auffälliger und größer, desto vornehmer!" Ganz im Gegenteil: Dezentes Understatement wird heute mehr geschätzt denn je.

Tipp

Tragen Sie als Frau bei Meetings nie einen wertvolleren und auffälligeren Schmuck als Ihre Chefin. Zu Ihrem eigenen Vorteil wählen Sie in einem solchen Fall besser dezenten Schmuck, der Neid verhindert.

Bei jeder Form von Schmuck gilt ganz besonders: Wählen Sie den Schmuck, der Ihre Persönlichkeit zum Ausdruck bringt, der zu Ihnen passt. Auch wenn Sie Goldschmuck lieben – vielleicht passt Silberschmuck besser zu Ihrem Typ. Lassen Sie sich dabei ruhig beraten.

Ein auffallendes Schmuckstück für Frauen sind Ohrstecker bzw. Ohrringe: Sie setzen Akzente, die ein Gesicht gut betonen und damit ein Outfit perfekt abrun-

den können. Aber bitte keine Riesen-Creolen und überdimensionale Phantasie-
stücke zum Business-Look! Auch geschmackvoller Modeschmuck ist mittlerweile gesellschaftsfähig geworden (und oft auch schon mindestens genauso teuer wie echter) – er sollte nur auch als solcher erkennbar sein. Stillos sind
nämlich alle Arten von Imitationen, falsches Gold und falsche Perlen wirken
billig.

Ähnliches gilt für Uhren: Besser eine Schweizer Plastikuhr als eine Cartier-
Imitation aus Hongkong! Uhren sind auch das wichtigste „Schmuckstück" bei
Männern. Sie haben weniger Möglichkeiten, Schmuck zu tragen. Goldketten
und Siegelringe bei Männern kreieren allerdings ein eindeutiges Image!

Neben dem Schmuck sollen im Allgemeinen auch die übrigen Accessoires aufeinander abgestimmt sein. Ein blauer Gürtel zum schwarzen Kostüm, eine tür-
kisfarbene Krawatte zum dunkelgrünen Anzug werden kaum für Furore sorgen. Legen Sie gerade auf die Details Ihres Erscheinungsbildes Wert: Das sind
oft Dinge, die man zwar nicht bewusst wahrnimmt, die jedoch den Eindruck
gerade deshalb nachhaltig prägen. Sie beweisen, ob jemand Stil hat oder nicht.
Was gewisse Details über ihre Träger aussagen, werden wir noch nachfolgend
näher betrachten.

Schuhe und Strümpfe

Auf die Schuhe wird viel zu oft zu wenig Wert gelegt. Und gerade auf die
Schuhe sehen die anderen immer wieder. Schuhe sagen viel über den Träger
aus.

Schuh-Tipps

◆ Oberstes Gebot ist auch hier die richtige Pflege. Abgetretene Absätze,
Schmutz und Verformungen (weil ohne Schuhstrecker aufbewahrt)
geben kein gutes Zeugnis für den Träger ab.
◆ Schuhe sollen im Berufsleben grundsätzlich aus Leder sein.
◆ Zum Business-Outfit der Frau passen am besten klassische Pumps
mit drei bis vier Zentimeter Absatz, zu Hosenanzügen kann Frau
auch flache Schuhe tragen.
◆ Für Herren gilt: Besser klassische Schnürmodelle mit Ledersohle als
Slipper mit dicken Plastiksohlen. Männer legen häufig wenig Wert
auf edle Schuhe. So sieht man oft einen teuren Designer-Anzug kom-

◆ biniert mit ungepflegten Synthetikschuhen. Diese Art von Stilbruch wird niemand als interessant empfinden.

◆ Schuhe sollten auch farblich zur Kleidung passen und eignen sich nicht für modische Farbexperimente.

Die alte Regel, nach der eine „echte Dame nie ohne Strümpfe geht", ist heute zum Teil überholt. In vielen Büros ist im Sommer ein gepflegtes Bein auch ohne Strumpf erlaubt. Bei besonders wichtigen Anlässen empfehlen sich auch weiterhin Strümpfe.

Bei Männern gilt: Bitte zum Anzug grundsätzlich nur dunkle Socken, niemals weiß! Wählen Sie hier Naturfasern, Ihr Fuß und die Nasen Ihrer Mitmenschen werden es Ihnen danken. Wichtig ist auch, dass die „am wenigsten erotische Zone des Mannes", jene paar Zentimeter behaarten Schienbeins und Wade zwischen Sockenrand und Hosensaum, auch beim Übereinanderschlagen der Beine nicht sichtbar wird.

Kleidung als Ausdruck von Kompetenz, Status und Selbstdarstellung

Was ist guter Stil?

◆ Der persönliche Stil ist der individuelle Ausdruck der eigenen Persönlichkeit. Er verdeutlicht die Unverwechselbarkeit dieser Person.

◆ Guter Stil ist daher nichts Objektives, nichts Absolutes und hat nichts mit Nachahmung zu tun. Einen bestimmten Stil einfach zu kopieren, wäre völlig falsch. Daher ist die kritische Distanz zu allen Modeerscheinungen so wichtig: Prüfen Sie bitte vorerst, ob etwas zum eigenen Stil passt oder nicht.

◆ Guter Stil ist keine Frage des Geldes. Es gibt sehr viele schlecht und teuer angezogene Leute, die trotz Designergarderobe kein Charisma ausstrahlen. Besser daher ein Stück weniger im Garderobeschrank zu haben, dafür aber Kleidung, die auch zu Ihnen und zum Anlass passt.

◆ Guter Stil ist kein Privileg der Schönen, Jungen und Reichen. Egal, welche körperlichen Voraussetzungen Sie mitbringen, jeder Mensch hat auch Pluspunkte, die er herausstreichen kann. Wichtigste Voraussetzung dazu ist ein gepflegtes Auftreten.

◆ Guter Stil drückt sich vor allem auch in den Details aus. Ein Tuch, eine Brosche, Sonnenbrillen und Schuhe geben Informationen über die Person. Wählen Sie diese Accessoires auch sorgfältig aus, sie beweisen oft eher Ihren persönlichen Geschmack als Ihre Kleidung. Zeigen Sie ruhig Liebe zum Detail.

◆ Über guten Geschmack lässt sich streiten, über guten Stil nicht. Geschmack ist sehr individuell: Was der eine wunderbar findet, ist für den anderen unerträglich. Guter Stil aber ist das, was zu mir passt – und das ist objektivierbar!

◆ Guter Stil bedeutet auch, für den richtigen Anlass richtig gekleidet zu sein.

> **Tipp**
>
> ◆ Sind Sie nicht so ganz sicher, was passend ist, gilt die Grundregel: lieber under- als overdressed! Ein auffälliges Cocktailkleid beim Betriebsausflug ist wesentlich peinlicher als ein schlichter Hosenanzug beim Geschäftsdinner.

Besondere Sorgfalt ist vor einem öffentlichen Auftritt oder einer Präsentation angebracht. Sie stehen in diesem Fall im Rampenlicht und jedes noch so kleine Detail wird genau unter die Lupe genommen!

3.3 Die Signalwirkung von Details

Sie haben jetzt Tipps erhalten, was es alles beim eigenen Outfit zu beachten gilt. Wie aber interpretiere ich das Outfit des anderen? Was sagt sein Styling über ihn aus? Was verraten vor allem die Details?

Wer sein Outfit bewusst gestaltet, setzt sich ein Ziel, wie er wirken, was er ausdrücken möchte. Nach der Gesamtwirkung wird er dann auch von den anderen eingeordnet, mit einem Etikett versehen. Nachfolgend die häufigsten „Etiketten":

seriös	trendig
bieder	sexy
jugendlich	gesetzt
farbenfroh	langweilig
dramatisch	unauffällig
sportlich	geschäftsmäßig
auffallend	dezent
topmodisch	klassisch
aufwendig	mit Understatement
geschlechstneutral, androgyn	betont männlich/feminin
provokant	angepasst

Statussymbole

Ein wichtiges Mittel, sich selbst darzustellen, sind Statussymbole. Sie sollen für jeden erkennbar machen, wo der andere einzuordnen ist, sie sollen seine Wichtigkeit zeigen. Dieser Begriff wird ausschließlich im Zusammenhang mit Symbolen der Macht, des Reichtums, des hohen Ranges angewendet. Obwohl auch ein zerbeultes altes Auto einen gewissen Status anzeigt, wird der Begriff Statussymbol dafür nicht verwendet.

Bleiben wir gleich beim Auto. Es ist das klassische Statussymbol schlechthin. Besonders interessant wird die Sache aber beim Firmenwagen. Auf die Zuteilung des richtigen (zur jeweiligen Hierarchiestufe passenden) Modells wird in manchen Firmen mehr Wert gelegt, als auf eine exakte Stellenbeschreibung. Es soll Menschen geben, bei denen das in Aussicht gestellte Firmenauto Grund genug ist, einen Job nicht anzunehmen.

Wir möchten hier nicht über das Image der einzelnen Automarken bzw. deren Fahrer sprechen. Achten Sie in Ihrem Alltag einmal darauf, wie wichtig es manchen Menschen ist, beim Ersten Eindruck das Auto miteinbezogen zu wissen. Erzählt Ihnen der neue Klient beim ersten Smalltalk sofort und auffallend, dass er sich gerade in seinen neuen Mercedes eine bestimmte Sonderausstattung einbauen hat lassen, liegt die Vermutung nahe, dass dieser Mensch ein vermindertes Selbstwertgefühl hat. Er braucht das teure, „angesehene" Auto, um sein Ansehen aufzubessern.

Und genauso verhält es sich mit allen Statussymbolen, die in den Vordergrund gerückt werden. Egal, ob jemand mit seinem Windhund, dem Weingut in Südafrika oder dem Privatchauffeur für die Kinder angibt: die Wirkung ist kontraproduktiv! Es geht hier nicht um das Verdammen sämtlicher Statussymbole – sie sind oft ganz natürliche Begleiterscheinungen des erfolgreichen Menschen – aber eben nur Begleiterscheinungen und nicht Selbstzweck!

„Berufsinsignien"

Gerade im Management hat sich eine neue Art von Statussymbolen entwickelt: die Arbeitshilfsmittel! Es ist nicht gleichgültig, mit welcher Aktentasche der junge, aufstrebende Assistent die Firma betritt. Ist der Aktenkoffer besonders dick und schwer, lässt das auf Übereifer oder heimliche Nachtschichten schliessen.

Die kleine, elegante Aktenmappe des Herrn Direktors hingegen kann zeigen, dass dieser es nicht nötig hat, sich mit Unmengen von Papier zu belasten, die wichtigen Fakten hat er sowieso alle im Kopf, die Mappe enthält nur mehr das entscheidende Papier mit seiner Unterschrift.

Einen besonderen Platz bei den Berufsinsignien nehmen die technischen Hilfsmittel wie Palm, Blackberry und Mobiltelefon ein. Sie geben Zeugnis über den Arbeitsstil, die Effizienz und die Bedeutung des Besitzers. Sie werden immer kleiner und schlanker. Trotzdem registriert jeder, welche Marke da in den Händen seines Sitznachbarn gerade zum Einsatz kommt. Gleichzeitig telefonieren, E-Mails schreiben und die nächste Woche durchplanen – heute alles möglich.

Schreibgeräte nehmen speziell bei Männern einen wichtigen Rang im Berufsleben ein. Fragt man einen Mann, mit welchem Schreibgerät seine Kollegen in den Meetings mitschreiben, werden sie meist sehr genau Auskunft geben können. Billige Wegwerfschreiber, womöglich mit Werbeaufdruck, lassen zwar auf einen sparsamen Menschen schließen, elegante Qualitätskugelschreiber wirken trotzdem „erfolgreicher". Leute, die ausschließlich mit Füllfeder schreiben, erwecken den Eindruck, nicht die Allerschnellsten zu sein – außer sie sind es gewohnt, nur mehr Unterschriften unter wichtige Dokumente zu setzen.

Berufskleidung

Bei vielen Berufen stellt sich die Frage nach dem Styling erst gar nicht. Berufskleidung muss praktisch und leicht zu reinigen sein. Trotzdem sind auch hier Gepflegtheit und Sauberkeit nach Möglichkeit zu wahren. Eine „Schmutz produzierende" Arbeit ist keine Ausrede für mangelnde Körperpflege!

In manchen Firmen gibt es genaue Bekleidungsvorschriften, die nicht unbedingt mit praktischen Erwägungen zusammenhängen. Sie soll vielmehr Ausdruck einer Identifikation mit der Firma sein. Die Firmenfarben sind gelb und schwarz, also trägt „man" gelb-schwarze Krawatten oder Blusen. Besonders verbreitet ist dies bei Unternehmen aus dem amerikanischen Raum. Dort ist der Wille der Angestellten zur Identifikation viel ausgeprägter als in Europa, wo solche Kleider-Codes meist reserviert betrachtet werden. Hier wird oft versucht, Vorschriften durch kleine Details, wie etwa Tücher und Schals, mit einer individuellen Note zu versehen.

Übrigens: Wissen Sie, warum so viele Arbeitskleider, von der Blue Jeans des Cowboys bis zum Blaumann des Handwerkers blau sind? Ganz einfach, weil die Farbe Blau billig herzustellen war! Auch so entsteht ein Image ...

Der bewusste Stilbruch

Viele Menschen tragen unbewusst Kleidungsstücke oder Accessoires, die nicht immer zusammenpassen. Manche setzen einen solchen Stilbruch als bewusstes Ausdrucksmittel ihrer Persönlichkeit ein. Die Jeans zum Sakko soll kreative Lässigkeit demonstrieren, die nur dürftig gebändigte Lockenmähne zum strengen schwarzen Anzug im Herrenstil soll die versteckte und damit umso reizvollere Weiblichkeit andeuten. Wer bewusst einen Stilbruch begeht, möchte verhindern, sofort in eine Schublade gesteckt zu werden. Oder er möchte gegen starre Bekleidungsvorschriften demonstrieren. Oder einfach Interesse wecken.

Der Hang zum Stilbruch kann aber auch übertrieben werden. Bunte, mit Mickey-Mäusen bedruckte Socken zum schwarzen Anzug sind kein Ausdruck von Witz und Kreativität, sondern eher ein Zeichen von übertriebener Originalität. Ähnlich verhält es sich da mit den „betont witzigen" Krawatten, z.B. aus Plastik, mit Konfettis eingeschweißt! Als sich die Frauen auch in den Chefetagen durchzusetzen begannen, war es in den USA bei erfolgreichen Business-Frauen Mode, zum klassischen Geschäftskostüm Turnschuhe zu tragen. Egal, ob damit besondere Schnelligkeit und Dynamik oder der absolute Wille zum Überholen der (männlichen) Kollegen ausgedrückt werden sollte, viele fanden es einfach unästhetisch!

Die kleine Liste der Stilblüten im BUSINESS-LOOK oder:
Wie komme ich am sichersten in die „Schlechter-Geschmack"-Schublade" im Beruf?

Für Frauen:

- Generell zu viel Haut: bauchfreie Kleidung, tiefe Ausschnitte, knallenge Minis
- Spaghettiträger-Oberteile im Beruf
- Raubtier-Look
- Transparente Stoffe bzw. Unterwäsche sichtbar
- Schlecht sitzende Kleidung
- Sichtbares Futter
- Schlecht gefärbte Haare
- Zu hohe, zu dünne Absätze
- Birkenstock-Sandalen, Sportschuhe, ausgetretene Flip-Flops
- Ausgetretene oder schlecht geputzte Schuhe
- Laufmaschen
- Leggings
- Sonnenbrillen in den Büroräumlichkeiten
- Goldene oder silberne Taschen und Schuhe
- Zu auffälliger Schmuck und Plastikjuwelen
- Ungepflegtes Haar, herauswachsende Tönung
- Vamp-Make-up, falscher Lippenstift, falsche Wimpern
- Aufdringliches Parfüm
- Sichtbare Piercings und Tätowierungen
- Plastiktaschen, Rucksäcke und Mickey-Mouse-Accessoires
- Abgeblätterter Nagellack und Billigparfüms
- Markenimitationen

Für Männer:

- Rollsocken
- Weiße oder bunt gemusterte Socken, Motivsocken
- Plastikschuhe
- Ungepflegte Bärte und Frisuren
- Hightech-Uhren mit Digitalanzeige
- Medaillons, Goldketten und ähnlicher Schmuck
- Brillen mit Spiegelgläsern

- Plastik-Aktentaschen
- Schweißgeruch und Billig-After-Shave
- Schlecht rasierte Gesichter und ungepflegte Bärte
- Markenimitationen
- Sweatshirt zur Stoffhose
- Hawaii-Hemden, generell Hemd über der Hose getragen
- Ungebügelte, zerknitterte Kleidung
- Schlampige, breite Krawattenknoten
- Markenetiketten an Anzügen oder Schuhsohlen

Diese Liste ließe sich beliebig lang fortsetzen! Wir Menschen sind schier unerschöpflich in unserem Ideenreichtum, wenn es um schlechten Stil geht!

3.4 Nonverbale Kommunikation durch Körpersprache

Neben dem äußeren Erscheinungsbild nimmt die Körpersprache den größten Raum in der nonverbalen Kommunikation ein. Denn auch wenn wir noch nichts sprechen, unser Körper spricht vom ersten Moment an eine meist sehr deutliche Sprache. *„Wir können nicht nicht kommunizieren!", sagt Paul Watzlawick.* Kommunikation findet also auch ganz ohne Worte statt. Der Erste Eindruck wird daher kommunikativ hauptsächlich von unserer Körpersprache geprägt. Die ersten Worte, die dann folgen, haben es meist schwer, diesen Ersten Eindruck zu verändern.

Die Bedeutung der Körpersprache hat den Menschen schon seit jeher fasziniert. 1775, also vor weit über 200 Jahren hat sich der Zürcher Pfarrer *Johann Caspar Lavater* mit den Signalen, die die „bewegte Oberfläche des Menschen" aussendet, befasst. In seinen *„Physiognomischen Fragmenten zur Beförderung der Menschenkenntnis und Menschenliebe"* schließt er von der Physiognomie eines Menschen auf sein Inneres. Er hat damit fast eine Modewelle losgetreten, in Zukunft wollte jeder aus dem Aussehen des anderen herauslesen, welchen Charakter er da vor sich habe. Mit wissenschaftlichen Erkenntnissen hatte das vielfach sehr wenig zu tun, es handelte sich mehr um eine Art Wahrsagerei, der jedoch die wahre Erkenntnis zu Grunde lag, dass die Körpersprache eines Menschen viel verrät. Erst mit *Darwins Evolutionstheorie* und einem seiner Spätwerke über den *„Ausdruck der Gemütsbewegungen bei Menschen und Tieren"* wurde die sogenannte „Ausdruckskunde" wissenschaftlich erforscht. Vor allem die Verhaltensforschung hat in der Folge entscheidende Erkenntnisse zu diesem Thema beigesteuert.

Reagiert haben wir jedoch – unabhängig von wissenschaftlichen Erkenntnissen schon immer auf diese nonverbale Ausdrucksform: Die Körpersprache ist die älteste Sprache der Welt. Lange noch, bevor wir Menschen uns mit Lautaneinanderreihungen (= Wörtern) verständigt haben, wussten wir die Sprache unseres Körpers zu deuten. Wenn sich zwei Steinzeit-Menschen trafen, beachteten Sie die Haltung, die Bewegungen und das Gesicht des anderen sehr genau. Der Erste Eindruck, den sie daraufhin gewannen, bestimmte ihr weiteres Verhalten und somit oft genug über Leben oder Tod. Es war daher für sie von größter Wichtigkeit, den richtigen Ersten Eindruck zu bekommen!

Heute ist es uns wichtig, neben unserer Muttersprache auch noch eine Reihe von Fremdsprachen zu lernen, und wir meinen, damit bestens für die Verständigung mit allen Menschen gerüstet zu sein. Aber die ursprünglichste unserer Sprachen verkümmert, wir beachten sie zu wenig oder deuten sie unzureichend. Vielfach versuchen wir auch, sie bewusst zu unterdrücken. Dabei ist diese Sprache im Prinzip seit unseren Steinzeit-Vorfahren ziemlich gleich geblieben!

Wie entsteht Körpersprache?

Körpersprache entsteht durch eine Bewegung der Muskulatur als Reaktion auf einen Reiz. Diese Bewegung besteht entweder in einem Öffnen oder Schließen einzelner Muskelpartien bzw. der gesamten Muskulatur. Der auslösende Reiz ist meist eine plötzlich auftretende Veränderung. Als Reaktion auf diese Veränderung ziehen wir uns zurück, verschließen uns durch eine Kontraktion der Muskulatur. Dieses „Verschließen" und „Zurückziehen" stellt einen automatischen Schutzmechanismus vor zu viel Neuem, Unbekanntem dar. So wie sich die Pupille bei verstärktem Lichteinfall als Schutz für das Auge zusammenzieht, so reagiert auch der gesamte Körper. In dieser zurückgezogenen Haltung entscheiden die restlichen Sinne dann, ob die Veränderung eine Gefahr darstellt, ob die Gefahr so groß ist, dass wir besser flüchten, oder ob Angriff die bessere Strategie ist.

Je nach Stärke dieses Reizes ist die gesamte Muskulatur oder auch nur Teile davon betroffen. Die Anspannung der Muskeln hat noch einen weiteren Grund: Wir aktivieren damit unsere körpereigenen Energien, versetzen unseren Körper in den Zustand jederzeitiger Bereitschaft. Nur mit angespannten Muskeln gelingt ein schneller Start. Ein Adrenalinausstoß im Körper sorgt zusätzlich für erhöhte Leistungsfähigkeit. Alle Sinne werden aktiviert, alles konzentriert sich auf die Verarbeitung des Reizes. Ganz schön viel Muskel-Arbeit als Reaktion auf einen kleinen Reiz!

Dieser Reiz stammt aber nicht immer von unserer Umwelt – er kann auch in unserer Gedankenwelt durch eine Assoziation ausgelöst werden. Wenn wir an eine Zitrone denken, assoziieren wir damit „sauer" und ziehen automatisch die Gesichtsmuskeln zusammen. Erzählt jemand von einer bösen Verletzung, verziehen wir das Gesicht, als ob wir den Schmerz tatsächlich spüren würden. Der Reiz entsteht also in unserer Vorstellung, weil wir auf Grund unserer Erfahrungen wissen, was beim tatsächlichen Eintreten des Schmerzes passiert.

Diese Reiz-Reaktions-Wirkung passiert intuitiv und schon seit Urzeiten nach dem gleichen Muster. Auch Menschen aus unterschiedlichen Kulturkreisen verhalten sich ident. Egal, aus welchem Erdteil wir stammen, bei der Assoziation „sauer" reagieren alle Menschen gleich!

Unterschiedliche Kulturen beeinflussen die Körpersprache trotzdem: Es gibt nämlich auch körpersprachliche Ausdrucksweisen, die durch kulturelle Besonderheiten bedingt sind. Eine Verhaltensweise, die über Jahrhunderte in einem Kulturkreis entstanden ist, beeinflusst die Körpersprache. Ein Beispiel dafür sind die unterschiedlichen Begrüßungsriten – Körpersprache wird hier zur „erlernten" Sprache.

Aber zurück zu den genannten Reizreaktionen:
Erst, wenn der Reizauslöser als ungefährlich identifiziert wurde, entspannen sich die Muskeln wieder, und wir öffnen uns. Damit signalisieren wir: „Die Gefahr ist vorüber, mich bedroht nichts, die Veränderung ist willkommen, ich bin zur Aufnahme bereit!"

Dieses Verhaltensmuster lernen wir als Kind noch lange vor dem ersten Wort, dieses Verhaltensmuster ist immer gleich, egal, ob Höhlenmensch oder Topmanager!

Was macht die Körpersprache für unsere Kommunikation so wichtig?

Wir Menschen sind zu Recht stolz auf unsere Kultur. Wir haben ja auch schon viel geschaffen, seit wir aufrecht über unseren Planeten gehen. Ein besonders wichtiger Bestandteil unserer Kultur ist unsere Sprache. Sie entwickelt sich laufend weiter und wir passen sie an unsere aktuellen Bedürfnisse an. Je vielschichtiger unsere gesellschaftlichen Strukturen, desto vielschichtiger ist auch unsere Sprache. Sie ist abhängig von der Herkunft, von unserer Bildung und von unserem beruflichen und privaten Umfeld.

Es liegt nahe, dass wir das Instrument Sprache auch als eine Art „Waffe" in der Kommunikation einsetzen. Wir besuchen Seminare über das richtige Argumentieren oder darüber, wie wir rhetorisch punkten. Wir verstecken unsere Emotionen und wahren Gefühle hinter effizienten Worten, um unseren Gesprächspartnern keine Schwäche zu zeigen, keinen Angriffspunkt zu lassen. Statt mit Ritterrüstungen schützen wir uns mit Worten vor den (rhetorischen) Pfeilen unserer „Gegner".

Allerdings macht unser Körper dabei nicht mit – er verrät uns. Die Körpersprache steht nämlich sehr oft im Widerspruch zu unseren Worten.

Gerade der Erste Eindruck wird zu einem großen Teil von den unbewusst wahrgenommenen Körpersignalen des anderen geprägt. Wer also bewusst diese Zeichen wahrnimmt und auch richtig wertet, der hat eindeutig einen kommunikativen Vorsprung.

Und wer seine eigenen Körpersignale kennt und deren Einsatz trainiert, der lernt sich selbst besser zu verstehen, kann Missverständnisse verhindern und durch eine bewusstere Körpersprache den Grundstein für eine positive Gesprächsbeziehung legen.

Sich mit Körpersprache zu befassen, bewirkt also ein besseres Verstehen des anderen, mehr Offenheit für den anderen und letztendlich auch für sich selbst.

Wichtig!
Beim „Übersetzen" von Körpersprache ist jedoch die allerhöchste Vorsicht geboten! Wir kennen ja den Reiz nicht, der die Muskelbewegung beim anderen ausgelöst hat. Wir wissen nicht, was er gerade denkt und fühlt. Eine Geste kann viele unterschiedliche Bedeutungen haben. Wir können sie immer nur aus dem Gesamtzusammenhang verstehen. Vorsicht also vor vorschnellen Urteilen!

3.5 Die Bausteine der Körpersprache

Die Körpersprache besteht aus mehreren Teilen:

◆ Mimik
◆ Gestik
◆ Gebärde
◆ Haltung

Wir haben im folgenden Abschnitt jeweils stellvertretend einige gerade für den Gesprächseinstieg typischen Signale des Körpers herausgegriffen.

3.5.1 Die Mimik

Die Mimik umfasst alle Gefühle und inneren Einstellungen, die sich im Gesicht ausdrücken. Eine große Anzahl von Muskeln können auf unterschiedlichste Weise ein Gesicht „gestalten", es lebendig machen! Das Gesicht spiegelt unsere Gefühle am deutlichsten wider. Nicht umsonst gilt unser erster Blick beim Kennenlernen dem Gesicht. Das verdeutlichen Aussagen wie: „Die Augen sind das Fenster zur Seele!"
Die Augen stehen dabei im Zentrum der Aufmerksamkeit.

Ausdruck	Bedeutung
Blickkontakt	Wir fühlen uns nicht willkommen, wenn uns unser Gegenüber bei der Begrüßung nicht in die Augen sieht. Dieser **Blickkontakt zur „Erstwahrnehmung"** ist entscheidend für die weitere Gesprächsbeziehung. Weicht einer diesem Blick aus, ist die Beziehung von Anfang an gestört. Dem anderen wird der Eindruck vermittelt, etwas verbergen zu wollen – schließt er die Fenster zu seinem Inneren? Egal, ob der Gesprächspartner böse Absicht oder nur Unsicherheit zu verbergen sucht: Der andere ist auf der Hut, traut ihm nicht so recht über den Weg. Da nützen dann auch die schönsten Worte nichts!
Anstarren	Das wird vom anderen sofort als Kampfansage gedeutet. Das Duell, wer als Erster wegsieht, hat begonnen! Vorschulkinder spielen gerne dieses Spiel – sie üben so unbewusst nonverbale Ausdrucksmittel. Gesprächspartner, die im alltäglichen Gespräch unbewusst den Blick immer wieder abgleiten lassen, um dann wieder zum Gesicht des anderen zurückkehren, signalisieren Interesse, ohne mit seinem starren Blick zu fixieren, festzunageln.
Der Mund	Der Mund kann ebenfalls durch Muskelkraft sehr ausdrucksstark gestaltet werden. Wenn die Augen das Fenster zu unserer Seele sind, so ist der Mund das Tor zu unseren Worten.
Den Mund beim Sprechen verdecken	Menschen, die beim Reden den Mund kaum öffnen oder sich die Hand vorhalten, erwecken den Eindruck, das Gesagte eigentlich lieber zurückhalten zu wollen. Der Gesprächspartner wird unbewusst verunsichert, auch wenn die Worte selbst aufmunternd und offen klingen.
Zusammengezogener Mund	Er signalisiert Skepsis und Zurückhaltung. Man will das, was man soeben hört, nicht einfach so hinnehmen. Man ist misstrauisch, auch wenn ein gleichzeitiges Kopfnicken Zustimmung signalisiert.

Die kraus ge-zogene Nase	Durch das Zusammenziehen wird das „Geruchsorgan" verkleinert und ein unangenehmer Geruchsreiz reduziert. Wir wenden dieses Signal nicht nur bei tatsächlichen schlechten Gerüchen an, sondern auch, wenn uns etwas im übertragenen Sinn „stinkt", wenn wir mit einer Sache ganz und gar nicht einverstanden sind.
Aufgeblähte Nasenflügel	Wir vergrößern das Geruchsorgan, weil wir nicht genug von dem angenehmen Geruch bekommen können. Und wir stellen auch im übertragenen Sinn alle unsere Sinne auf Empfang – die Sache, um die es geht, oder der Mensch, den wir gerade kennen lernen, „riecht" interessant!
Gerunzelte Stirn und hochgezogene Augenbrauen	Wer die Stirn in Falten legt, zieht dabei unwillkürlich nicht nur die Augenbrauen, sondern auch die Lider nach oben. Er vergrößert so seine Augen, um mehr Eindrücke aufnehmen zu können. So ganz kann er das, was er sieht, noch nicht glauben – da benötigt er eindeutig noch mehr Information.

3.5.2 Die Gestik

Die Gestik umfasst sämtliche Bewegungen der Hände und Arme.
Wie viel jemand mit seinen Händen redet, ist Ausdruck seiner Persönlichkeit, seines Temperaments. Südländer gestikulieren eindeutig mehr mit ihren Händen. Je weiter man nach Norden kommt, desto sparsamer werden in der Regel die Gesten – Ausnahmen bestätigen die Regel!

Aber egal, wie viel wir unsere Hände und Arme einsetzen – sie verraten ebenfalls einiges über unsere wahre innere Einstellung. Gerade bei Menschen, die nicht so viel mit ihren Händen reden, ist eine einzige, oft nur angedeutete Geste sehr aussagekräftig.

Die Hände sind eines unserer wichtigsten Instrumente zum „Erfassen" unserer Umwelt. Nicht nur Kinder haben den unwiderstehlichen Drang, alles anzufassen. Eine Vielzahl von Nervenenden an unseren Fingerkuppen machen unsere Hände überaus sensibel für bestimmte Wahrnehmungen. Kinder können ihre Umwelt nur „begreifen", wenn sie sie auch körperlich anfassen. Wie sich etwas anfühlt, sagt viel über die tatsächliche Beschaffenheit aus. Uns Erwachsenen verbietet die gute Erziehung, unserem Gegenüber zum Beispiel einfach an die Haare zu fassen, auch wenn wir das vielleicht möchten.

Die Hände sind aber nicht nur wegen des Tastsinnes so wichtig für unsere Körpersprache. Schon für unsere Vorfahren aus der Steinzeit waren die Hände ihr wichtigstes Werkzeug, ihre wichtigste Waffe. Alle Waffen und Werkzeuge, die sie entwickelten, stellten eine „Verlängerung" der Hände dar, eine Erweiterung ihrer Einsatzmöglichkeiten.

Ausdruck	Bedeutung
Mit dem Zeigefinger auf einen Punkt in der Unterlage zeigen	Strecken Sie den Zeigefinger bei verdeckter Handfläche vor, wirkt Ihr „Hinweisen" eher wie ein angriffslustiger Speer, eine aggressive Waffe. Weisen Sie jedoch mit der offenen Handfläche auf die gleiche Sache, wird niemand Ihr Verhalten als aggressiv deuten.
Die Handfläche nach oben	Diese offene Haltung wird immer als Geste des Willkommens gedeutet. „Schau her, ich habe keine Waffe, nichts zu verbergen. Ich warte, was du mir gibst, welche Information ich von dir bekomme."
Die Hand an die Nase führen	Wer sich mit Zeigefinger und Daumen den Nasenrücken massiert, denkt gerade nach – er möchte mit dieser „Massage" seine Gedanken anregen, den Energiefluss zum Gehirn aktivieren. Wer sich jedoch immer nur ganz kurz an die Nasenspitze greift, zeigt uns den so genannten „Pinocchio-Effekt". Er hat Angst, gerade beim Schwindeln erwischt zu werden, und möchte kurz überprüfen, ob die lange Nase schon gewachsen ist. Wer sich nämlich mit der Absicht trägt, nicht ganz die Wahrheit zu sagen, bei dem dringt mehr Blut in die Nase und lässt sie so unmerklich anschwellen.
Eine Hand bildet eine Faust, die andere umschließt diese Faust	Diese Geste deutet auf eine einstweilen noch verdeckte Angriffslust hin. Der Unmut, der sich im Inneren aufgestaut hat, droht jederzeit hervorzubrechen und es bedeutet für diese Person einige Anstrengung, sich noch zu beherrschen.
Die Hand mit der Innenfläche nach vorne zum „Stopp"-Zeichen erhoben	Dieses Signal ist eines der stärksten Gesten, auf die wir sofort reagieren – selbst, wenn der Betreffende im selben Moment sagt: „Ja, ich habe sofort für Sie Zeit." Wir reagieren vorrangig auf das gegenteilige körpersprachliche Signal und ziehen uns zurück. Widerspricht also die Körpersprache dem gesprochenen Wort, reagieren wir ganz unwillkürlich und vorrangig auf die Signale des Körpers.

3.5.3   Die Gebärde

Den dritten Baustein der Körpersprache stellen alle Bewegungen dar, die vom gesamten Körper ausgeführt werden. Hierher gehört zum Beispiel das viel zitierte Reden mit „Händen und Füßen". Temperamentvolle Redner unterstützen ihre Worte mit Bewegungen des ganzen Körpers. Ein guter Schauspieler steht auch nicht nur am Bühnenrand und deklamiert seinen Text, sondern setzt seinen gesamten Körper ein. Selbst Opernsänger müssen nicht nur ihre Stimme, sondern ihren ganzen Körper als Ausdrucksmittel verwenden.

Ausdruck	Bedeutung
Leichtes, seitliches Wegdrehen	Auch hier machen sich wieder „urzeitliche" Verhaltensmuster bemerkbar. Die erste Reaktion auf einen bevorstehenden Angriff war schon immer ein unbewusstes Schützen unserer verletzlichsten Teile, der „Weichteile". Die offen präsentierte Vorderseite unseres Körpers macht uns verletzlich, ein gegnerischer Pfeil oder Speer kann uns tödlich treffen. Präsentieren wir aber unserem Angreifer unsere „Knochenseite", also unsere Seitenfront, kann uns der Angriff nicht sofort tödlich treffen. Der Speer prallt an den Arm-, Hüft-, und Beinknochen ab, bevor er in unsere lebenswichtigen Organe trifft.
Schulterzucken und gleichzeitiges Wechseln des Standbeines	Viele Bewegungen, die scheinbar nur von den Händen ausgeführt werden, binden den gesamten Körper mit ein. Diese Geste bedeutet, dass ich eine Sache beende, einen neuen, gleichgültigen Standpunkt einnehme und daher auch physisch meinen „Standpunkt" von einem Bein auf das andere verlege.
Schultern hochziehen	Wenn jemand gleich zu Beginn des Gespräches die Schultern leicht hochzieht, verspannt sich seine gesamte Körperhaltung. Das Thema ist ihm unangenehm, das Gewicht, das dabei auf seine Schultern kommt, ist zu schwer. Er schützt mit dieser Geste wie eine Schildkröte mit ihrem Panzer auch seinen beweglichen, aber auch sehr verletzlichen Hals. Er schränkt dadurch seine Flexibilität ein, kann nicht mehr so leicht nach rechts und links schauen. Die unsichtbaren Scheuklappen werden ausgefahren, er wird seinen Standpunkt nicht ändern. Solange die Schultern oben bleiben, macht es wenig Sinn, ihn überzeugen zu wollen.

Es ist ziemlich schwierig, ausschließlich einzelne Körperteile zu bewegen und dabei alles andere ruhig zu halten. Pantomimen üben diese Fähigkeit sehr lange, bis es gelingt, etwa nur eine Schulter oder nur den Hals zu bewegen. Körpersprache heißt auch deswegen so, weil es meist eine Sprache des ganzen Körpers ist! Wenn wir daher nur einen Teil unseres Gesprächspartners sehen, (z.B. bei einem Nachrichtensprecher), können wir seine wahren Gefühle nicht restlos einschätzen. Als Eindruck bleibt ein Rest von Unsicherheit, woran wir wirklich sind.

3.5.4   Die Haltung

Im Unterschied zur Gebärde, die eine plötzliche Veränderung in unserer Bewegung darstellt, wird unter der Haltung die Art und Weise, wie jemand geht, steht oder sitzt, gesehen.

Es fällt nicht schwer, bei einem Menschen, der mit hängenden Schultern, vornüber gebeugtem Kopf und schleppenden Schritten einhergeht, Müdigkeit und Resignation festzustellen. Aber nicht jede Körperhaltung ist so eindeutig.

Ausdruck	Bedeutung
Sitzen nur auf der halben Stuhlfläche	Gerade die Art des Sitzens verrät viel über einen Menschen. Je nachdem, wie viel jemand von der Sitzfläche und der unmittelbaren Umgebung beansprucht, so selbstsicher fühlt er sich im Moment – oder so viel Terrain beansprucht er für sich. Sitzt jemand zum Beispiel nur auf dem halben Stuhl, ist er entweder schon wieder halb auf der Flucht oder er getraut sich nicht, die volle Sitzfläche zu beanspruchen – er lässt noch Platz für jemand anderen, sein vermindertes Selbstwertgefühl gibt ihm im Moment das Gefühl, kein Anrecht auf einen vollen Sitzplatz zu haben.
„Ausladendes" Sitzen mit vorgestreckten Beinen und hinter dem Kopf verschränkten Armen	Dieser Mensch markiert gerade ein besonders großes Territorium. Er drückt damit aus: „Achtung, das ist mein Reich! Komm mir nicht zu nahe, ich bin selbstbewusst genug, um jeden Angriff abzuwehren!" Diese Geste in einer Besprechung stellt eine Provokation dar und soll Überlegenheit demonstrieren.

Stehen auf den äußeren oder inneren Fußkanten	Wer im Stehen nicht fest auf beiden Fußsohlen steht, wirkt schwankend. Ihm fehlt meist auch im Gespräch ein fester Standpunkt, er vermittelt Unsicherheit und fehlenden Rückhalt. In so einer Position lässt sich schwer für ein eigenes Anliegen argumentieren.
Beim Gehen Kopf nach hinten gedrückt und starre Hals- und Rückenhaltung	Dieser Mensch hält unerschütterlich an seiner Weltanschauung fest. Er hat starre Richtlinien und wird schwer von etwas Neuem zu überzeugen sein.

Es ist nicht immer leicht, die genaue Bedeutung einzelner Haltungen zu deuten. Trotzdem prägt gerade die Art zu stehen, zu sitzen oder zu gehen entscheidend den Ersten Eindruck mit.

Begrüßen und unsere Körpersprache

Die Begrüßung mit Handschlag ist in unseren Breiten üblich und eindeutig dem kulturell erlernten Teil der Körpersprache zuzuordnen (siehe auch 7.1). Ihre Herkunft ist einfach erklärt: Wenn ich dem anderen die Hand zum Gruß reiche, zeige ich ihm, dass ich keine Waffe halte, dass ich in friedlicher Absicht komme.

Da wir aber nicht mehr in den einfachen Denkmustern unserer Steinzeitvorfahren denken – Waffe = Feind, keine Waffe = Freund – ist unser Begrüßungsritual vielschichtiger geworden. Die Rolle der Augen ist dabei sehr wesentlich. Wer mir nicht in die Augen sieht, wirkt suspekt. Wenn mich jemand freundlich anlächelt, und wenn dieses Lächeln auch bis zu den Augen reicht, kann ich von seiner friedlichen Absicht ausgehen. Wie aber verhalten sich unsere Hände? Wie verbergen wir die bösen Absichten? Was lässt unser Vis-à-vis erahnen, dass wir doch die ein oder andere Waffe im Köcher haben?

Das ist zunächst der feste **„Knochenbrecher-Handdruck“**. Das schönste Lächeln, die freundlichsten Worte werden durch den eigenen Schmerzenslaut übertönt, wenn uns der andere die Hand zu fest drückt. Er beweist dadurch nicht nur eine feste Gesinnung, sondern mangelndes Feingefühl: So ein Handschlag wird als Angriff, als Verletzung aufgefasst – und ist es auch tatsächlich, wenn ich am Abend noch immer den Druck verspüre und kaum fähig bin, mein Glas zu halten. So ein Machtgehabe erstickt ein Gespräch oft schon im

Keim. Man versucht, diesen „Kraftlackel" so schnell wie möglich wieder los zu werden.

Das Gegenteil zum „Knochenbrecher" ist der **„kalte Fisch"**: Die Hand des anderen verweilt sekundenlang ohne jede Regung und Anzeichen von Leben in der unseren. Wir schließen daraus auf völliges Desinteresse des anderen. Wir sind ihm keine Gefühlsäußerung wert, er möchte uns nicht spüren, nicht näher mit uns in Kontakt kommen. Wenn dieser Händedruck in Verbindung mit dem vorher beschriebenen verbindlichen, krampfhaften Lächeln auftritt, ist die Hürde zu einem offenen Gespräch schon fast unüberwindbar.

Behält ein Mann beim Händeschütteln die **linke Hand in der Hosentasche**, gilt das nicht umsonst als unhöflich – der so Begrüßte fühlt sich verunsichert. Handelt es sich da nur um eine Geste der Unhöflichkeit oder versteckt der andere gar eine Waffe im Hosensack? Oder möchte er mir nur signalisieren, dass er einfach ein zwangloses, kameradschaftliches Gespräch sucht? Dann nämlich bedeutet die Hand in der Tasche: „Ich greife dich sicher nicht an, meine Hand ist ja nicht einmal bereit, mich gegen dich zu verteidigen."

Eine weitere Möglichkeit, schon bei der Begrüßung die Fronten klar abzustecken und dem eigentlichen Sinn des Willkommen-Gefühls zu widersprechen, ist der **„Wegschieber"**. Man geht dem anderen mit offen vorgestreckten Armen entgegen – doch statt beim Händedruck die Hand leicht abzuwinkeln, also den anderen zu sich heranzulassen, hält man die Hand weiter gestreckt, schiebt den anderen von sich.

Um dieses „Von-sich-Wegschieben" noch zu verstärken, wird dabei oft auch die andere Hand auf die Schulter des andern gelegt. Was freundschaftlich-jovial wirken soll, ist lediglich die Versicherung, dass der andere auch ja nicht mit einem Körperteil zu nahe kommt. Beide Hände schieben ihn weg. Dieser Gruß muss wohl unter sich feindlich gesonnenen Politikern entstanden sein, die um der Medien willen Freundschaft demonstrieren wollen. Wer kennt nicht den anderen typischen „Politiker-Gruß" aus den Zeiten des kalten Krieges, als man einander medial-herzlich umarmte und dabei den Betrachter das Gefühl beschlich, dass die beiden dabei nur vermeiden wollen, sich gegenseitig in die Augen zu schauen – der Gegner sollte die bösen Absichten in den Augen des anderen nicht gleich sehen. Außerdem ermöglicht dieser vermeintlich freundliche Körperkontakt das unauffällige Abtasten des anderen nach versteckten Waffen.

Ähnlich verhält es sich mit dem **„Dominanz-Handschlag"**. Beim Händereichen dreht der dominantere Gesprächspartner die Hand des anderen so, dass seine eigene Hand von oben nach unten auf der anderen Hand liegt. Er bringt die Hand des „Gegners" in die Demutshaltung. Gibt sich der andere nicht geschlagen, legt er vielleicht seine zweite Hand auf die oben liegende Hand des anderen. Was vordergründig besonders herzlich wirkt, ist nichts anderes als ein Machtspiel – wird der andere jetzt seinerseits wieder seine zweite Hand oben drauf legen? Dann sind wir beim beliebten Kleinkinderspiel „Hände-übereinanderstapeln" angelangt!

Wichtig!
Wer dem anderen die Hand reicht, setzt eine bewusste Geste, will einen guten Ersten Eindruck hinterlassen. Doch ganz lassen sich negative Gefühle eben nicht verstecken. So ist nicht jede Begrüßung auch wirklich ein echtes Willkommen. Wer den Handschlag des anderen richtig „lesen" kann, hat einen Startvorteil!

3.5.5 Die Distanzzonen

Ein Bereich, der zwar nicht unmittelbar zu unserer Körpersprache gehört, aber trotzdem einen großen Einfluss auf unsere Körpersignale hat, ist der Bereich der Distanzzonen.

Unter Distanzzone wird jener Raum verstanden, den ein Mensch in einer gewissen Situation für sich beansprucht. Je nach dem Verhältnis, in dem ich zum Gesprächspartner stehe, ist diese Zone enger oder weiter gesteckt. Kommt mir der andere zu nahe, dringt er also in meine, im Moment für mich gültige Distanzzone ein, fühle ich mich irritiert, die Kommunikation wird gestört. Viele Gespräche laufen deswegen nicht in den richtigen Bahnen ab, weil diese unsichtbaren Zonen verletzt wurden.

Welche Zonen gibt es?

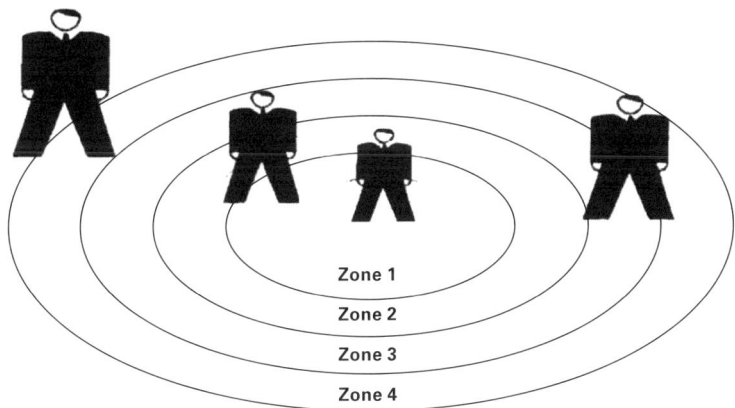

Zone 1: Die engste Zone ist die „**Intime Distanz**", sie bildet in etwa einen Kreis von 50 bis 60 cm um uns herum. In dieser Zone lassen wir hauptsächlich unsere engsten Bezugspersonen heran. Diese Zone ist also für den Partner und die Familie reserviert. Bis zu 60 cm sind hier deswegen die Grenze, da das die ungefähre Reichweite unserer Arme ist. In diesem Bereich ist direkter Körperkontakt erlaubt, wir können den anderen jederzeit umarmen! Kommunikation findet hier nicht nur durch Worte, sondern auch mit allen anderen Sinnen statt: fühlen, riechen, tasten, schmecken. Es ist daher verständlich, dass wir in dieser Zone Fremde wenig tolerieren. Es könnte zu leicht passieren, dass wir den anderen einfach nicht „schmecken" können. Dringt jemand ohne besonderen Grund in diese Zone ein, fehlt ihm meist der natürliche Instinkt zum Respektieren der Intimzone – solche Mitmenschen werden auch oft „distanzlos" genannt.

Zone 2: Die „**Persönliche Distanz**" ist der Bereich von 60 cm bis 150 cm von uns entfernt, dieser ist reserviert für Bekannte und Freunde. Sie dürfen uns schon auch einmal auf Armeslänge nahe kommen, ein freundschaftliches Schulterklopfen ist ein für diese Beziehung angemessener Körperkontakt. Sehr gute Freunde dürfen beim Begrüßen und Verabschieden auch „auf ein Küsschen" näher rücken.

Zone 3: Die „**Gesellschaftliche Distanz**" umfasst den Bereich von 150 cm bis zwei Meter. In dieser Zone findet im Normalfall unser Berufsleben statt. Mitarbeiter, Chefs, Kunden und andere Personen, mit denen uns ein geschäftliches Verhältnis verbindet, sind hier richtig aufgehoben.

Manchmal sind wir jedoch gerade „von Berufswegen" gezwungen, in eine engere Zone vorzudringen. Ein Kellner im Restaurant oder ein Arzt müssen in Ausübung ihrer Tätigkeit dem Restaurantbesucher bzw. dem Patienten einfach näher rücken. Der Grund, warum dies passiert, ist dem Betroffenen dabei jedoch bewusst, er kann es daher leichter tolerieren. Er betrachtet den „Eindringling" für diesen Zeitraum als „Unperson" – der funktionale Vorgang steht im Mittelpunkt. Ein Gast im Restaurant schaut einem Kellner, der gerade den Teller knapp neben ihm auf den Tisch stellt und dabei fast den Arm berührt, bewusst nicht in die Augen, der persönliche Kontakt ist für diesen kurzen Zeitraum aufgehoben. Hat sich der Kellner neuerlich in seine angestammte Zone zurückgezogen, fällt es wieder leicht, ihm auch mit Blickkontakt für sein Service zu danken. Nicht zuletzt wird diese „funktionelle Unpersönlichkeit" durch Berufskleidung unterstützt. Wir empfinden es als angenehmer, von einem Arzt in weißer Kleidung untersucht zu werden. Ein Arzt im Abendanzug würde das Rollenbild und damit das Gefühl für Distanzzonen stören.

Zone 4: Der vierte unsichtbare Kreis um uns herum, die **„Öffentliche Distanz"** umfasst alles, was weiter als zwei Meter von uns entfernt ist. Das ist die Distanz, die wir als passend für Vortragende, Schauspieler, Lehrer etc. empfinden. Wie würden Sie sich fühlen, wenn Sie während eines Theaterstückes mitten unter den Schauspielern stehen würden? Oder wenn der Pfarrer in der Kirche plötzlich den Nebenplatz einnehmen würde, um von dort aus weiterzupredigen? Sie würden sich sicher nicht sehr wohl fühlen und hätten das Gefühl, plötzlich unfreiwillig ins Zentrum des Interesses gerückt zu sein. Diese mediale Präsenz unterscheidet sich sehr von einem Eindruck, den wir von jemandem in unmittelbarer Nähe gewinnen.

Es würde jedoch andererseits unser Distanzgefühl stören, wenn jemand, der eigentlich in eine nähere Zone gehört, plötzlich aus der öffentlichen Distanz mit uns reden würde. Oder können Sie sich einen Ehestreit vorstellen, bei dem Ihr Partner bzw. Ihre Partnerin auf dem Rednerpult steht und Sie in der letzten Reihe sitzen?

Meist halten wir instinktiv die richtige Distanz zum anderen ein, da ja nicht nur er diese Zonen um sich hat, sondern auch wir selbst. Es ist also in „beiderseitigem Interesse", sich nicht zu nahe zu rücken. Trotzdem gibt es Situationen, wo diese sensiblen Bereiche bewusst oder unbewusst gestört werden – und damit auch mitentscheidend den Ersten Eindruck prägen.

Beispiel

Ein typisches „Machtspiel" am Arbeitsplatz: Kollege Wichtig setzt sich immer wieder anscheinend wohlwollend auf die Lehne des Schreibtischstuhls der neuen Kollegin, Frau Frisch. Angeblich will er nur kurz in ihren Bildschirm schauen, ihr helfen, die richtigen Dokumente zu finden. Frau Frisch reagiert sichtlich unangenehm berührt, sie weicht zurück und versinkt in die letzten Tiefen ihres Stuhls. Und genau damit hat der „Eindringling" instinktiv gerechnet! Er kann nun seinerseits wieder ein Stück nachrücken, wird frecher und das „Machtspiel" geht weiter.

Eines Tages fasst sie Mut und spricht die Angelegenheit an. „Ich bitte Sie, sich nicht immer auf meine Lehne zu setzen, das stört mich bei meiner Arbeit." „Aber Frau Frisch, Sie werden doch meine gut gemeinte Hilfe nicht falsch verstehen! Ich helfe doch einer jungen Kollegin gerne!" Typisch, der arrogante Kerl hat sie nicht ernst genommen! Die Chancen, dass er sein Verhalten ändert, sind gering.

Was hätte Frau Frisch aber tun sollen?

Einfach „mit den gleichen Waffen zurückschlagen"! Sich nicht ungerechtfertigt in die Enge treiben lassen, sondern selbst zum Angriff übergehen. Würde sie also einfach aufstehen, und dabei ihrerseits in seine engste Distanzzone vordringen, würde der „Angreifer" dieses körpersprachliche Signal „verstehen" und wahrscheinlich sofort zurückweichen! Denn auf diese Signale reagieren wir alle viel direkter und unmittelbarer als auf noch so gut gewählte Worte.

3.6 Vorsicht beim „Körpersprache übersetzen"

Zugegeben, das Befassen mit Körpersprache hilft uns entscheidend beim besseren Verständnis unserer Mitmenschen. Doch das Gefühl, alles wäre ganz einfach, man müsse dem anderen nur genau auf den Körper schauen und schon könne man wie in einem offenen Buch lesen, was er fühlt, trügt.

Denn ist die Sprache unseres Körpers wirklich so einfach zu verstehen? Bedeutet ein und dieselbe Handbewegung bei allen Menschen das Gleiche? Oder besteht nicht doch die Gefahr, manche Dinge zu sehr zu vereinfachen und gerade deswegen zu Missverständnissen zu gelangen?

Wir wollen unsere Warnung auch hier wiederholen:

Das richtige „Übersetzen" der nonverbalen Signale des anderen erfordert sehr viel Fingerspitzengefühl! Nur wer sich bewusst in den anderen hineinversetzen kann und behutsam vorgeht, kommt der Wahrheit auf die Spur. Hüten Sie sich daher vor vorschnellen Urteilen und oberflächlichen „Übersetzungen". Zu leicht landet ein anderer dadurch bei Ihnen in der falschen Schublade – und das ist nicht nur für ihn von Nachteil.

Es ist daher wichtig, **alle** körpersprachlichen Signale als Gesamtheit zu betrachten. Eine Geste alleine gesehen, kann leicht zu Fehlschlüssen führen. Sieht man sie aber im Zusammenhang mit den übrigen Bewegungen und der Haltung des ganzen Körpers, ist sie aussagekräftiger und lässt Rückschlüsse auf die wahren Gefühle des Gegenübers zu.

Auf diese Weise lassen sich auch **Widersprüche** erkennen. Dabei meinen wir nicht nur Widersprüche zwischen gesprochenem Wort und Körpersignal, sondern auch Widersprüche in der Körpersprache selbst. Wer mit zusammengezogenem Mund und einem zustimmenden Kopfnicken auf eine Bitte reagiert, liefert einen klaren Beweis dafür. Ebenso widersprüchlich und damit unglaubhaft wirkt das netteste Lächeln, das nicht bis zu den Augen vordringt. Ein ehrlich empfundenes Lächeln begegnet uns auch in den Augen wieder.

Ein wichtiger Signalgeber in der Sprache unseres Körpers ist der Hals. Er drückt unsere Wendigkeit, unsere Flexibilität aus. Wer also seine Halsmuskulatur verspannt oder den Hals einzieht, verringert so im wahrsten Sinne des Wortes auch seine geistige Wendigkeit. Außerdem ist der Hals eine sehr verletzliche Zone. Ein „Biss" in die Halsschlagader ist in der Tierwelt tödlich! Daher versuchen wir bei drohender Gefahr, unbewusst unseren Hals zu schützen – entweder durch Hochziehen unserer Schultern oder durch ein Vorbeugen des Kopfes. Präsentiert uns unser Gegenüber aber offen seinen Hals, indem er den Kopf in die Höhe reckt, zeigt er uns an, wie sicher und vielleicht auch überlegen er sich fühlt. Legt er dabei aber die Hand wie spielerisch an den Hals, wirkt diese Geste vielleicht so, als würde er gerade unsere Worte erwägen. Eigentlich schützt er damit aber wieder seinen „verletzlichen" Hals. So ganz traut er der Situation doch nicht! Ebenfalls ein Widerspruch!

Achten Sie bewusst auf solche Widersprüche im Ausdruck Ihres Gegenübers!

Wichtig!
Widersprüche in der Körpersprache entstehen auch aus der
Tatsache heraus, dass wir nicht den gesamten Körper gleich
gut „steuern" können. Das Gesicht, also unsere Mimik, ist
noch relativ leicht bewusst zu gestalten. Wir können unseren
Körper nicht immer einer bewussten Kontrolle und
Steuerung unterziehen.
Speziell die Beine und Füße entziehen sich vielfach diesen
Bemühungen. Je stärker die Emotionen an die Oberfläche
drängen, desto stärker entwickeln speziell unsere „unteren
Extremitäten" ihr Eigenleben.

Menschen, die in der Öffentlichkeit stehen, werden nicht umsonst körper-
sprachlich geschult. Wie in einer Sprachschule lernen sie um die Bedeutung
und den Einsatz von Bewegungen und Ausdrucksformen mit positiver Wirkung auf andere. Trotzdem stößt dieses Bemühen vielfach an Grenzen – speziell im Beinbereich! Nicht zuletzt deswegen bestehen Diskussionsteilnehmer in
den „Wahl-Duellen" auf verdeckte Fußzonen. Was nützt die souveränste Haltung des Oberkörpers, das siegessichere Lächeln und die dynamisch-zielstrebi-
ge Handbewegung, wenn die nervös vor und zurück wippenden Füße eine völlig andere Sprache sprechen?

Ähnlich verhält es sich mit der bewussten Wahrnehmung der Körpersprache
des anderen. Wir nehmen die Gefühle, die ein Gesicht ausdrückt, wesentlich
bewusster wahr als die Signale, die die Beine „aussenden". Wenn Sie also auch
die „unteren Zonen" in die Beobachtung Ihres Gegenübers mit einbeziehen,
fällt das richtige Übersetzen schon viel leichter. Steht jemand fest auf beiden
Beinen, ohne nervöses Wippen und ständigem Wechseln des Standbeines, verrät dies viel über seine selbstsichere Haltung – unerschütterlich, wie ein Fels in
der Brandung, komme da, was wolle!

Einen wesentlichen Einfluss auf die Körpersprache haben auch unsere zwei unterschiedlichen **Gehirnhälften**.

Sie funktionieren nach unterschiedlichen Mustern und beeinflussen die jeweils
andere Körperhälfte. Die **linke Hälfte** unseres Großhirnes, die für die „Ratio",
den Intellekt, das **logische Denken** und unser Sprachzentrum steht, drückt sich
in den Bewegungen unserer rechten Körperhälfte aus. Menschen, die also mehr

Gesten und Bewegungen mit der rechten Hand machen, sind meist mehr von der linken Gehirnhälfte gesteuert, sind eher aktive Tatmenschen. Umgekehrt sind Menschen mit mehrheitlich „linken" Gesten eher von der **rechten, „emotionalen und intuitiven" Gehirnhälfte** gesteuert, also eher künstlerisch und kreativ veranlagt. Wir hören auch nicht auf beiden Ohren gleich gut. Meist bestimmt auch hier die Gehirnausrichtung unser Hörverhalten. Beobachten Sie einmal, welches Ohr Ihnen Ihr Gesprächspartner „leiht"!

Die Körpersprache unserer Mitmenschen kann also eine ganze Menge über sie verraten. Hüten Sie sich aber vor vorschnellen Urteilen. Lernen Sie einfach, Ihre Mitmenschen etwas genauer zu beobachten, sie in ihrer Gesamtheit wahrzunehmen und nicht nur ihren Worten zu lauschen. Das kann Ihnen helfen, andere besser zu verstehen und damit kommunikative Missverständnisse zu vermeiden.

3.7 Körpersprache richtig sprechen

Bisher sind wir immer von Körpersignalen ausgegangen, die als Folge eines Reizes entstehen und die inneren Gefühle eines Menschen ausdrücken. Es lässt sich jedoch auch noch ein weiteres Phänomen beobachten: Durch eine bewusste Muskelbewegung, die ein bestimmtes Gefühl ausdrückt, können wir auch unsere Gefühle direkt beeinflussen.

Was wir damit meinen, ist an folgendem Beispiel rasch erklärt:

In unseren Seminaren machen wir mit den Teilnehmern stets einen kleinen Test. Wir bitten sie, sich gegenseitig anzuschauen und dabei die Augenbrauen hochzuziehen. Dann fordern wir sie auf, den Gesprächspartner trotz hochgezogener Augenbrauen möglichst böse anzusehen. Meist endet dieser Versuch mit allgemeinem Gelächter über die komischen Grimassen. Wer meint, er könne diese Übung ausführen, der ist aufgerufen, es gleich morgen früh vor dem Badezimmerspiegel zu probieren. Sie werden sehen, es fällt auch Ihnen ziemlich schwer, mit hochgezogenen Brauen ein „böses" Gesicht zu machen! Ihr Ausdruck ist vielleicht erstaunt, aber sicher nicht böse. Probieren Sie den gleichen Trick einmal aus, wenn Ihnen ein netter Verkehrsteilnehmer heftig gestikulierend zu verstehen gibt, was er von Ihnen hält. Statt dem eigenen Ärger Raum zu lassen, blockieren Sie ihn einfach durch ein paar minimale Muskelbewegungen!

Tipps

Wie erzielen Sie durch Körpersprache einen positiven Ersten Eindruck?

- ◆ **Oberstes Gebot: Natürlichkeit!** Versuchen Sie nicht, mit „Theater-reifen" Gesten zu beeindrucken. Wer seine Rede durch besonders „lebhafte" Handbewegungen zu unterstützen versucht, um möglichst dynamisch zu wirken, gleicht eher einer Windmühle bei Sturm und „überdeckt" durch die zu übertrieben eingesetzte Körpersprache seine Worte. Außerdem ist bei zu viel „Künstlichkeit" die Gefahr groß, doch durchschaut zu werden, wenn uns beispielsweise unsere Füße verraten!
- ◆ **Entspannen Sie sich!** Nur, wer nicht verkrampft ist, wird vom anderen als offen und bereit zur Kontaktaufnahme empfunden. Lockern Sie daher besonders in schwierigen Gesprächssituationen immer wieder Ihre Schultern und vermeiden Sie es, sich mit den Händen irgendwo festzuklammern, sei es an Ihrem Kugelschreiber, an einem Schriftstück oder an der Tischplatte. Ebenso achten Sie darauf, dass Sie auch Ihre Füße nicht „haltsuchend" um die Stuhlbeine klemmen – Sie blockieren durch diese Verspannungen Ihren Energiefluss. Zusätzlich kann der andere Ihr „Anker auswerfen" als Unsicherheit deuten.
- ◆ **Augenkontakt öffnet!** Bemühen Sie sich stets um einen offenen Augenkontakt, ohne anzustarren, aber auch ohne verlegenes Wegschauen. Wenn Sie dem anderen aufmerksam zuhören, werden Sie automatisch den richtigen „Zugang" zu seinen Augen finden.

◆ **Offene Zuwendung als Gruß!** Die offene Körperhaltung signalisiert gerade am Anfang eines Gesprächs die Bereitschaft zur Kommunikation. Wenden Sie sich mit dem ganzen Körper dem anderen zu, öffnen Sie die Arme und geben Sie ihm so zu verstehen, dass Sie ihn nicht als Bedrohung sehen und ihm die ungeteilte Aufmerksamkeit schenken.

◆ **Nützen Sie Ihren Standpunkt!** Stehen Sie fest und sicher auf beiden Beinen. Die graziöseste Ballerina-Stellung verliert ihre Wirkung, wenn Sie jeden Moment umzukippen drohen. Nützen Sie beim Sitzen die gesamte Sitzfläche aus, sitzen Sie aufrecht und dem anderen zugewandt.

◆ **Nieder mit den Kommunikations-Barrieren!** Je weniger „Barrieren" Sie von Ihrem Gesprächspartner trennen, desto besser – egal, ob es sich dabei um vorgehaltene Aktenmappen, Schreibtische oder andere Gegenstände handelt.

◆ **Der richtige Zugriff!** Achten Sie beim Händedruck auf einen kurzen, festen Druck, ohne dabei dem anderen die Handknochen zu verschieben (siehe auch Seite 72).

◆ **Achten Sie auf die Wellenlänge!** Passen Sie sich der Körperhaltung Ihres Gegenübers an. Ein Gespräch, bei dem sich beide Partner auf gleicher Höhe befinden, verläuft optimaler. Gehen Sie in die Knie, wenn Sie mit einem Kind sprechen, und stehen Sie auf, wenn ein Besucher in Ihr Büro kommt.

◆ **Lassen Sie Ihre Hände frei!** Geben Sie Ihren Händen dadurch die Chance, „mitzusprechen". So wirken Ihre Worte viel überzeugender. Damit ist aber kein „Herumfuchteln" gemeint, sondern eine bewusste, passende Unterstützung Ihrer Worte.

◆ **Kampflose Körpersprache!** Verwenden Sie Ihre Körpersprache nie als bewusst eingesetzte „Waffe". Ein Gespräch ist, wie bereits gesagt, kein Duell: Sie wollen den anderen ja nicht besiegen, sondern zu einem angenehmen Gesprächspartner machen!

„Nur wer echt ist, überzeugt!"

Neben dem visuellen Erscheinungsbild nehmen die akustischen Reize die zweitwichtigste Stelle ein, wenn es um die Wahrnehmung eines Gesprächspartners geht. Die Stimme ist das Instrument dazu. Die Stimmlage, die Betonung, die Lautstärke, das Sprechtempo und die Art der Aussprache (Artikulation, Dialekt) legen fest, wie ein Mensch auf uns wirkt.

Stimme erzeugt somit Stimmung. Eine gute Stimmung ist Grundlage für einen positiven Ersten Eindruck und ein erfolgreiches Gespräch. Ähnlich wie die Körpersprache verrät die Stimme genau, wie es um den inneren Gefühlszustand beschaffen ist. Wir liefern somit unseren Gesprächspartnern unbewusst eine Vielzahl von Informationen, wir werden so zu echten „Wahr"sagern!

Im Unterschied zur optischen Wahrnehmung lassen sich aber unsere Ohren viel weniger leicht täuschen. Optische Reize sind meist vielfältiger und überfordern schnell unsere Wahrnehmung. Das Ohr dagegen richtet seine Aufmerksamkeit viel gezielter auf den Klang als Informationslieferant. Nicht umsonst ist das Ohr das erste Organ, das beim menschlichen Embryo fertig ausgebildet ist. So kann schon das Ungeborene die Stimme der Mutter genau von anderen Stimmen unterscheiden. Was schon in so frühem Alter trainiert wird, hilft später entscheidend mit, die Umwelt besser wahrzunehmen.
Dem Ohr kommt auch bei der eigenen Stimme eine entscheidende Bedeutung zu: Denn die Stimme kann nur jene Frequenzen wiedergeben, die auch das Ohr hören kann. Ist jemand taub, fällt es ihm daher auch besonders schwer, sprachähnliche Laute zu erzeugen, er ist meist taubstumm, obwohl die Stimmorgane völlig in Ordnung sind. Hören und Sprechen sind somit untrennbar miteinander verbunden. Wie wir sprechen, hängt in einem entscheidenden Ausmaß auch damit zusammen, welche Töne wir hören können. Wer zum Beispiel bestimmte Frequenzen nicht mehr oder nur unkorrekt hören kann, der verwendet diese Töne auch nicht in seiner Sprache. Verbessert man seine Hörfähigkeit, was durch gezieltes Training möglich ist, erscheinen diese „verlorengegangenen" Frequenzen auch wieder in seiner Stimme! Auf dieser Erkenntnis

hat der französische HNO-Arzt Alfred Tomatis seine Methode einer Hörkur entwickelt, die über das Gehör die Sprache und damit auch das innere Gleichgewicht verbessert.

4.1 Wie die Stimme funktioniert

Das Instrument Stimme funktioniert mit Luft – Luft, die zuerst eingeatmet und dann wieder ausgeatmet wird. Rachen-, Mund- und Nasenraum spielen dabei ebenso eine Rolle wie die Stimmlippen, der Kehlkopf und die Stimmbänder. Im Kehlkopf, der aus Knorpel besteht und hohl ist, befinden sich zwei Stimmlippen aus Muskel und Gewebeschichten, an denen sich auch die Stimmbänder befinden. Diese Stimmlippen sind beim normalen Atmen entspannt und die Luft kann in die Lunge vordringen bzw. wieder heraufließen. Wollen wir einen Ton erzeugen, werden diese Stimmlippen angespannt. Dadurch kann die Luft aus der Lunge nur mehr durch einen kleinen Spalt auf die Stimmbänder treffen und setzt diese in Schwingung – ein Ton entsteht.

Je entspannter die Stimmlippen dabei sind, desto weniger Schwingungen entstehen und der Grundton ist tiefer. Sind sie angespannter, werden die Schwingungen schneller und mehr, der Ton wird höher. Wie sehr sich nun diese Muskeln in unseren Stimmlippen anspannen, hängt wieder von der schon beschriebenen Reaktion auf einen Reiz ab. So ist erklärt, warum wir, wenn wir nervös und somit verkrampft sind, oft nur mehr mit hoher Piepsstimme sprechen können.

Die Tonhöhe hängt allerdings auch von der Beschaffenheit unserer Stimmbänder ab. Je länger sie sind, desto tiefer die Stimme.

Doch nicht alleine die Stimmbänder bestimmen den Klang, denn der austretende Klang muss noch durch die Mund- und Rachenhöhle, über die Zunge an den Zähnen vorbei und durch die Lippen hindurch. Erst dann ist er fertig geformt und für die Außenwelt wahrnehmbar.

Beispiel

Bei den Vokalen A, E, I, O, und U ist die Stellung der Stimmlippen fast identisch. Der unterschiedliche Klang entsteht nur durch die Veränderung des

*Mund- und Rachenraumes. Und bei den Lauten M und N bleibt die Mundhöh-
le ganz geschlossen, die Luft dringt nur durch die Nase aus.*

Fest steht jedenfalls, dass der Tonfall unserer Stimme ganz entscheidend von
unserer Gefühlslage bestimmt wird. Die Schaltstelle für Gefühle im Gehirn
– das limbische System – beeinflusst über unsere Muskulatur den Klang der
Stimme. Ist ein Mensch zum Beispiel traurig, werden alle Muskel im Körper schlaffer, er lässt „alles hängen". Das passiert auch mit den Stimmlippen.
Sie werden weicher und weniger angespannt. Gleichzeitig sinkt auch die Spei-
chelproduktion im Rachenraum und die Zunge wird unbeweglicher. Das alles macht die Stimme tiefer und undeutlicher. Die Laute klingen kraftlos, lei-
se und monoton.

Spannen sich die Muskeln wieder mehr an, weil ein paar tröstende Worte die
Gemütslage wieder verbessert haben, wird auch wieder die Zunge beweglicher
und die Stimmlippen aktiver. Der Tonfall wird höher deutlicher und schneller.

Unser Ohr nimmt dabei alle Feinheiten und Veränderungen wahr. Intuitiv erkennen wir so auch nur kleinste Stimmungsschwankungen – lange, bevor uns
andere Signale diese Erkenntnis bestätigen. Die genauen Zusammenhänge sind
Gegenstand intensiver Forschungen, vieles ist dabei noch nicht entschlüsselt.
Die Computerbranche hat daran reges Interesse – sie bemüht sich um die Her-
stellung von sprechenden Computern mit emotionalem Ausdruck im Klang der
Computerstimme. Denn es ist noch nicht gelungen, die menschliche Stimme
vollständig zu kopieren.

4.2 Was die Stimme verrät

Der Klang einer Stimme wirkt also als starker und dominanter Reiz auf unsere Wahrnehmung. Manchmal ist dieser Reiz so dominant, dass er alle anderen
Eindrücke überlagert. Ich weiß dann nicht mehr, was der Verkäufer gesagt hat
und wie er dabei ausgesehen hat, aber diese penetrante, übertrieben artikulie-
rende Stimme hat sich eingeprägt – da wollte mir jemand offensichtlich etwas
einreden!

Betrachten wir die Wirkung der Stimme genauer. Wir haben hier stellvertretend einige Beispiele herausgegriffen.

Klang	*Wirkung*
Tiefe Stimme	Ruhe, Souveränität, Kompetenz, Festigkeit, Vertrauen, Verlässlichkeit, Alter, einschläfernde Wirkung
Hohe Stimme	Nervosität, Hektik, Jugend, Unerfahrenheit, Inkompetenz, Sprunghaftigkeit, Unsicherheit, gute Hörbarkeit über Hintergrundgeräusche hinweg (siehe weibliche Stimme als Ansagestimme am Bahnhof)
Monotone Stimme	Desinteresse, Langeweile, Müdigkeit, fehlendes Engagement, Distanz, Gefühllosigkeit, Logik vor Emotion, Verstandesmensch
Pathetische Stimme	Übertreibung, Unehrlichkeit, hohe Emotionalität, unsachliche Denkweise, Besserwisserei, Wichtigtuerei, Oberflächlichkeit, erzeugt Misstrauen
Dynamische Stimme	Engagement, Begeisterung, Überzeugungskraft, Motivationskraft, Wachheit, Intelligenz, Wissen, Sicherheit
Leise Stimme	Müdigkeit, Unsicherheit, Nervosität, mangelndes Selbstbewusstsein, mangelnde Kenntnisse, Inkompetenz, mangelnde Überzeugung, Angst, Trauer, Resignation
Laute Stimme	Hohes Selbstbewusstsein, Sicherheit, Aggression, Wichtigtuerei, Dominanz, Überheblichkeit, Optimismus, Kompetenz
Ständiges Räuspern	Nervosität, Hektik, Unsicherheit, mangelnde Kenntnisse, Inkompetenz, Sprunghaftigkeit, Unruhe
Reden ohne Punkt und Komma	Ungeduld, mangelndes Interesse, Oberflächlichkeit, Desinteresse am Zuhörer, Dominanz

Trainieren Sie bewusst Ihre Wahrnehmung: Wenden Sie sich einmal beim Fernsehen vom Bildschirm ab und hören Sie nur auf den Klang der Stimmen. Achten Sie auf Ihre spontanen Assoziationen – welche Eigenschaften ordnen Sie der jeweiligen Person zu? Sie werden erstaunt sein, wie vollständig da oft ein Bild vor Ihrem inneren Auge entsteht!

Dasselbe passiert übrigens am Telefon. Ist es Ihnen auch schon einmal passiert, dass Sie Monate lang mit einem Kunden immer wieder telefoniert haben und jedes Mal seine tiefe, leicht rauchige Stimme genossen haben? Das Bild vor Ihrem inneren Auge war dementsprechend: groß, männlich, stark, attraktiv, umwerfend. Dann geht eines Tages die Tür auf und Ihr Telefon-Adonis steht vor Ihnen: klein, unscheinbar und mit beginnender Glatze! Hier ist dann Ihre Professionalität gefragt, sich das nicht anmerken zu lassen.

4.3 Tipps zur „Erfolgs-Stimme"

Was also tun, wenn nun mal meine Stimme hoch und eher dünn klingt, weil ich jung und weiblich bin? Ist mir der Erfolg vom ersten Moment an somit versagt? Bleibt er wieder vor allem den Männern überlassen? Nein, jeder kann seine Stimme trainieren und so das Beste aus ihr herausholen. Oft helfen schon einfache Tricks, um die eigene Sprachsouveränität zu steigern. Im Folgenden haben wir einige dazu angefügt. Daher hilft auch ein professionelles Stimmtraining. Wer unter seiner eigenen Stimme leidet und ihr einfach mehr Nachdruck und Überzeugungskraft verleihen will, dem ist so ein Stimmtraining zu empfehlen. Doch das beste Training hilft nur, wenn Sie auch laufend weiter trainieren. Ein einmaliger Kurs hilft also noch nicht – nur Übung macht den Meister!

Tipps zur Stimmoptimierung

- **Achten Sie auf eine aufrechte Haltung:** Ihr Brustkasten ist der Resonanzkörper Ihres Instrumentes Stimme. Je größer dieser Resonanzkörper ist, desto voller, tiefer und angenehmer klingt Ihre Stimme. Wer vorne übergebeugt oder in sich zusammengesunken spricht, dessen Stimme klingt gepresst und unsicher. Schließlich würde ja auch kein Querflötenspieler mit einer abgeknickten Flöte spielen!
- **Bleiben Sie locker und entspannt.** Lösen Sie mit Lockerungsübungen den Nacken- und Schulterbereich. Nur so kann die nötige Energie auch fließen und sich die Stimmlippen richtig bewegen.
- **Üben Sie die deutliche Aussprache:** Der alte Trick, mit einem Korken im Mund zu versuchen, schwierige Sätze deutlich auszusprechen, hat nichts von seiner Gültigkeit verloren.
- **Lesen Sie laut vor.** Das Gefühl für Ihre Stimme und Aussprache entwickelt sich dadurch und Ihre Artikulation wird geschult, die Stimme lebendiger.
- **Sprechen Sie bewusst laut gegen ein Hintergrundgeräusch an** – egal, ob in der Dusche oder gegen das Autoradio. Das berühmte Singen unter der Dusche ist also tatsächlich wirksam! Schon die alten Griechen haben ihre berühmten Reden zunächst am Meeresstrand

geübt, um gegen das Rauschen der Wellen rhetorisch bestehen zu können ...

◆ **Achten Sie auf Ihren Standpunkt.** Nicht nur Ihre Körpersprache wird sicherer, wenn Sie im Stehen oder bei voller Ausnützung der Sitzfläche sprechen – auch Ihre Stimme bekommt so einen festeren Klang. Die Körperhaltung verleiht ihr Nachdruck und Überzeugungskraft. Probieren Sie es einmal aus – führen Sie das nächste schwierige Telefongespräch doch einfach im Stehen!

◆ **Sprechen Sie natürlich.** Versuchen Sie nicht, Ihre Stimme bewusst zu verstellen. Nichts irritiert den Gesprächspartner mehr, als eine unnatürlich verstellte Stimme. Was immer Sie sagen, er wird es Ihnen nicht glauben! Übrigens können Stimmexperten auch aus einem verstellten Erpresser-Anruf eine Menge aus der Stimme lesen, es ist oft die heißeste Spur!

◆ **Konzentrieren Sie sich auf den Inhalt.** Wer sich nur auf seine Wirkung nach außen konzentriert, der wird viel leichter unsicher und verliert obendrein auch noch den inhaltlichen Faden. Je mehr Sie sich daher auf den Inhalt konzentrieren, desto überzeugender sprechen Sie. Stecken Sie den anderen mit Ihrer Begeisterung an – das gelingt am einfachsten und direktesten mit Ihrer Stimme!

◆ **Machen Sie Pausen.** Je nervöser Sie in einer Gesprächssituation sind, umso mehr Pausen sollten Sie einlegen. Vor allem, bevor Sie antworten. Das gibt Ihnen Zeit, sich zu entspannen, auf Ihre Atmung zu achten, und wirkt obendrein auch noch kompetent und überlegt.

◆ **Achten Sie auf kurze Sätze.** Die Gefahr, sich bei einem komplizierten Satzgebilde zu verhaspeln, ist viel größer, als wenn Sie immer wieder mit Ihrer Stimme einen Punkt setzen.

◆ **Bei einer hohen Stimme:** Sprechen Sie bewusst eine Spur langsamer, so wirkt Ihre Stimme etwas tiefer und ruhiger.

◆ **Bei einer tiefen Stimme:** Sprechen Sie bewusst etwas schneller, um dem „einschläfernden" Effekt entgegenzutreten. Ihre Stimme bekommt so mehr Dynamik und „Feuer".

◆ **Passen Sie Ihre Lautstärke dem Gesprächspartner an.** So schaffen Sie die gleiche Wellenlänge. Da Ohr und Stimme eng zusammenspielen, kann man stets davon ausgehen, dass die jeweilige Lautstärke des anderen auch seinem Hörvermögen entspricht. Nur, weil jemand über 70 ist, muss er noch lange nicht fast taub sein und kann daher irritiert reagieren, wenn er vom Gesprächsanfang an angeschrien wird!

4.4 Die richtige Atmung

Den wichtigsten Beitrag zur Stimme liefert aber die Atmung. Nur, wer richtig atmet, nützt seine stimmlichen Möglichkeiten voll aus. Wer jedoch hektisch und flach atmet, bei dem wird sich das sofort auch auf seine Stimme und damit auf seine Außenwirkung übertragen.

Wie steht's um Ihre Atmung? Machen Sie einmal diesen Selbsttest: Formen Sie den Laut „sch" und atmen Sie dabei 40 Sekunden lang aus. Gelingt Ihnen das ohne Flackern und Stottern? Und ohne Erstickungsanzeichen? Dann verfügen Sie wahrscheinlich über eine einigermaßen gute Atemtechnik!

Je mehr Luft Sie zum Sprechen zur Verfügung haben und je kontrollierter Sie diesen Luftstrom aus dem Körper einsetzen können, desto besser für Ihre Stimmqualität. Wer zu wenig Luft zur Verfügung hat, der spricht gepresst und seine Stimme kling flach. Wer immer nur die oberflächliche Brustatmung einsetzt, der beansprucht und verspannt seine Brust- und Nackenmuskulatur unnütz.

Tipps zur richtigen Atmung

- ◆ Atmen Sie durch die Nase, nicht durch den Mund. So wird die eingeatmete Luft ausreichend befeuchtet, Ihre Kehle trocknet nicht aus.
- ◆ Achten Sie auf die Bauchatmung. Die eingeatmete Luft sollte tief in Ihre Lungen und Ihren Bauch vordringen. Richtiges, freies Sprechen ist nur bei kombinierter Brust- und Bauchatmung möglich. Legen Sie Ihre Handflächen auf den Bauch und atmen Sie zu Ihren Händen hin. Spüren Sie, wie sich Ihr Bauch wie ein Luftballon aufbläst. So atmen Sie richtig!
- ◆ Trinken Sie viel und achten Sie auf genügend Luftfeuchtigkeit. Trockene, gereizte Schleimhäute hindern Sie am richtigen Sprechen.
- ◆ Flüstern Sie nicht! Beim Flüstern entstehen unkontrollierte Luftströme, die an Ihren Stimmlippen reiben und Ihre Stimmbänder unnütz anstrengen. So entlasten Sie Ihre Stimme nicht, Sie gefährden sie!
- ◆ Statt Räuspern Schlucken. Beim Räuspern werden Ihre Stimmbänder ebenfalls unnütz strapaziert. Schlucken Sie den „Kloß" im Hals lieber hinunter, trinken Sie einen Schluck Wasser.

„Sprechen ist tönendes Ausatmen!"

4.5 Von der Stimme zur Sprache

Im Alter von fünf bis 15 Jahren durchlaufen wir die sogenannte „Sprachprägephase". In dieser Phase wird festgelegt, wie wir unsere Stimme gebrauchen, wie unsere Aussprache ist. Besonders der jeweilige Dialekt wird zum festen Bestandteil unserer Sprache und damit zum Teil unserer ganzen Persönlichkeit. Einen Dialekt später wieder gänzlich „loszuwerden", ist sehr schwierig und für die meisten von uns unmöglich.

Nichts verrät daher unsere Herkunft so sehr wie unsere Sprache. Sie ist viel mehr als nur die Ausdrucksform, sie ist ein wichtiger Teil unserer Identität. Der Begriff Dialekt stammt aus dem Griechischen und bezeichnet die Mundart, eine örtlich begrenzte regionale Variante der Hochsprache (siehe auch 2.2). Aber auch, wer keinen ausgeprägten Dialekt spricht, hat doch meist einen klar erkennbaren Akzent: die Art und Weise, spezielle Charakteristika, wie jemand spricht. Über die Frage, wie sich Dialekt und Sprache voneinander abgrenzen, führen Sprachwissenschaftler heftige Diskussionen. Oft haftet dem Begriff „Dialekt" ein Beigeschmack von minderwertig und ungebildet an. Wer als gebildet und klug gelten will, bemüht sich um die Hochsprache. Doch schon Goethe hat erkannt: „Beim Dialekt fängt die gesprochene Sprache erst an!"

Die Aussprache, sei es nur ein Akzent oder ein Dialekt, prägt den Ersten Eindruck entscheidend. Sofort wird der Gesprächspartner zugeordnet und all die mit diesem Dialekt verbundenen Assoziationen beim anderen wachgerufen. Alle Arten von Vorurteilen schlagen da besonders kräftig zu. „Ah, ein Schweizer! Sicher so ein gemütlicher, etwas langsamer Typ!" Wer immer wieder die Erfahrung macht, dass er so ungewollt in ein und derselben Schublade landet, kommt leicht zur Erkenntnis, dass da nur das Erlernen der akzentfreien Hochsprache Abhilfe schaffen kann.

Doch können wir das? Wem gelingt es schon, sich einer völlig akzentfreien Hochsprache zu bedienen? Aus unserer Sicht gelingt dies höchstens Schauspielern, die dann so ein richtiges „Bühnendeutsch" sprechen. Doch ist das nicht wieder nur eine eigene Sprache, fast schon ein Dialekt, der sofort auf die Berufsgruppe schließen lässt?

Es führt wohl kein Weg an der Erkenntnis vorbei, dass wir unsere Herkunft sprachlich nie ganz verleugnen können. Mehr noch, wir sollten es gar nicht erst krampfhaft versuchen. Nichts klingt peinlicher als eine schlecht gespro-

chene Hochsprache. Auch wer versucht, sich sprachlich mit seinem Gesprächspartner zu solidarisieren und auch dessen Dialekt zu sprechen, scheitert meist.
Statt gemeinsamer Wellenlänge entsteht nur ein Gefühl von Anbiederung oder
noch schlimmer, das Gefühl, der andere mache sich über den eigenen Dialekt
lustig.

Wie sollen wir uns also verhalten? Einmal Dialekt – immer Dialekt? Hochsprache um jeden Preis?

Die jeweilige Situation, das jeweilige Berufsumfeld erfordert auch sprachlich
eine gewisse Anpassung von uns. Analog zur Kleidung müssen wir auch hier in
einen bestimmten Rahmen passen. Es dient der gegenseitigen Verständigung,
wenn wir uns einer ähnlichen Sprache bedienen wie unser Gegenüber. Es ist
auch ein Zeichen von Zugehen auf den anderen, wenn ich mich bemühe, meine Sprache so anzupassen, dass mich der andere versteht. Wer zum Beispiel in
Norddeutschland weiter stur seinen Walliser Dialekt spricht, wird – abgesehen
davon, dass ihn keiner versteht – als engstirnig, unkommunikativ und eigen-
willig eingestuft werden. Doch sollte – auch wie in der Bekleidung – die gemeinsame Sprache keine „Verkleidung" sein. Wir sollten nie unsere Identität,
unsere Herkunft verleugnen. Nur unser ganz spezieller Akzent, unsere persönlichen sprachlichen Eigenheiten machen uns einmalig und unverwechselbar.

**Nur so wirken wir echt und authentisch –
und darum geht es ja beim Erzielen eines positiven Ersten
Eindrucks.**

---

5. Der Erste Eindruck „durch die Nase"

Schon unsere Vorfahren hatten einen ausgeprägten Geruchssinn, der für ihr tägliches Leben und letztlich für ihr Überleben notwendig war. Heute wird unser Geruchssinn – so wie all unsere anderen Sinne auch – durch ein Übermaß an Informationen strapaziert. Dabei wird es immer schwerer, die richtigen Informationen herauszufiltern. Wir müssen daher mit unserem Gehirn kompensieren, was unsere Vorfahren mit dem Geruchssinn konnten: intuitiv erkennen, was die richtige Nahrung ist, wer der richtige Sexualpartner ist, wo der Raum zum Wohlfühlen ist. Wir wissen aber, dass bestimmte Gerüche bestimmte Gefühle auslösen. Deswegen stellen wir Duftschalen in unsere Wohnräume, waschen unsere Wäsche mit besonderen Aroma-Waschpulvern, besprühen uns mehr oder weniger intensiv mit Parfüm, ja sogar in der Werbung wird mit Duftassoziationen gearbeitet. So hat sich auch die alternative Medizin dieser Erkenntnis bemächtigt und die Aromatherapie ist ein wichtiger Bestandteil alternativen Heilens geworden. Wie entsteht dieser Sinnesreiz in unserer Nase?

Unser im Limbischen System eingebetteter Geruchssinn ist permanent aktiv. Millionen von Riechzellen befinden sich im Bereich der Nase, dem Geruchsorgan. Über die Riechschleimhaut hält das Zentrale Nervensystem an dieser Stelle Kontakt mit der Außenwelt. Düfte werden als Information empfangen und mit bisher gespeicherten Informationen verglichen. Denken Sie einmal an den typischen Krankenhausgeruch – jeder von uns verbindet damit unbestimmte Ängste und meist negative Erfahrungen. Sobald wir ein Krankenhaus betreten, stellt sich automatisch das gleiche Gefühl ein. Wie riecht es dagegen in einer Parfümerie? Es riecht nach Schönheit, Wohlfühlen und Leichtigkeit. Wir können beobachten, wie sich ein Gesicht in Sekundenbruchteilen bei einem bestimmten Duft verändert. Denn Düfte wirken sehr schnell stimulierend, sie wirken unmittelbar auf unsere Gefühle.

Diese Wirkung entfaltet sich genauso schnell bei negativen Geruchsassoziationen. Ein zu intensiver Duft wird als bedrohlich und unangenehm empfunden. In diese Kategorie fallen nicht nur der schon erwähnte Krankenhausgeruch oder der typische Zahnarztgeruch. Auch ein bestimmter Blütenduft kann als zu intensiv empfunden werden oder auch ein Speisengeruch. Im Prinzip kann jeder Duft, den wir in unserer Erinnerung mit negativen Situationen verbinden, zu negativen Gefühlen führen, vor allem, wenn er zu intensiv ist. So entsteht oft unbewusst ein negativer Erster Eindruck, ohne böse Absicht und ohne es überhaupt zu bemerken. So verbindet vielleicht der Kunde, der Ihr Büro betritt und sofort den Duft des frischen Flieders einatmet, diesen für Sie so angenehmen Geruch mit den endlos langweiligen Stunden seiner Kindheit bei der ungeliebten Tante Amalie …

Der menschliche Geruch

Jeder Mensch hat aber auch einen ganz individuellen „Eigenduft". Dieser Duft verändert sich je nach seelischem Zustand oder momentaner Emotion. So löst Freude einen ganz anderen Duft aus als Ärger, Stress oder Krankheit. Diese individuelle Duftnote wird von unseren Mitmenschen „empfangen" und „entschlüsselt".

„Er konnte die Angst seines Opfers riechen", steht im Kriminalroman.
„Ich kann sie einfach nicht riechen", erzählen wir einer Freundin über die neue Kollegin.

Der Geruch entscheidet also auch über Sympathie und Antipathie. Trotz aller Anstrengungen des zivilisierten Menschen, seinen Eigengeruch mit Kosmetik und Reinigungsmitteln zu verbergen, bleibt ein Rest von „Duftinformation" vorhanden. Parfüm kann diesen Eigenduft nicht gänzlich zudecken, es kann ihn nur verändern. Deswegen riecht auch jedes Parfüm bei jedem Menschen anders. Doch gerade dieser „verfälschte" Duft kann die Ursache sein, warum wir jemanden nicht riechen können. Parfüm muss zur Person passen wie die richtige Kleidung in der richtigen Farbe. Es sollte den „Eigengeruch" unterstreichen, besser zur Geltung bringen. Ein Zuviel des Guten kann eine unsichtbare Wand zum anderen aufbauen und so einen negativen Ersten Eindruck erzeugen. Suchen Sie sich daher Ihr Parfüm sehr sorgfältig aus und dosieren Sie es möglichst sparsam. Penetrantes Parfüm stößt ab statt anzuziehen!

Wer sich beruflich häufig in Stresssituationen befindet, sollte bewusst auf seine Körperpflege achten – der Geruch nach „Stress-Schweiß" vertreibt Gesprächspartner schnell. Stress-Schweiß riecht auch ganz anders als zum Beispiel „Sport-Schweiß". Dieser Geruch wirkt eher anregend, aktiv, gilt sogar als sexueller Stimulus. Der Körpergeruch hat aber auch etwas mit der Lebensweise zu tun. Wer gesund lebt, sich gesund ernährt, übermäßigen Alkohol- und Nikotingenuss meidet, hat auch einen anderen Geruch. Die ungesunde Lebensweise merkt man nicht zuletzt auch am Mundgeruch – eine der größten zwischenmenschlichen Barrieren!

Leider sind es gerade diese persönlichen Geruchsbarrieren, die besonders unüberwindlich sind. Merkt der andere seine „Negativ-Ausstrahlung" nicht selbst, bleibt sie meist sehr lange aufrecht. Denn es gehört zu den heikelsten Gesprächen, einem anderen klarzumachen, warum alle von ihm abrücken. Unsere persönliche „Körpersphäre" ist für viele ein Tabuthema. Wir fühlen uns in unserer Persönlichkeit zutiefst gekränkt, wenn jemand unseren Geruch kritisiert. Daran merken wir, wie wichtig und untrennbar Geruch mit Persönlichkeit verbunden ist. Sprechen Sie daher so ein Thema bei Kollegen und Freunden immer sehr behutsam an. Trennen Sie dabei hörbar und sprachlich den sichtlichen Hintergrund vom emotionalen Empfinden.

Ohne Rauch geht's auch

Nicht nur der körperliche Geruch unserer Mitmenschen ist ausschlaggebend dafür, ob uns der andere sympathisch ist oder nicht. Auch der Geruch des Umfeldes „färbt" auf die Person ab, wir verbinden die erste Begegnung untrennbar mit diesem speziellen Geruch.

Das Problem ist aber, dass wir den Geruch des Raumes, in dem wir uns länger aufhalten, mit der Zeit einfach nicht mehr wahrnehmen. Unsere Nase wird „betriebsblind". Jemand, der in den Raum neu eintritt, hält augenblicklich die Luft an. Dumpfe, abgestandene Luft im Raum erzeugt leicht ein Gefühl der Enge und Bekommenheit – einmal ganz abgesehen von der negativen Wirkung auf unser Gehirn, wenn die frische Sauerstoffzufuhr fehlt! Sollten also Ihre Besucher sofort unmerklich die Luft anhalten, die Nasenflügel aufblähen (auf der Suche nach frischer Luft) oder nur mehr sehr „flach" atmen, wird es höchst Zeit für einen Frischluftimport!

Eine weitere derzeit heftig diskutierte persönliche „Duftmarke" ist der Rauch. Im Zuge das allgemeinen „Wellness-Trends" unserer Gesellschaft gilt Rauchen zunehmend als verpönt. In Amerika, wo dieser Trend schon vor Jahrzehnten entstand, sind Rauchverbote in öffentlichen Räumen etwas Selbstverständliches. In Europa halten sich noch immer hartnäckig einige „Raucherinseln", obwohl sogar schon Länder wie Italien ein Rauchverbot in Restaurants durchgesetzt haben.

Es ist also mittlerweile unbestritten, dass vor allem Nichtraucher den Rauchgeruch als störend und negativ empfinden. Die gesundheitliche Gefährdung durch Passivrauchen hat ebenfalls dazu beigetragen, dass von Rauchern einfach mehr Rücksicht gefragt ist. Immer mehr Büros verbannen Raucher ins Freie oder in einen speziellen Raum.

Was aber tun, wenn ein Geschäftsbesucher unbedingt seine Zigarette zum Wohlfühlen braucht und man ihm seinen Besuch so angenehm wie möglich machen möchte? Oder wenn ein eingefleischter Raucher ohne Glimmstengel einfach keine wichtige Verhandlung übersteht? Hier gibt es keine allgemeingültige Lösung, das Problem gehört aber angesprochen und je nach Situation gelöst. Es ist für einen Nichtraucher schwer nachzuempfinden, was in einem Raucher vorgeht, dem man seine Zigarette verwehrt. Es stört seine Konzentration, kann zur richtigen Fixierung werden. Anderseits sollten solche „Suchtmenschen" einmal überlegen, welche versteckten Aussagen sie in solchen Situationen über sich machen. „Ich reduziere meine Persönlichkeit auf einen kleinen Glimmstengel, ohne den bin ich nichts!" Will ich als Raucher wirklich so von meinen Mitmenschen gesehen werden, oder sollte ich mir nicht doch endlich das Rauchen abgewöhnen?

Entsteht erst einmal dicke Luft, versuchen wir oft Rauch und andere unangenehme Gerüche durch „Überdecken" mit diversen Duftstoffen zu beseitigen. Analog zum Körperparfüm wird so aber der Raumduft verfremdet, die Luft wird nicht unbedingt „besser". Ein Duftspray auf der Toilette hat seine Berechtigung – aber ein Zuviel an Duft im Raum kann penetrant wirken. Duftlampen und Duftschalen können in feinen Dosen eine sehr angenehme Atmosphäre schaffen. Wird der Geruch jedoch zu synthetisch und intensiv, kann er auch die Schleimhäute empfindlicher Menschen überreizen und zu tränenden Augen bzw. Halsbeschwerden führen. Möglicherweise weint also Ihr Besucher nicht vor Rührung über die vorweihnachtliche Stimmung in Ihrem Büro, sondern der Zimt- und Orangenduft ist ihm einfach zu intensiv!

Dezente Duftstoffe, wie sie die Natur produziert, sind immer noch die besten Stimmungsmacher. Gesunde Grünpflanzen, ein frischer Blumenstrauß oder eine Schale frischen Obstes sind immer noch willkommene Faktoren, die das Klima beeinflussen. Und eine gelegentliche Frischluftzufuhr beseitigt Geruchsbarrieren im Raum einfach und wie von selbst!

„Frauen benutzen bekanntlich Parfüm, weil es wichtiger ist,
die Nase zu verführen als das Auge."
Jeanne Moreau

---

6. Der Erste Eindruck und die ersten Worte

Erinnern Sie sich noch an die 55-38-7-Regel? Wer zu voreiligen Schlüssen neigt, könnte diese Regel auch wie folgt interpretieren: Wenn der Großteil der Wirkung von meinem Aussehen und dem Klang meiner Stimme abhängt, kann ich ja auch einfach nur irgendeine beliebige Standardfloskel von mir geben. Hauptsache, ich achte auf meine Stimme und sehe dabei auch noch gut aus!

Doch ganz so ist es naturgemäß nicht. Denn der Erste Eindruck ist immer ein Gesamtbild. Und in diesem Bild sind die ersten Worte eben auch ein Mosaikstein. Auch wenn die Worte beim Ersten Eindruck tatsächlich eine geringere Rolle spielen als das Aussehen und der Klang unserer Stimme: Sie dringen im Unterschied dazu eher ins Bewusstsein des anderen vor. Wir Menschen sind in unserer Kommunikation eben schon viel zu lange auf das Wort, auf unsere Sprache als Verständigungsmittel konditioniert. Anders als in der Tierwelt ist die Sprache das bevorzugte Transportmittel unserer Botschaften. Wer also schon vom ersten Moment an punkten will, der soll auch auf die Wahl seiner ersten Worte Wert legen.

6.1 Der gelungene Gesprächseinstieg

Haben Sie noch das Kommunikationspaket aus Kapitel 1 im Gedächtnis? Die Worte bilden den (Sach)inhalt dieses Paketes. Jeder möchte, wenn er ein Paket erhält, wissen, was da wohl drinnen ist. Er versucht, von der Verpackung auf den Inhalt zu schließen. Enthält eine noch so schöne Verpackung bloß ein „Muster ohne Wert", ist die Enttäuschung groß. Sind zum Beispiel leere Floskeln der Inhalt des Paketes, kann es passieren, dass der andere das Paket mehr oder weniger ungeöffnet wieder an den Sender zurückgibt, indem er mit den gleichen leeren Floskeln antwortet. Von echter Kommunikation kann hier kaum gesprochen werden! Keiner der beiden Gesprächspartner hinterlässt beim anderen einen bleibenden Eindruck.

Wie also können Sie es anstellen, schon mit den ersten Sätzen zu punkten?

Tipps zum Gesprächseinstieg

◆ **Formulieren Sie Ihre ersten Sätze einfach und verständlich.** Sie wollen ja Ihren neuen Gesprächspartner nicht überfordern. Gerade bei geschäftlichen Anlässen trifft man immer wieder auf Leute, die glauben, durch besonders komplizierte und mit Fremdwörtern überfüllte Sprechweise beeindrucken zu müssen. Das wirkt meist sehr überheblich. Nehmen Sie dieses Verhalten nicht zum Vorbild. Wahre Bildung zeigt sich in der Fähigkeit, auch komplizierte Sachverhalte einfach und verständlich auszudrücken!

◆ **Keine Fremdwörter, „Fachchinesisch" und Abkürzungen!** Sie haben in den ersten Begrüßungssätzen ebenfalls nichts verloren. Sie wollen sich bekannt machen, sich zunächst „auf der menschlichen Ebene" begegnen und nicht gleich als engstirniger „Fachexperte" eingestuft werden.

◆ **Zeigen Sie in erster Linie Interesse am anderen.** Der erste Satz einer Begegnung entscheidet in großem Ausmaß über den weiteren Verlauf des Gespräches. Wer mit den ersten Worten kein Interesse an einem Gespräch signalisiert, der sollte erst gar kein Gespräch beginnen. Er würde sich und dem anderen Zeit sparen.

◆ **Formulieren Sie offen und neutral.** Wer das Gespräch sucht, der sollte möglichst keine Schlussfolgerungen vorwegnehmen! Werten Sie nicht schon im Vorfeld, zeigen Sie dem anderen, dass Sie offen dafür sind, sich überzeugen zu lassen.

◆ **Formulieren Sie positiv!** Ständige Verneinungen wirken unsicher, ängstlich und pessimistisch. Sie verpassen sich damit sofort ein „Verlierer-Image". Wer sich vom Leben nur Schlechtes erwartet, wird oft nicht enttäuscht – das Negative tritt auch ein. Denken Sie an die sich selbst erfüllende Prognose. Wollen Sie diesen Eindruck erwecken?

◆ **Formulieren Sie konkret.** Wer ständig die Möglichkeitsform verwendet, erweckt beim anderen den Eindruck, er verstecke sich gerne hinter seinen Worten, er will sich nicht festlegen. Er wirkt dadurch unsicher, seine Meinung wird nicht so ganz ernst genommen.

◆ **Wecken Sie gleich zu Beginn das Interesse des Zuhörers!** Sprechen Sie zum Beispiel eine Gemeinsamkeit oder ein Thema an, von dem Sie wissen, dass es für den anderen interessant ist.

◆ **Wechseln Sie die Seite!** Wie sieht der andere die Situation? Wenn Sie die Sache aus seinem Blickwinkel sehen können, erkennen Sie auch den Nutzen, den der andere davon hat, wenn er sich von Ihnen überzeugen lässt. Es ist daher bei der Vorbereitung eines Gesprächs ratsam, sich genau zu überlegen, wen Sie treffen könnten, und wie derjenige die Dinge sehen könnte.

◆ **Keine verbalen Kapitulationen als Einleitung!** Wer sich mit „Vorweg-Entschuldigungen" vorsichtig in ein Gespräch tastet, beweist wenig Selbstbewusstsein. *„Ich weiß nicht, ob das jetzt zum Thema passt, aber ich hätte da noch einen Punkt."* So wird der Erste Eindruck zum Verlierer-Image. Kompetenz und Überzeugungskraft werden so sicher nicht bewiesen!

◆ **Verbale Streicheleinheiten als Gesprächseinstieg!** Ihr Gegenüber ist vielleicht genauso unsicher wie Sie. Nichts hilft die Situation besser aufzulockern als eine kleine verbale Anerkennung des anderen. Diese Streicheleinheiten versetzen ihn in eine positive Stimmung, in der schnell ein guter Kontakt hergestellt wird. Aber bitte, übertreiben Sie nicht – das durchschaut der andere sicher, und die gegenteilige Wirkung tritt ein. Ihre Anerkennung muss echt und ehrlich empfunden sein.

Nur, wenn Sie ehrliches Interesse am anderen haben, wird es Ihnen auch gelingen, die richtigen Worte zu finden. Wer lediglich vorher Einstudiertes von sich gibt, wirkt hölzern und unecht.

Wichtig!
Die beste Methode der Vorbereitung ist es, sich kurz und intensiv auf den zukünftigen Gesprächspartner zu konzentrieren. Was macht ihn für mich interessant? Was möchte ich von ihm wissen? Und vor allem: Was macht mich für ihn interessant?

6.2 Aktiv zuhören als Einstieg

„Auch Schweigen ist Kommunikation!"

Nichts beweist das Interesse am anderen mehr, als ihm einfach nur zuzuhören. Wir leben in einer lauten, von aggressiver Kommunikation geprägten Welt. Jeder meint, nur dann zu punkten, wenn er besonders viel und laut spricht. Da hebt sich derjenige umso positiver ab, der auch einmal den anderen zu Wort kommen lässt, der seine Qualitäten als guter Zuhörer beweist. Wer dagegen immer nur von sich spricht, ist kein interessanter Gesprächspartner!

Beispiel

„Du siehst gut aus, wohl auf Urlaub gewesen?"
„Ja, ich war zwei Wochen in der Karibik!"
„Ach, traumhaft, da war ich mit meiner Frau auch letztes Jahr!"
„Ja, wir waren ganz begeistert: das tolle Hotel, der Strand und diese Sonnenuntergänge …"
„Bei uns hat es leider vier Tage geregnet, aber in einem 5 Stern-Hotel erträgt man das auch ganz gut, ha, ha, ha!"
„Wir waren so faul, nicht einen einzigen Ausflug haben wir mitgemacht, nur immer am Pool oder am Strand gefaulenzt – herrlich!"
„Ja, unser Strand war erst herrlich …" usw, usw …

So ein Gespräch kann noch einige Zeit weiter gehen, je nach verfügbarem Zeitrahmen der beiden Gesprächspartner. Aber ist „Gesprächspartner" hier überhaupt das richtige Wort? Brauchen die beiden einander überhaupt? Außer dem einleitenden „Du" kommt diese Wort nicht mehr vor. Keiner reagiert auf den anderen, jeder erzählt nur von seinen eigenen Erlebnissen und Erfahrungen. Gegenseitiges Interesse lässt sich hier schwer erkennen!

Kommt Ihnen so eine Gesprächssituation bekannt vor? Wir behaupten, zwei Drittel aller „Nach-Urlaubs-Gespräche" laufen so ab. Und leider nicht nur diese. Jeder ist meist mehr daran interessiert, die eigenen Gedanken möglichst schnell, laut und ungefiltert an den Mann zu bringen. Ob das den anderen interessiert, wird nicht hinterfragt. Echte Kommunikation als Austausch von Botschaften findet so nicht statt. Zwischen beiden steht eine unsichtbare Wand. Ein Spiegel als Gegenüber würde auch genügen, ja, das hätte auch noch den Vorteil, sich selbst nicht nur zuzuhören, sondern auch noch optisch bewundern zu können – die perfekte Gesprächssituation für Egoisten aller Art und Klassen. Ein positiver Erster Eindruck ist so sicher nicht zu erzielen!

Zuhören ist noch aus einem anderen Grund speziell beim Gesprächseinstieg von Nutzen. Wie soll ich auf den anderen richtig zugehen, richtig reagieren, wenn ich nicht weiß, was er zu sagen hat? Geben Sie sich da nicht zufrieden mit dem, was Sie vom anderen erwarten oder glauben zu hören!

Hören Sie darauf, was der andere wirklich sagt!

Wer nicht wirklich zuhört, was der andere sagt, erkennt nicht, was der andere meint!
Wir haben in unseren Seminaren schon oft erlebt, dass bei einem Gespräch von drei oder mehreren Teilnehmern nachher jeder glaubt, etwas anderes gehört zu haben. Was ist nun wahr?

Für jeden ist das wahr, was er gehört und daraus verstanden hat.

Wahrheit ist also sehr subjektiv! Das ist eine Tatsache, an der wir nicht vorbei können. Wir müssen daher, wenn wir selbst eine Botschaft an den anderen weitergeben, immer damit rechnen, dass dieser sie anderes „wahr"nimmt. Trotzdem sollten wir uns mit dieser Tatsache nicht einfach abfinden, sondern versuchen, der Wahrheit des anderen auf die Spur zu kommen!

Wer nicht erkennt, was der andere meint, kann nicht richtig antworten!

Will ich in einer Diskussion die richtigen Argumente finden, will ich den anderen überzeugen, ist es daher in meinem Interesse, zunächst richtig zuzuhören. Nur so kann ich auf **seine** Fragen und Probleme eingehen. Ein Argument überzeugt nicht einfach dadurch, dass es für sich genommen so schlagkräftig ist, sondern weil es den Kern dessen trifft, was der andere wirklich gemeint hat.

Mit einem guten Argument holen Sie den anderen dort ab, wo er gerade steht!

Das Problem des richtigen Zuhörens liegt jedoch nicht immer nur in der eigenen Wahrnehmung. Das Problem liegt vielmehr oft darin, dass nicht jeder das sagt, was er denkt. Wie soll ich hören, was der andere wirklich meint, wenn er nur belanglose Floskeln von sich gibt? Oder wenn er seine Meinung gar nicht ausdrücken kann? Oder vielleicht gar nicht wirklich weiß, was er meint? Hier wird deutlich, wie kompliziert unsere Kommunikation abläuft.

Je komplexer unsere Gesellschaft geworden ist, umso mehr haben wir verlernt, unsere Gefühle und Gedanken klar auszudrücken. Unser Misstrauen gegen andere und vor allem die Befürchtung, missverstanden zu werden, verleiten uns zu den eigenartigsten Äußerungen. Wir verhalten uns taktisch. Oder wir verhalten uns „regelkonform". Oft sprechen wir bei „oberflächlichen" Anlässen nicht über unsere wahren Gefühle. Dabei vergessen wir, dass „wahre Gefühle" nicht immer etwas Hochdramatisches, Persönliches sein müssen. Wir könnten ja ruhig auch ehrlich über das Wetter sprechen. Und nicht einfach nur nachsprechen, was gut klingt. Durchforsten Sie einmal Ihren „Anlass-Wortschatz" auf Redewendungen, die Sie so beeindruckt haben, dass Sie diese von anderen übernommen haben. Empfinden Sie das wirklich? Oft ist es besonders bei geselligen Anlässen ein Vergnügen, solche „Phrasen" zu hinterfragen. Findet die Dame im roten Kleid die neue Ausstellung aktionistischer Kunst wirklich so „inspirierend"? Wir wünschen Ihnen viel Spaß dabei!

Richtig Zuhören heißt, auch „zwischen den Zeilen" zu lesen. Nicht nur der eigene persönliche Filter muss dabei umgangen werden, sondern auch der des anderen. Wir kommen dieser Wahrheit aber nicht durch Eigeninterpretation des Gesagten auf die Spur, sondern allein durch aktives Zuhören!

Was ist mit **Aktivem Zuhören** gemeint? Psychologen haben sich intensiv mit diesem Begriff auseinander gesetzt und es gibt genügend interessante Literatur darüber. Gerade auch in der Erziehung von Kindern und Jugendlichen nimmt dieser Begriff eine zentrale Stelle ein. Im Folgenden finden Sie ein Zehn-Stufen-Programm, wie Sie diesen Begriff für Ihr persönliches Kommunikationsverhalten nützen können.

Das Zehn-Stufen-Programm zum Aktiven Zuhören

1. **Konzentrieren Sie sich voll auf das Gespräch.** Lassen Sie sich nicht durch die Umgebung ablenken. Wer gleichzeitig versucht, alle anderen Menschen im Raum zu begutachten, kann nicht richtig zuhören. Vor allem merkt der andere die mangelnde Aufmerksamkeit, deutet sie als Desinteresse und rückt mit seiner wahren Meinung erst gar nicht heraus. Ein bemerkbares Zeichen Ihrer Zuwendung ist der Blickkontakt.

2. **Setzen Sie die Brille des Gesprächspartners auf.** Versuchen Sie, die Dinge mit seinen Augen zu sehen. Nur, wer sich in den anderen hineinversetzt, kann ihn auch verstehen. Dieses Verhalten verlangt einiges Training. Üben Sie es – egal, ob in der Familie, im Freundes-

kreis oder am Arbeitsplatz. Fragen Sie sich einfach auch ohne besonderen Anlass, wie der andere wohl gerade empfindet. Je öfter Sie dieses Hineinschlüpfen in die Rolle des anderen üben, desto besser und vor allem selbstverständlicher wird es Ihnen gelingen.

3. **Fragen Sie bei Unklarheiten sofort nach.** Ihr Gesprächspartner merkt dadurch, dass Ihr Interesse echt ist und Sie wirklich zuhören. Wenn sich einmal eine falsche Schlussfolgerung in Ihrem Kopf festgesetzt hat, ist es schwer, wieder davon loszukommen. Missverständnisse entstehen gerade durch Kleinigkeiten. Auch scheinbar unwichtige Details werden im Zusammenhang wichtig. Richtiges Verständnis entsteht auch durch kleine Schritte. Ich kann nicht darauf hoffen, dass mir bei der Verabschiedung plötzlich alles klar wird! Ist der Gesprächspartner erst einmal weg, wird es mühsam, Probleme zu klären.

4. **Signalisieren Sie Ihre Empfangsbereitschaft auch durch Ihre Körpersprache.** Kleine Gesten, wie etwa ein zustimmendes Kopfnicken, zeigen, dass Sie zuhören. Sie ermuntern den anderen, weiter zu reden. Denn Aktives Zuhören bedeutet nicht, den anderen teilnahmslos reden zu lassen, sondern ihm durch aktives Verhalten zum Sprechen zu ermuntern. Das gelingt umso besser, je besser Sie die gleiche Wellenlänge finden. Beobachten Sie einmal zwei Menschen, die miteinander reden. Woran erkennen Sie, dass sie in ein intensives Gespräch verwickelt sind? Sie werden feststellen, dass beide oft eine sehr ähnliche Körperhaltung einnehmen. Legt der eine den Kopf leicht zur Seite, tut dies der andere unbewusst auch. Verschränkt einer die Arme, tut dies der andere auch. Das gleiche Verhalten praktiziert aber auch ein Arzt, der, wenn er mit einem Kind spricht, in die Knie geht, um die gleiche Sprechhöhe, die gleiche Wellenlänge zu haben. Dieses Verhalten wird in der Fachsprache „spiegeln" genannt – spiegeln der Körpersprache, aber auch der Art, zu sprechen.
Der Tonfall, die Sprechgeschwindigkeit und die Sprechweise werden dem anderen meist angepasst. Wobei das jedoch nicht übertrieben werden sollte. Oft können wir beobachten, wie jemand mit einem alten Menschen besonders laut und langsam spricht, unabhängig davon, ob dieser auch wirklich schwerhörig ist. Oder jemand versucht, den Dialekt des anderen nachzuahmen. Dieses Verhalten bezeichnen wir als unsensibel, da es beim anderen den Eindruck erweckt, sich über ihn lustig machen zu wollen.

Spiegeln heißt also nicht „nachäffen", sondern mit Feingefühl die richtige Wellenlänge herzustellen. Spricht der andere zum Beispiel im Dialekt, sollte man selbst eben auch etwas „umgangssprachlicher" reden, allerdings in der eigenen Mundart!

5. **Wiederholen Sie schwierig Verständliches noch einmal in eigenen Worten!** Gehen Sie sicher, den anderen auch wirklich richtig verstanden zu haben. Etwa mit den Worten: „Sie meinen also, dass …" So animieren Sie ihn, seine Ansicht noch einmal darzulegen. Er wird kaum die gleichen Worte wählen und Sie bekommen damit weitere Hinweise, um ihn besser zu verstehen. Hat jemand zum Beispiel seine erste Aussage nicht ganz so ernst gemeint, schwächt er den Inhalt meist bei der Wiederholung etwas ab. Ist er jedoch felsenfest davon überzeugt, wird er es beim zweiten Mal weiter bestätigen. Auf jeden Fall fühlt er sich ernst genommen, da Sie mit Ihrem Feedback dokumentieren, dass Sie genau zuhören und vor allem auch mitdenken.

6. **Lassen Sie den anderen aussprechen.** Nur, wer sich eine Frage auch bis zum Schluss anhört, kann sie wirklich beantworten. Viele Gespräche verlaufen unproduktiv, weil das Ende einer Frage nicht abgewartet wird. Wir antworten meist auf das, was wir glauben, dass der andere fragen wollte. Das stimmt nicht immer mit dem überein, was der andere wirklich hören will. Außerdem gewinnen Sie Zeit, wenn Sie warten, bis der andere ausgesprochen hat. Sie können sich in Ruhe überlegen, was Sie antworten. Und vergessen Sie dabei nicht, die Brille des anderen aufzusetzen!

7. **Rücken Sie die eigenen Emotionen zunächst in den Hintergrund!** Wem ein Thema sehr am Herzen liegt, dem fällt es schwer, nicht sofort dazu Stellung zu nehmen. Es ist dann eine echte Geduldsprobe, vorerst den vielleicht auch noch umständlichen Ausführungen eines anderen zu lauschen. Starke eigene Emotionen blockieren aber die Aufnahme. Ähnliches passiert auch, wenn man sich in einem psychischen Ausnahmezustand, zum Beispiel beim Arzt oder kurz vor einer wichtigen Prüfung, befindet. Man reagiert dann oft gar nicht auf das, was ein anderer sagt. Auch hier blockieren die Emotionen die Aufnahme. Je besser es Ihnen also gelingt, sachlich zu bleiben, desto besser können Sie zuhören. Und je mehr Sie sich auf den anderen, und das, was er sagt, konzentrieren, desto ruhiger werden Sie. Zwei Fliegen mit einem Schlag …

8. **Unterbrechen Sie den Gesprächspartner möglichst nicht!** Schon gar nicht zu Beginn eines Gespräches. Wir haben in unseren Vorträgen und Trainings schon oft beobachtet, dass gerade in der ersten Gesprächsphase einer den anderen unterbricht – aus lauter Nervosität, aus Angst, bei der Begrüßung vielleicht etwas vergessen zu haben. Eine formvollendete Begrüßung und Vorstellung sind für eine gute Gesprächsbasis jedoch weniger wichtig als das Gefühl des Partners, einen guten Zuhörer vor sich zu haben. Müssen Sie im späteren Verlauf des Gesprächs doch einmal den anderen unterbrechen, dann tun Sie das bitte immer, indem Sie ihn mit seinem Namen ansprechen.

9. **Vermeiden Sie Verlegenheitsmonologe!** Je mehr Sie reden, desto mehr verstummt der andere. Sie haben die Chance, ihn näher kennen zu lernen, zunächst versäumt. Ihr Gesprächspartner hat während Ihres Monologes vielleicht schon längst geistig „abgeschaltet", Sie strapazieren ganz umsonst Ihre Rednerkünste.

10. **Achten Sie von Anfang an auf ein Feedback des anderen.** Es gibt Ihnen Auskunft darüber, wie Ihre Argumente ankommen. Feedback kann in vielen Formen erfolgen: ein zustimmendes Nicken, ein angedeutetes Lächeln, ein gedehntes „Ahaa", oder ein kurzes Abschwenken des Blickes meines Gesprächspartners liefern die Anhaltspunkte. Aktiv Zuhören bedeutet, auch diese kleinen Zeichen der Zustimmung oder Ablehnung wahrzunehmen. Sind Sie dankbar für Feedback, auch wenn es sich in offener Kritik äußert. Sie wissen, woran Sie sind. Besser, Sie können sofort auf Kritik eingehen, als der andere zeigt Ihnen mit keiner Regung seine wahre Einstellung zu Ihnen und lässt seinem Unmut erst im Nachhinein, hinter Ihrem Rücken, freien Lauf.

Aktives Zuhören ist wesentlich einfacher, als es erscheinen mag. Wer sich bewusst auf den andern einstellt und durch seine positive Grundhaltung ein angenehmes Gesprächsklima schafft, ist vom ersten Moment an ein beliebter Gesprächspartner!

Wichtig!
Zuhören bedeutet nicht zwingend, den anderen zu
verstehen. Aber es ist ein guter Anfang.

6.3 Was Sie gleich am Anfang in Frage stellen sollten

Kinder besitzen meist einen sehr direkten kommunikativen Zugang zu anderen Menschen. Sie überlegen nicht lange, welche Folgen ihre Äußerungen haben könnten, sie sagen spontan, was sie denken. Besonders häufig stellen sie Fragen. Sie sind an ihrer Umwelt interessiert und wissensdurstig. Phasenweise „löchern" sie die Erwachsenen geradezu mit ihren Fragen: „Wieso machst du das?", „Warum ist das so?". Sie geben sich dann auch oft mit den Antworten absolut nicht zufrieden und fragen weiter.

Leider werden diese Kinder irgendwann erwachsen und verändern ihr Kommunikationsverhalten grundlegend. Die logische Regel aus Kindertagen:

„Wenn ich etwas wissen will, frage ich einfach!"

wird ersetzt durch die unlogische Erwachsenenregel:

„Wenn ich frage, sieht es so aus, als wüsste ich etwas nicht!"

Wir Erwachsenen haben vielfach verlernt, spontan zu reagieren. Mit komplizierten Gedankengängen hinterfragen wir unsere Verhaltensweisen. Und kommen dabei oft zu unlogischen Schlussfolgerungen. So haben wir Angst, uns bloßzustellen, wenn wir eine Frage stellen. Wir meinen, selbstsicheres Auftreten sei gekennzeichnet durch Demonstration des eigenen Wissens. Nur, wer Behauptungen aufstellt, wer zeigt, dass er über alles schon lange im Bilde ist, wirkt überlegen – lautet die irrige Annahme.

Ein altes chinesisches Sprichwort besagt: „Wer fragt, ist ein Narr für fünf Minuten. Wer nicht fragt, bleibt ein Narr für immer!"

Gerade aus unserer mehrjährigen Schulungserfahrung behaupten wir: Er ist es nicht einmal für fünf Minuten! Wer den Mut hat, zu fragen, beweist Souveränität: Er bleibt nicht bei seiner (eingeschränkten) Sichtweise, er wagt den Blick über seinen Horizont.

Fragen sind somit eines der wichtigsten Instrumente menschlicher Kommunikation. Sie dienen nämlich nicht nur der reinen Wissensvermehrung, sondern haben noch einige andere Einsatzmöglichkeiten:

- Fragen sind Instrumente des „Aktiven Zuhörens"
- Fragen bringen ein Gespräch in Gang
- Fragen lockern eine angespannte Atmosphäre auf
- Fragen stellen den Gesprächspartner in den Mittelpunkt
- Fragen motivieren den anderen, weiterzusprechen
- Fragen zwingen den anderen zur Stellungnahme
- Fragen können Kritik entschärfen
- Fragen lenken das Gespräch in die gewünschte Richtung

Vor allem der letzte Punkt ist der entscheidende: Mit den richtigen Fragen können Sie ein Gespräch in die von Ihnen gewünschten Bahnen lenken. Das „Raffinierte" dabei ist, dass es der andere nicht als unangenehm empfindet. Mit Ihren Fragen stellen Sie ihn in den Mittelpunkt, fragen ihn nach seiner Meinung und vermitteln ihm so das Gefühl, selbst die Steuerung des Gespräches zu haben.

Es gibt viele verschiedene Arten von Fragen. Kommunikationsprofis können durch den richtigen und gezielten Einsatz von Fragen ein Gespräch von Anfang an bewusst führen. Es ist also wichtig, gleich zu Beginn eines Gespräches zu fragen – aber richtig! Der Grundsatz, es gäbe keinen „dummen" Fragen, nur „dumme" Antworten, ist somit widerlegt! Es gibt sehr wohl „dumme", weil unpassende Fragen!

Wir haben für Sie einen kleinen „Fragenkompass" zusammengestellt, in dem die wichtigsten Fragen und deren Einsatz im Berufsleben aufgelistet sind.

Der Fragenkompass

1. **Die offene Frage**
   Eine offene Frage wird so formuliert, dass die korrekte Antwort nur mit einem ganzen Satz erfolgen kann. Sie beginnt meist mit einem Fragewort. Man bezeichnet sie deswegen als offene Frage, weil sie eine Vielzahl von Antworten offen lässt. Das Thema ist weit gefasst. Antwortet der Gesprächspartner trotzdem nur kurz angebunden, stellen Sie am besten noch eine offene Frage, notfalls noch eine dritte. In der Kommunikationsfachsprache wird das eine **„Fragenkette"** genannt. Mehrere offene Fragen hintereinander zwingen den Partner geradezu, sich verbal zu öffnen. Tut er dies nicht, hat er vielleicht einfach wirklich keine Lust, mit Ihnen zu reden. Dann sollten Sie ihn auch in Ruhe lassen.

Beispiele: „Wie gefällt Ihnen die Veranstaltung?"
„Was meinen Sie zu diesem Thema?"
„Was sind die Hauptziele Ihrer Marketingoffensive?"

2. Die geschlossene Frage

Im Gegensatz zur offenen Frage lässt die geschlossene Frage nur einen engen Spielraum zur Antwort. Sie wird nämlich so formuliert, dass als Antwort nur ein „Ja" oder „Nein" passt. Sie liefert also eine knappe Information und ist daher nicht unbedingt geeignet, ein Gespräch in Gang zu setzen. Sie sollten geschlossene Fragen daher am Anfang eines Gespräches nur dann einsetzen, wenn Sie an einem ausführlichen Gedankenaustausch nicht interessiert sind. Geschlossene Fragen gelten als „Gesprächskiller". Sie sind dort angebracht, wo Sie einen „Vielredner" einbremsen wollen, seinen Redefluss zum Beispiel aus Zeitgründen stoppen müssen. Aber setzen Sie als Einleitung zu einem interessanten Gespräch bitte keine geschlossenen Fragen ein!

Beispiele: „Waren Sie schon einmal hier?"
„Kennen Sie Frau Dr. Weber?"
„Haben Sie einen Parkplatz vor dem Haus bekommen?"

3. Die Alternativfrage

Die Alternativfrage gibt dem Befragten zwei oder auch mehrere Möglichkeiten zur Antwort. Sie zwingt ihn, sich zwischen den vom Fragesteller angebotenen Alternativen zu entscheiden. Diese Frage ist ein geeignetes Lenkungsinstrument, um ein Gespräch in eine gewünschte Richtung zu bringen. Der Gesprächspartner wird vor die Wahl gestellt, er kann entscheiden, jedoch wird der Ausgang des Gespräches durch die Alternativen vorherbestimmt. Da der andere aufgefordert wird, Stellung zu nehmen, ist diese Frageform auch dazu geeignet, ein Gespräch zu beleben.

Beispiele: „Finden Sie Produkt A oder Produkt C interessanter?"
„Gehen Sie lieber unter der Woche am Abend oder am Wochenende Tennis spielen?"
„Sind Sie aus beruflichem oder aus privatem Interesse hier bei diesem Vortrag?"

4. Die Suggestivfrage

Mit dieser Frage lenken Sie ein Gespräch noch bewusster in eine gewünschte Richtung. Sie nehmen in der Formulierung der Frage schon die Antwort vorweg. Sie erwarten Zustimmung vom anderen. Gesprächsprofis verwenden diese Frage immer dann, wenn sie aufkeimenden Widerstand spüren. Sie wollen auf diese Weise wieder die Gemeinsamkeiten betonen, ein positives Klima schaffen. Auch wenn der gemeinsame Nenner noch so klein ist, jedes „Ja" vom Gesprächspartner bedeutet eine positive Beeinflussung der Kommunikation. Setzen Sie auch diese Frageform zu Beginn eines Gespräches sehr sparsam ein, um dem anderen nicht das Gefühl des „Überrollens" bzw. der Manipulation zu geben.

Beispiele: „Finden Sie nicht auch, dass das Buffet recht einfach ist?"
„Sehen Sie das Problem nicht auch eher bei den Exporten?"
„Wollen Sie sich nicht auch für eine neue Vorgangsweise einsetzen?"

5.   Die rhetorische Frage

Diese Frage ist eigentlich keine echte Frage, da der Fragesteller gar keine Antwort vom anderen erwartet, er gibt sich die Antwort selbst. Diese Form wird oft in Reden verwendet. Rhetorische Fragen lockern die Sprechstruktur einer Rede auf und erwecken damit die Aufmerksamkeit der Zuhörer. Sie können die Spannung, den dramaturgischen Aufbau einer Erzählung steigern. Werden sie allerdings in einem normalen Zweiergespräch verwendet, wirken sie meist besserwisserisch. Nur, wenn Sie zum Beispiel längere Episoden oder kompliziertere Zusammenhänge erklären, sind rhetorische Fragen zur Auflockerung erlaubt.

Sehen Sie Ihre Gesprächspartner beim Stellen einer rhetorischen Frage nicht direkt an. Sie könnten nämlich damit Gefahr laufen, eine Antwort und damit eine Unterbrechung Ihres Redeflusses zu provozieren. Schließen Sie eine kurze Gedankenpause an, um die Wirkung Ihrer rhetorischen Frage zu steigern.

Beispiele: „Und was meinen Sie, hat meine Frau darauf gesagt?"
„Was entnehmen wir dieser Tatsache?"
„Liebe Mitarbeiter, wie müssen wir künftig mit diesem Ergebnis umgehen?"

6.4 Wenn die ersten Worte zum Flop werden

Worte als leere Hüllen

Nochmals zurück zu den Kindern. Ihnen sei die Angewohnheit, einfach drauf-loszureden, gerne verziehen. Sie zeichnen sich ja auch meist durch große Originalität in ihrem Denken aus, nichts ist noch antrainiert, das meiste wirklich spontan. Bei den Erwachsenen geht die Originalität oft verloren – was bleibt, ist die Angewohnheit, zuerst zu sprechen und dann zu denken. Und um die Zeit bis zum ersten Geistesblitz zu überbrücken, wird munter drauflosgeredet. Die nötigen Floskeln sind schnell zur Hand und „perlen" leicht von den Lippen – man hört sie ja oft genug! Unter dem Motto „Nur wer spricht, ist wichtig!" gilt Schweigen als verpönt.

Ein paar typische Beispiele:

„Eigentlich möchte ich dazu noch Folgendes sagen ..."
„Also, wenn ich mir das so recht überlege ..."
„Nein, was Sie nicht sagen!"
„Aber selbstverständlich, freilich höre ich zu ..."
„Ja, immer nur schnell drauflos, sag ich immer ..."
„Im Prinzip ist es ja so ..."
„Also das tut mir aber ehrlich Leid ..."
„Ich bin Ihnen ja überaus dankbar – in Anbetracht wie kostbar doch unser aller Zeit ist, dass Sie ..."
„Es ist nun mal nicht einfach, der Beste zu sein ..."

Diese Liste ist beliebig fortsetzbar – besonders beliebt sind Sprüche wie der zuletzt angeführte. Sie sollen Originalität vortäuschen und sind doch nur leere Hüllen. Wer sein Gespräch so beginnt, schiebt den anderen von sich weg – es geht ihm nicht um den Gesprächspartner, es geht ihm nur um Selbstdarstellung. Solche Menschen messen den Gesprächserfolg einzig und allein am eigenen Sprechanteil. Doch wie beim Fußball gewinnt nicht die Mannschaft mit dem größten Prozentsatz Ballbesitz, sondern die Mannschaft, die die meisten Tore schießt!

Bemühen Sie sich daher um eine treffsichere Sprache: Was will ich wirklich sagen? Was ist auch für mein Gegenüber interessant? Was fühle ich wirklich – unabhängig von dem, was „man" in solchen Situationen so sagt! Wer nur Konversation – streng nach gesellschaftlichen Benimm-Regeln – betreibt, wird zwar nie anecken, aber auch bald als sehr langweilig eingestuft werden. Keiner hört mehr wirklich zu, jeder setzt sein verbindliches Lächeln auf und antwortet ebenfalls mit heißer Luft …

Ein wirkliches Gespräch von Mensch zu Mensch verlangt echtes Gefühl, Anteilnahme und ein „Sichhineinversetzen" in den anderen. So wird das Gespräch einmalig, so einmalig wie jeder Mensch nun einmal ist. Nutzen wir diese „Gottesgabe" und machen wir uns nicht zu gesichtslosen „Gesprächsautomaten"!

Ironie und schlechte Witze

Lachen ist gesund und gemeinsam Lachen verbindet. Humor ist daher in der Kommunikation sehr beliebt und hat schon manches allzu ernste Gespräch gerade noch rechtzeitig aufgelockert. Wer es beherrscht, im richtigen Moment für fröhliche Gesichter zu sorgen, gilt schnell als beliebter Gesprächspartner. Wer sieht sich nicht gerne in der Rolle des witzigen Alleinunterhalters auf jeder Party – umringt von begeistertem Publikum, allzeit beliebt und strahlender Mittelpunkt? Doch gerade als „Witzbold vom Dienst" ist beim Ersten Eindruck Vorsicht geboten!

Was ist von folgenden Gesprächseinleitungen zu halten?

„Also Ihre Krawatte gefällt mir ganz besonders gut! Vor Jahren hatte ich auch so eine, die waren da ja sehr modern!"

„Kennen Sie den? Beschwert sich die Sekretärin beim Chef: „Mein Gehalt steht in keinem Verhältnis zu meiner Leistung!" Antwortet der Chef: „Ich weiß, aber wir können Sie doch nicht verhungern lassen! Oh, Sie sind auch Sekretärin? Na, Anwesende ausgenommen!"

Bei so viel übersprühendem Witz bleibt dem anderen sicher das Lachen in der Kehle stecken! Es ist zwar erwiesen, dass wir hauptsächlich aus Schadenfreude lachen, aber trotzdem ist von Witzen auf Kosten Dritter dringend abzuraten – übrigens nicht nur am Anfang eines Gespräches! Sie wirken überheblich und taktlos. Steht das Zentrum des Spottes auch noch genau vis-à-vis, ist der Gesprächsfaden nachhaltig durchtrennt. Solche Tritte ins Fettnäpfchen werden zumindest im Unterbewusstsein sehr dauerhaft gespeichert. Der Erste Eindruck ist eindeutig unter „Flop" einzureihen!

Humor hat auch etwas mit Zeitgeist zu tun. Unsere Großväter lachten noch herzlich über Dick und Doof. Heute ist das Fernsehen – auf der Suche nach immer höheren Quoten – in ganz andere Bereiche vorgestoßen. Es gibt kein Thema mehr, dass Tabu ist. Alles und jeder ist dem Spott ausgesetzt. Geschmacklosigkeiten werden bewusst als Provokation eingebaut. Hauptsache, man bleibt im Gespräch. Humor kann somit sehr aggressiv sein, er wird zur Waffe. Der, um den es geht, kann sich kaum wehren, ohne als „humorlos" angesehen werden. Die einzige Waffe dagegen: die Ironie zurückgeben. Doch wem fallen im passenden Moment die gleichen Niederträchtigkeiten ein? Und ist so eine verbale Schlammschlacht wirklich lustig?

Gerade bei Witzen ist der Grat zwischen Lachsalven und betretenem Schweigen oft sehr schmal. Ob ein Spaß als geschmacklos aufgefasst wird, hängt von der Umgebung, der Stimmung und der Vertrautheit der Leute ab. Besonders im öffentlichen Bereich – und dazu zählt das Geschäftsleben nun einmal – ist Vorsicht angebracht. Selbst wenn die Betriebsfeier noch so fröhlich und ausgelassen verläuft, der tolle Witz ist am nächsten Tag, so ganz nüchtern betrachtet, doch nicht mehr ganz so witzig. Falscher Humor schafft so vom ersten Moment an Misstrauen und den Eindruck von wenig Professionalität.

6.6 Die „Schwarze Liste"

Die richtige Wortwahl ist also der Erfolgsfaktor Nummer 1, wenn es um einen guten verbalen Ersten Eindruck geht. Genauso, wie beim visuellen Erscheinungsbild ist es auch in der Wortwahl wichtig, dass Sie echt und authentisch „hinüberkommen". Die geschliffensten Formulierungen sind wenig hilfreich, wenn es nicht Ihre eigenen Worte sind. Trotzdem kann es nicht schaden, den eigenen Wortschatz auf eventuelle „Killerphrasen" zu prüfen. Hören Sie einmal auch sich selbst „aktiv" zu. Welche der unten angeführten Wortgebilde verwenden Sie gelegentlich? Stellen Sie sich aus der von uns willkürlich zusammengetragenen Liste Ihre eigene „Schwarze Liste" zusammen.

Vermeiden	Begründung	besser
„Ehrlich gesagt …"	Warum sind Sie erst jetzt ehrlich? War bisher alles gelogen?	Einfach weglassen!
„grundsätzlich", „im Grunde genommen"	Typische Leerfloskeln, die die Objektivität nur vortäuschen	Ebenfalls streichen!

Vermeiden	Begründung	besser
„gewissermaßen", „in etwa", „irgendwie"	Hier sind Sie wieder in die typische Unsicherheitsfalle getappt. Wer so spricht, scheut die Verantwortung, erweist sich als inkompetent.	Auch hier: einfach weglassen!
„eigentlich"	So schränken Sie das Gesagte ein, entschuldigen sich, verkleinern die Aussage.	Formulieren Sie bestimmt und ohne „Heiße Luft"
„sicherlich"	Ganz so sicher ist der Redner nicht, sonst müsste er es nicht gar so betonen!	Verwenden Sie öfter das Wort „konkret".
„auf jeden Fall", „überhaupt", „unter allen Umständen"	Wer so vehement verstärkt, verdeckt damit nur seine Unsicherheit oder erweist sich als autoritär und intolerant.	„Ich bin überzeugt, ..."
„ganz einfach", „praktisch"	Ganz so einfach liegen die Dinge hier nicht, und wer „praktisch alles im Griff hat", der hat theoretisch nichts unter Kontrolle!	Verwenden Sie eher sachliche Formulierungen, wie: „Die Erfahrung hat gezeigt, ..."
„ausgezeichnet", „großartig", „hervorragend"	Solche Übertreibungen wirken selbstherrlich. Hier ist der typische „Schulterklopfer" unterwegs, der Detailprobleme gerne einfach vom Tisch fegt.	Einfach weglassen!
„Man sollte ..."	Nicht nur der Konjunktiv stört hier. Mit man fühlt sich „Mann/Frau" nicht angesprochen, die Wahrscheinlichkeit, dass so einer Anregung Taten folgen, ist wohl äußerst gering!	„Wir werden ..." „Ich werde ..."

Vermeiden	Begründung	besser
„selbstverständlich", „natürlich"	Solch joviale Zusicherungen schieben den Gesprächspartner weg, signalisieren ihm, dass seine Einwände nicht so ganz ernst genommen werden. – „Aber selbstverständlich haben wir an alles gedacht!"	Ebenfalls einfach weglassen!
„Sie müssen schon Folgendes beachten!", „Sie dürfen nicht einfach ...!"	Diese Formulierung erinnert uns die Erziehungsmaßregeln unserer Eltern und Lehrer: „Du darfst nicht ..." „Du musst immer ...!"	„Ich ersuche Sie, auf folgende Tatsache zu achten ..." „Bitte beachten Sie ..."
„Warum?"-Fragen	Sie wirken schulmeisterlich, erinnern uns an unsere Kindheit und Schulzeit.	„Wieso?" „Aus welchem Grund?"

Gerade im Geschäftsalltag begegnen wir vom ersten Moment eines Gesprächs an vielen dieser typischen „Killerphrasen" und „Leerfloskeln". Doch diese Liste erhebt keinerlei Anspruch auf Vollständigkeit. Sie soll ihnen jedoch helfen, Ihr Ohr sensibler zu machen und vom ersten Augenblick an verbal zu punkten: mit Worten, die positiv, echt und authentisch sind! Denn es stolpern mehr Menschen über ihre Zunge als über ihre Füße!

6.6 Kann man Schlagfertigkeit lernen?

Diese Situation kennen Sie sicher!
Als Frau Niedlich ihrem Chef die Unterlagen für die Sitzung ins Besprechungszimmer bringt, stellt er sie den schon Anwesenden vor: „Das ist unsere Frau Niedlich, unsere gute Seele und unser einziger Lichtblick in unserem Männer-Team! Na, Frau Niedlich, Sie fühlen sich aber auch ganz wohl als umschwärmter Mittelpunkt, oder?" Verlegen stammelt die Angesprochene ein „Ja, ja, Danke." Und verschwindet von der Bildfläche. Zurück an ihrem Arbeitsplatz steigt der Ärger über diese Situation ständig. „Was bildet sich der Chef ein? Mich so bloßzustellen! Und mir fällt wieder nichts anderes ein, als

verlegen rot zu werden! Das ist ja wieder einmal typisch!" Jedoch erst am Nachhauseweg, in den sicheren vier Wänden ihres Autos, fallen ihr die passenden Entgegnungen ein. Laut schimpfend übertönt sie die Nachrichten aus dem Radio ...

Geht es Ihnen manchmal ähnlich wie Frau Niedlich? Warum fällt es uns nur so schwer, auf Knopfdruck die passende Formulierung parat zu haben? Schon Mark Twain, der berühmte amerikanische Schriftsteller, wusste: „Schlagfertigkeit ist etwas, auf das du erst 24 Stunden später kommst!" Und der war ja sicher nicht um Worte verlegen!

Auch wenn das Wort „Schlagfertigkeit" sehr nach Kampftechnik klingt, sollten wir es mit dem „Schlagen" oder besser mit dem „Zurückschlagen" nicht allzu wörtlich nehmen. Es ist viel eleganter, mit geschliffenen Worten zu kämpfen, als mit plumpen Beleidigungen. Souveränität beweist, wer auf einen verbalen „Anschuss" mit Gelassenheit reagiert.

Tipps zum Erlernen der Schlagfertigkeit

- ◆ **„Trockentraining" im Nachhinein.** Ärgern Sie sich das nächste Mal nicht, wenn Ihnen die passende Antwort erst im Auto einfällt. Überlegen Sie sich gleich noch ein paar passende Antworten. Malen Sie sich die Situation dabei genau aus, holen Sie sie vor Ihr geistiges Auge zurück. Malen Sie sich das verdutzte Gesicht des anderen aus – das motiviert zusätzlich.
- ◆ **Keine Angst vor Fettnäpfchen.** Schlagfertigkeit funktioniert nur mit Spontaneität. Da kann es schon einmal passieren, dass Sie verbal daneben greifen. Doch wer nichts wagt, gewinnt auch nichts. Und schließlich hat es jemand, der Sie in die Enge treiben will, manchmal auch nicht anders verdient! Angst hemmt die Spontaneität!
- ◆ **Fragen Sie zurück!** Die einfachste Art, einen „Anschuss" zu parieren, ist mit einer Gegenfrage. „Was konkret meinen Sie damit?" So gewinnen Sie Zeit für die nächste Formulierung. Außerdem nehmen Sie so dem anderen den Vorteil des Überraschungseffektes. Er ist wieder am Zug – mal schauen, ob er beim zweiten Mal auch noch so „cool" reagiert!
- ◆ **Erstauntes Abwarten.** Blicken Sie Ihren Gesprächspartner erstaunt, mit leicht hochgezogenen Augenbrauen an und warten Sie erst mal ab. So wird er gezwungen, weiterzusprechen, seinen „Anschuss" zu konkretisieren. Sie dürfen jedoch auf keinen Fall wegschauen.

- **Das absurde Zitat:** Sie können Ihr Gegenüber auch sehr verunsichern, wenn Sie einfach mit einem „Nonsens-Zitat" kontern. Einem (vorbereiteten) Pseudo-Sprichwort, das überall und nirgends passt. Beispiele: „Es ist schwierig, das Jahr vor dem Sommer zu beurteilen". „Wenn der Schein trügt, muss man eben Nägel mit Köpfen machen!" Ihr Gesprächspartner hat erst einmal geistig etwas zu verdauen. Sie werden merken, wie seine grauen Zellen arbeiten.

- **Unerwartetes Rechtgeben:** Wer auf eine Anschuldigung mit „Sie haben Recht" antwortet und dabei auch noch freundlich dreinschaut, der hat dem Angriff den Stachel gezogen. Typisches Beispiel dafür ist der legendäre Satz des Berliner Oberbürgermeisters Klaus Wowereit: „Ich bin schwul und das ist gut so!" Die etwas mildere Variante ist es, dem anderen zu erwidern: „Ich verstehe, dass Sie das so sehen." Das beweist Souveränität und bildet den Ausgangspunkt für eine sachliche Diskussion.

- **Spiegeln:** Interpretieren Sie das eben Gehörte und spiegeln Sie es Ihrem Vis-a-vis so zurück. „Sie meinen also, …" „Verstehe ich Sie richtig, es geht Ihnen um …" Auch so zwingen Sie den anderen, seine Anschuldigung zu konkretisieren, genauer zu erklären.

- **Vertagen:** Vertrösten Sie den anderen auf einen späteren Zeitpunkt. „Sie verstehen sicher, dass ich Ihnen zu diesem wichtigen Punkt erst morgen eine ausführliche Antwort gebe." Entschuldigen Sie sich aber nicht, und sagen Sie auch nicht, dass Sie im Moment überrumpelt sind und sich erst etwas überlegen werden. So viel Ehrlichkeit hat der andere nicht verdient. Stellen Sie ihn lieber vor die Tatsache, dass Sie sich erst später äußern.

- **Die Standardantwort:** Es ist leicht, sich ein paar Standards zurechtzulegen, die in sehr vielen Fällen passen. Beispiele: „Ich mag Ihren Humor." „Ja, so wird es wohl sein." „Das ist gut formuliert." „Ich schätze Menschen mit eigener Meinung."

- **Sprechen Sie Klartext:** Irgendwann ist der Zeitpunkt gekommen, wo eine ernsthafte und eindeutige Entgegnung notwendig ist. Sachlich, ohne emotionale Formulierungen, aber unmissverständlich. Sie müssen sich nicht immer rechtfertigen und vor Originalität sprühen. Legen Sie sich auch dafür eine Standardformulierung zurecht. „Im Sinne einer sachlichen Klärung stelle ich Folgendes fest: …"

Zum Schluss sei noch ein berühmtes Beispiel von Schlagfertigkeit zitiert:

Bei einer Abendgesellschaft wurde der britischen Premier Winston Churchill von einer über seine Politik verärgerten Lady nicht gerade freundlich angesprochen:
„Wenn ich Ihre Frau wäre, würde ich Ihnen Gift geben!"
Churchill konterte:
        „Wenn ich Ihr Mann wäre, würde ich es nehmen."
Dann folgte die erwartete Retourkutsche:
        „Herr Churchill, Sie sind ja völlig betrunken!"
Churchill kontert hierauf:
„Der Unterschied zwischen mir und Ihnen ist: Wenn ich morgen aufwache, bin ich nüchtern, Sie sind aber immer noch hässlich."

7. Etikette als Türöffner

Die Etikette ist die Summe aller ungeschriebenen Verhaltensregeln in einer Gesellschaft. Sie gibt vor, wie sich der Einzelne zu verhalten hat, um in dieser Gesellschaft akzeptiert zu werden. Diese Etikette ist also abhängig von der jeweiligen Gesellschaft, von der regionalen und sozialen Herkunft und der jeweiligen Epoche. Doch wer bestimmt diese Regeln? Wer ahndet Verstöße gegen sie?

Früher waren meist die herrschenden Klassen für die Etikette maßgeblich verantwortlich. Sogar das Wort selbst, das in seiner Urbedeutung ja „kleiner Zettel" bedeutet, leitet sich vom französischen Hof ab: auf solchen kleinen Zetteln, den Etiketten, stand geschrieben, wer bei Hof zugelassen ist. Wer zur „guten Gesellschaft" gehören wollte, musste diese Benimm-Regeln respektieren. Viele behaupteten sogar, am Benehmen eines Menschen erkenne man untrüglich, ob er von Adel sei oder nicht.

Der Adel als tonangebender Faktor hat in unserer Gesellschaft an Bedeutung verloren. Doch wer sind nun unsere „herrschenden Klassen"? Die Politiker? Die Wirtschaftskapitäne? Oder die Superstars aus Show und Sport? Unsere Gesellschaft ist eindeutig vielschichtiger geworden. Trends und Moden sind extrem kurzlebig und das, was heute „in" ist, wird morgen schon wieder in Frage gestellt. Gibt es da überhaupt noch Benimm-Regeln? Oder ist Etikette etwas für reaktionäre Nostalgiker?

Seit einiger Zeit lässt sich dazu ein interessanter Trend beobachten: Bücher und Seminare zum Thema Etikette boomen! Sogenannte Benimm-Experten bekommen immer mehr Sendezeit im Fernsehen und Radio, Zeitungsartikel zum richtigen Benehmen finden sich in fast jeder Wochenendbeilage. Das Thema ist offensichtlich wieder hochaktuell. Denn egal, wie schnelllebig unsere Gesellschaft auch sein mag – sie ist genauso geprägt von ungeschriebenen Gesetzen, wie sich der Einzelne zu verhalten hat und nach welchen Kriterien er von anderen beurteilt wird.

Doch weil eben diese Regeln derzeit einem starken Wandel unterliegen und es auch keine eindeutig definierten anerkannten Autoritäten dazu gibt, ist die Sache für den Einzelnen so schwierig. Die „Benimm-Experten" widersprechen sich manchmal auch gegenseitig. Was ist nun aktuell? Was schon wieder überholt?

Ein weiterer Grund für das derzeitige große Interesse an Etikette ist sicher auch in der Kindererziehung zu suchen. Benimm-Regeln haben nämlich sehr viel mit der guten alten „Kinderstube" zu tun. Und da herrschte wohl in den letzten Jahrzehnten ziemliche Funkstille. Kindererziehung sollte frei von Zwängen und einengenden Vorschriften erfolgen, die Selbstbestimmung und Verwirklichung des Kindes stand im Vordergrund. Was als Gegenreaktion auf einen Jahrhunderte hindurch viel zu strengen Umgang mit Kindern berechtigt und wichtig war, hat aber in diesem einen Punkt oft über das Ziel hinausgeschossen. „Kinder brauchen Grenzen" war dann daher auch der berechtigte und vieldiskutierte Zwischenruf. So ganz ohne Benimm-Vorschriften funktioniert das Zusammenleben eben offensichtlich nicht.

Gerade im Berufsleben hat sich der Mangel an richtigen Umgangsformen für viele ehemals mehr oder weniger antiautoritär erzogene Menschen als Stolperstein erwiesen. Was nützt das tollste Expertenwissen, wenn der hoffnungsvolle Jungakademiker mit seinem rüden Benehmen alle Kunden und Kollegen vor den Kopf stößt? Und genau da sind wir wieder beim Thema unseres Buches. Das Verhalten des Einzelnen, sein Benehmen, prägt den Ersten Eindruck ganz entscheidend! Etikette ist also alles andere als ein überholter Begriff. Etikette ist der Gradmesser für die Beurteilung des anderen, das richtige Benehmen der entscheidende Türöffner für positive Kontakte und somit letztendlich ein wichtiger Einflussfaktor für den Ersten Eindruck!

7.1 Begrüßen

Die jeweiligen Benimmregeln haben also viel mit der jeweiligen Epoche zu tun. Drehen wir einmal das Rad der Zeit zurück: Wie verhielten sich zwei Steinzeit-Menschen, wenn sie sich begegneten? Hielten sie eine kurze, wohlgesetzte Begrüßungsrede, vollführten sie einen Hofknicks oder küssten sie einander gar die Hand? Wohl kaum!

Oder ließen sie die Begrüßung überhaupt weg? Es ist wenig überliefert über die urzeitlichen Begrüßungsrituale – aber eines ist sicher: Für das Überleben zu jener Zeit war es wichtig, sofort zu erkennen, ob ein Freund oder ein Feind vor einem stand. Es ist daher anzunehmen, dass der Neuankömmling dem anderen seine friedvollen Absichten irgendwie zu verstehen gab. Wahrscheinlich präsentierte er sich mit einer offenen Körperhaltung und streckte die offene und somit verletzliche Hand vor, um zu zeigen: „Schau her, ich habe keine Waffe in der Hand. Ich will dir nichts Böses, ich greife nicht an!" Daraus entwickelten sich dann die Begrüßungsrituale, die gerade auch in allen Naturvölkern einen sehr zentralen Platz einnehmen.

Die richtige Begrüßung ist also ein zentraler Punkt beim Entstehen des Ersten Eindrucks. Auch wenn sich im Laufe der Zeit die Form gewandelt hat – der Zweck ist immer noch der Gleiche: Wir zeigen dem anderen mit unserem Gruß, dass wir ihm wohl gewogen und in friedlicher Absicht gekommen sind.

Richtiges Grüßen hat primär mit den kulturellen Eigenheiten einer Gemeinschaft zu tun und ist regional sehr unterschiedlich.

In einer Großstadt wäre das Grüßen aller Menschen, denen wir begegnen, ziemlich mühsam. Wir würden viele erstaunte Blicke ernten. Es ist paradox: Wir leben in einer Stadt mit vielen Menschen sehr eng zusammen und versuchen gerade deshalb, eher etwas mehr Distanz zwischen uns zu legen. So ist auch die kürzeste Form der ersten Kontaktaufnahme, der kurze Augenkontakt, oft nicht willkommen. Jeder sieht in der U-Bahn, im Bus und in der Warteschlange im Supermarkt möglichst am anderen vorbei und starrt lieber auf einen „unpersönlichen" Punkt im Raum.

Die kürzeste Form der Begrüßung ist ein kurzer, offener Blickkontakt. Damit ist nicht etwa ein neugieriges Anstarren gemeint – das wird tatsächlich als lästig und aufdringlich empfunden. Aber ein kurzer Blickkontakt, verbunden mit einem freundlichen Gesichtsausdruck, einem kleinen Lächeln, empfindet jeder als angenehm.

Wer beispielsweise eine voll besetzte Arztpraxis betritt, dem ist es angenehm, wenn ihn die Arzthelferin mit einem kurzen Augenkontakt, mit einem knappen Kopfnicken begrüßt. Er fühlt sich auf dies Weise wahrgenommen, auch wenn die Arzthelferin im Moment zum Beispiel gerade am Telefon spricht. Wer aus seiner Sicht nicht wahrgenommen wird, fühlt sich übergangen und wird bald unruhig. Studien beweisen, dass diese Zeitspanne sehr kurz ist, maximal 20 Sekunden. Wer bis dahin nicht wahrgenommen wurde, für den wird der Erste Eindruck sicher negativ gespeichert werden.

Wenn uns dagegen am Morgen in der U-Bahn jemand freundlich zulächelt, beginnt der Tag einfach anders. Es sind oft genau diese Kleinigkeiten, die die Stimmung am Morgen heben, die ein positives Gefühl entstehen lassen, das noch einige Zeit nachwirkt! Wir sind nun einmal soziale Wesen und wollen von unseren „Mitwesen" zumindest wahrgenommen werden.

Tipps zum richtigen Grüßen

- **Im Zweifel – grüßen!** Höflich und positiv wirkt eine kurze Begrüßung beim Betreten eines Bahnabteiles, eines Geschäftes, eines Wartezimmers, eines fast leeren Liftes und eines Lokales. Grundsätzlich lieber einmal zu oft als zu selten grüßen!

- **„Regionales Grüßen":** Ob man nun „Grüß Gott", „Tach" oder „Grüezi" sagt, hängt von den lokalen Gegebenheiten ab. Aber bitte ziehen Sie nicht speziell über einen regionalen Gruß her, indem Sie ihn betont übertrieben aussprechen. Das bewirkt das Gegenteil von positiver Kontaktaufnahme!

- **Lächeln:** Jeder Gruß sollte von einem freundlichen Gesichtsausdruck, einem Lächeln begleitet sein. Das ist der **wichtigste** Bestandteil des Grußes. Ein Lächeln schlägt die Brücke zum anderen!

- **Korrektes Grüßen:** Für das korrekte Grüßen bei offiziellen Anlässen gelten eigene Regeln: Der „Rangniedrigere" grüßt den „Ranghöheren" zuerst, das heißt der Mitarbeiter den Chef, der Jüngere den Älteren, der Mann die Frau.

- **Hände:** Die Hände gehören beim Begrüßen aus der Hosentasche!

- **Bei Begrüßung mit Handschlag** stehen im Geschäftsleben sowohl der Mann wie auch die Frau auf. Bei privaten Anlässen kann die Frau sitzen bleiben.

- **Gruß mit Name:** Jeder Gruß sollte den Namen des anderen beinhalten, sofern man ihn kennt. Das macht den Gruß erst persönlich, unverwechselbar und ist der Pluspunkt beim Ersten Eindruck: „Er erinnert sich an meinen Namen, er meint wirklich mich, seine Begrüßung ist nicht nur eine leere Floskel!"

◆ **Stilloses Grüßen:** Ein im Geschäftsleben nach wie vor weit verbreiteter Gruß ruft bei vielen einen absolut negativen Eindruck hervor: „Mahlzeit!" Egal, wann, wie und wo, ab ca. 11 Uhr tönt es einem in den Büroräumlichkeiten mancher Firmen nur mehr so entgegen. Vielleicht fragen auch Sie sich, was damit gemeint ist – soll ich etwa den Ordner, den ich gerade in der Hand habe, essen? Ist es eine Aufforderung, mit demjenigen essen zu gehen? Und was bedeutet dieser Gruß im Vorraum zur Toilette? Eine ähnliche Wirkung hat das wenig aussagefähige „Grüß' Sie", das unserer Ansicht nach gerade beim Erstkontakt den Anschein von Überheblichkeit hat.

◆ **Handschlag:** Das Händeschütteln ist in unserem Kulturkreis ein übliches Begrüßungsritual. Und nie sollte man dabei dem anderen revolverartig die Hand hinstrecken; das wird unterbewusst als Aggression gewertet. Übertreiben Sie es aber mit dem Handschlag nicht. Manchmal wirkt ein zu häufiges Händeschütteln aufdringlich – ganz besonders, wenn der andere in einem Restaurant gerade beim Essen ist!

◆ **Gruß erwidern:** Wird man gegrüßt, ist es selbstverständlich, auch den Gruß zu erwidern! Nichts ist unhöflicher, als einen Gruß einfach zu übergehen! Haben Sie den Gruß wirklich überhört und ihren Fehler bemerkt, ist es immer noch besser, sein Vergehen anzusprechen und sich zu entschuldigen, als die Sache einfach zu übergehen!

◆ **Andere Sitten:** Beim Grüßen von Menschen aus anderen Ländern und Kulturkreisen gelten eigene Gesetze. Ein Japaner wird es als sehr forsch auffassen, wenn ihm eine Europäerin die Hand hinstreckt. Eine Amerikanerin wird einen Handkuss vielleicht „Charming!", aber doch etwas peinlich empfinden. Wenn Sie ausländische Gäste begrüßen oder selbst ins Ausland reisen, informieren Sie sich vorher über spezielle Gepflogenheiten. Sie vermeiden dadurch für Sie unangenehme Situationen!

◆ **Küsschen:** Nicht nur privat, auch schon in einigen Berufsbranchen hat sich das „Bussi-Bussi"-Ritual durchgesetzt. Ob zwei oder drei Wangenküsschen ausgetauscht werden, ist wiederum regional verschieden, jedoch beginnt man immer mit der linken Wange und lässt die Hände dabei aus dem Spiel. Ist man sich nicht sicher, ob man den anderen, den man privat gut kennt, bei offiziellen Anlässen mit Küsschen begrüßen soll, sollte man es im Zweifel immer unterlassen. Diese Form des Grußes wird als besondere Vertrautheit gewertet und könnte falsch ausgelegt werden. Der andere wird es verstehen, sofern Sie ihn das nächste Mal im privaten Umfeld wieder wie gewohnt grüßen. Nicht jedem ist das „Bussi-Bussi"-Ritual angenehm. Oft spürt man ein leichtes Zurückweichen des anderen, eine kurze Befangenheit. Das hängt mit dem plötzlichen Eindringen in die „Intimzone" des anderen zusammen. Respektieren Sie solche Gefühle. Echte Herzlichkeit hat nicht immer etwas mit körperlicher Nähe zu tun. Oft wirkt gerade deshalb das Küsschenritual ziemlich unecht.

◆ **Ehrlichkeit:** Das Wichtigste am Grüßen ist die innere Einstellung. Konzentrieren Sie sich wirklich auf den anderen, sehen Sie ihm in die Augen, meinen Sie es ernst! Er spürt sofort Ihre echten Gefühle, und der Erste Eindruck fällt dementsprechend aus. Täuschen Sie die Nähe nicht vor, suchen Sie die echte Nähe zum anderen!

◆ **Wenn mehrere gleichzeitig gegrüßt werden wollen:** Welche Kommunikationsform sollte vorgehen – die persönliche Begrüßung oder das Läuten eines Telefons? Wir beobachten zunehmend in unserer Welt des Mobiltelefons, dass dadurch die persönliche Kommunikation erheblich verzögert bzw. gestört wird. Wenn beispielsweise gerade beim Zugehen auf Ihren Gesprächspartner Ihr Mobiltelefon läutet, melden Sie sich kurz und beenden Sie bitte das Gespräch sofort wieder – natürlich mit der Zusage eines Rückrufes. Und das Wichtigste dabei: Halten Sie mit Ihrem persönlichen Gesprächspartner Augenkontakt, um den bereits begonnenen Begrüßungsvorgang nicht noch mehr zu unterbrechen. Letztlich strapazieren Sie seine Nerven und seine Zeit!

◆ **Alle grüßen:** Wenn Sie eine Person in einer kleineren Runde begrüßen, dann übersehen Sie es nicht, auch die anderen zu begrüßen. So vermeiden Sie den Eindruck von Arroganz und Ausgrenzung der anderen.

Wichtig!
Gutes Benehmen und die Einhaltung einiger gesellschaft-
licher Grundregeln sind auch heute noch gefragt. Sie zeigen
von Respekt dem anderen gegenüber und von einer guten
Erziehung. Doch noch wichtiger ist Freundlichkeit. Denn
Freundlichkeit unterscheidet sich von reiner Höflichkeit
durch den Grad menschlicher Zuneigung!

7.2 Die passende Anrede

Der wichtigste Bestandteil der Anrede ist der **Name**. Eine Begrüßung, die den Namen des anderen enthält, öffnet so manche „verschlossene" Türen. Wenn Ihr Gegenüber ein Namensschild trägt, nützen Sie das für sich – egal, ob bei einem Kongress, beim Arzt oder in einem Geschäft! Niemand ist zu unwichtig, um ihn mit Namen zu begrüßen. Machen Sie es sich zur Aufgabe, besonders darauf zu achten und auch im Privatleben jeden mit Namen zu begrüßen.

Doch dazu muss man erst einmal den Namen des anderen kennen. Fragen Sie ruhig danach, und fragen Sie noch einmal, wenn Sie den Namen beim Vorstellen nicht verstanden haben. Aber bitte nicht mit der Formulierung: „Wie war Ihr Name?" Aktueller klingt die Frage schon eher: „Wie ist Ihr Name?" Sind Sie – besonders bei ausländischen Namen – nicht sicher, wie man ihn ausspricht, gehen Sie einfach in die Offensive: Sprechen Sie den Namen so aus, wie Sie ihn verstanden haben. Der andere korrigiert Sie sicher – niemand lässt den eigenen Namen falsch im Raum stehen.

Viele Menschen haben Probleme damit, sich Namen zu merken. Versuchen Sie daher, für sich selbst schon beim Vorstellen eine Merkhilfe zu schaffen. Je genauer Sie nämlich den anderen betrachten, desto eher merken Sie sich bestimmte Eigenschaften und damit auch seinen Namen. Nur, wer den anderen auch wirklich wahrnimmt, hat ihn im Gedächtnis „gespeichert"!

Ein hilfreiches Instrument im Berufsleben sind die **Visitenkarten**. Doch auch sie wollen richtig gehandhabt werden. Was nützt mir ein Paket unansehnlicher Visitenkarten, die ich nach einer Tagung aus meiner Jackentasche hole? Lauter interessante Leute, aber ich weiß leider nicht mehr, wer zu welcher Karte gehört! Machen Sie sich daher möglichst bald nach Erhalt einer Visitenkarte ein paar Notizen in Ihrer Adressverwaltung oder auf der Rückseite – natürlich unauffällig, nicht vor dem anderen! Das hilft später, Visitenkarte und Person richtig einzuordnen.

Ein anderes Problem hilft eine Visitenkarte ebenfalls zu lösen: nämlich die leidige Frage nach dem richtigen **Titel**. Auch wenn die Bedeutung von Titeln abnimmt – in vielen Berufsbereichen ist es letztendlich doch noch wichtig, den richtigen Titel am richtigen Ort nicht zu vergessen. Das Anrecht, auf einen Titel zu verzichten, hat immer nur der Träger des Titels und nicht der andere!

Akademische Titel sollten stets im Zusammenhang mit dem Namen verwendet werden. Der „Herr Doktor" ohne Namensnennung ist ausschließlich der Arzt. Bei mehreren Titeln, zum Beispiel Professor und Doktor, verwenden Sie lediglich den ersten Titel, also „Herr Professor Klug". Der Titel des Ehemannes wird heute nicht mehr auf die Gattin übertragen. Eine „Frau Dr. Klug" hat selbst promoviert.

Und noch ein Wort zu akademischen Titeln: Wenn Sie Herr Dr. Freundlich bittet, den Titel wegzulassen, entsprechen Sie diesem Wunsch auch. Herr Freundlich zeigt Ihnen damit sein Vertrauen, sein Interesse an Ihnen und eine gewisse Nähe.

Die Anrede „Fräulein" ist ebenfalls überholt und wird nur mehr auf ausdrücklichen Wunsch verwendet. Die Anrede „Gnädige Frau" klingt überhöflich und soll in nur in bestimmten Fällen eingesetzt werden.

Vor ein gewisses Problem stellen uns die vermehrten Doppelnamen. Kann man einen weglassen, und wenn ja, welchen? Grundsätzlich muss der gesamte Doppelname bei offiziellen Anlässen gesagt werden. Welcher Teil weggelassen werden kann, muss der Träger bzw. die Trägerin des Doppelnamens selbst bekannt geben.

Du oder Sie?

♦ Grundsatzregel: Trotz aller Lockerheit im Umgang mit dem Du auch im Geschäftsleben – die alte Regel, wonach nur der „Ranghöhere" dem „Rangniederen" das Du-Wort anbieten darf, gilt im Zweifel nach wie vor (also die Frau dem Mann, der Ältere dem Jüngeren, der Chef dem Mitarbeiter usw.).

◆ Doch auch der Ranghöhere darf den Rangniederen nicht ohne Absprache einfach duzen. Die Zustimmung des anderen ist immer notwendig.

◆ Im Berufsleben ist die Verwendung des Du-Wortes sehr branchenabhängig. Je konservativer ein Bereich, desto mehr ist das „Sie" nach wie vor passend. Je jugendlicher und legerer das Team, desto eher ist jeder von Anfang an per Du.

◆ Auch regional gibt es Unterschiede: im süddeutschen Raum und in der Schweiz ist das Du im Berufsleben viel verbreiteter als im norddeutschen Raum.

◆ Jeder hat das Recht, ein angebotenes Du-Wort abzulehnen. Es erfordert jedoch zugegebenermaßen ein hohes Maß an Fingerspitzengefühl und diplomatisches Geschick, will man zum Beispiel ein Du-Wort vom Chef ablehnen. Doch statt sich in Zukunft krampfhaft rhetorisch um das Du herumzuwinden, ist es oft besser, die Dinge klar auszusprechen. Begründen Sie Ihre Ablehnung aber betont sachlich: „Im Sinne einer professionellen Zusammenarbeit …" „Mit Rücksicht auf die anderen Kollegen …"

◆ Für das „Du" reicht ein Handschlag oder eine einfache Absprache. Das Küsschen, Hände-verschränk-und-trink-Spielchen ist schon lange out.

◆ Wer voreilig zum Du gewechselt ist, zum Beispiel im Rahmen einer feuchtfröhlichen Betriebsfeier, kann und muss das Thema am „Morgen danach" ansprechen. Lieber sofort klarstellen als den anderen in Zukunft zu meiden!

◆ Das „Du" bedeutet im Idealfall Nähe und Vertrautheit. Es kann jedoch auch Dominanz und Geringschätzung ausdrücken. Wehren Sie sich gegen dieses „Dominanz-Du"! Aber bitte sachlich und souverän und nicht flapsig („Ich bitte Sie um eine korrekte Anrede" statt „Sind wir vielleicht zusammen in die Schule gegangen?").

Kennen Sie das „Hamburger Sie" und das „Münchner Du"?

Das Erstere verbindet das Sie mit dem Vornamen: „Uwe, kommen Sie bitte mit zu dieser Besprechung!" Diese sich auch in anderen deutschsprachigen Regionen immer größerer Beliebtheit erfreuende Praxis liegt wohl in der Neigung der Hamburger Oberschicht zur Verwendung von Anglizismen. Das „Münchner Du" funktioniert genau umgekehrt: „Mayer, geh schick mir doch ein Mail!" Feinheiten, die es durchaus zu beachten gilt, auch wenn wir doch alle eine Sprache sprechen …

7.3 Vorstellen und Bekanntmachen

Wie bereits ausgeführt, geben die „Spielregeln", nach denen eine Begrüßung abzulaufen hat, Auskunft über bestimmte Grundwerte eines Gesellschaftssystems. Hier werden Hierarchien sichtbar, es soll von Anfang an deutlich gemacht werden, wo wer steht. Je demokratischer und somit „gleicher" die Gesellschaft wird, desto weniger starre Vorschriften gibt es.

Die richtige Vorgangsweise beim offiziellen Vorstellen war und ist von großer Bedeutung. Früher wusste man sofort, wo der andere in der Rangordnung stand. Heute geht es mehr darum, sich miteinander „bekannt zu machen". Trotzdem haben die alten Regeln noch nicht ganz ausgedient. So wie bei allen gesellschaftlichen Veränderungen sind die Grenzen zwischen alt und neu fließend.

Ratsam ist es daher, auch die „offiziellen" Regeln zu kennen:

Tipps zum Vorstellen und Bekanntmachen:

♦   **Grundregel 1:** Grundsätzlich gilt, dass der Rangniedrigere dem Ranghöheren vorgestellt wird, also der Mitarbeiter dem Chef, der Jüngere dem Älteren, der Mann der Frau. Frauen werden also auch hier noch als „ranghöher" eingestuft. Sind zum Beispiel zwei Männer „gleichrangig", wird der Jüngere dem Älteren zuerst vorgestellt.

♦   **Grundregel 2:** Eine Einzelperson wird einer Gruppe zuerst vorgestellt, der Neuankömmling den schon im Raum befindlichen Personen.

♦   **Grundregel 3:** Der akademische Titel wird zusammen mit dem Namen genannt. Bei einer privaten Vorstellung ist es korrekt, den Ehepartner mit „mein Mann" bzw. „meine Frau" vorzustellen. Die „Gattin" und der „Gatte" sind zunehmend überholte Formulierungen.

♦   **Grundregel 4:** Die Vorstellung unternimmt derjenige, der den „Ranghöheren" kennt – also auch ansprechen kann (Der Gastgeber, der Assistent, der Geschäftsfreund, der seinen Mitarbeiter dem andern Chef vorstellt etc.).

◆ **Formulierungen 1:** Die höflichen Formulierungen zum Vorstellen können lauten:
- „Darf ich Ihnen Herrn/Frau … vorstellen?"
- „Darf ich vorstellen? Herr/Frau …"
- „Darf ich Sie mit Herrn/Frau … bekannt machen?"
- „Ich möchte Sie mit Herrn/Frau … bekannt machen."

◆ **Formulierungen 2:** Beim Vorstellen selbst, wird einfach freundlich gegrüßt. Floskeln wie „Sehr angenehm!" sind ziemlich überholt und erwecken nur den Eindruck Marke „Steif und verstaubt". Auch mit Formulierungen wie „Ich freue mich, Sie kennen zu lernen, ich habe schon viel von Ihnen gehört" sollte man sparsam umgehen. Sagen Sie nur, was Sie auch meinen – sonst landen Sie unbewusst in der Schublade für „Sprücheklopfer"!

Das klingt alles ziemlich kompliziert. Sollte Ihnen einmal beim Vorstellen ein Fehler unterlaufen, nehmen Sie es nicht so tragisch! Lange Entschuldigungen und Wiedergutmachungs-Versuche würden die Sache nur verschlimmern. Die reine Form ist nicht das Ausschlaggebende für den Ersten Eindruck, den man beim anderen hinterlässt. Viel wichtiger ist auch hier die Freundlichkeit und der Charme, mit denen man dem anderen begegnet!

Die Selbstvorstellung

Bei vielen geschäftlichen Anlässen gibt es kein festgelegtes „Hofzeremoniell" mehr. Wer etwa auf einem Kongress auf den Gastgeber wartet, der ihn möglichen anderen Teilnehmern vorstellt, der wird den Ort meist ohne neue Kontakte verlassen. Heutzutage ist es also nicht nur bei privaten Treffen passend, sich selbst vorzustellen. Gerade auch im amerikanischen Raum ist diese Form der Vorstellung durchaus üblich. Trotzdem gibt es dabei ein paar Dinge zu beachten.

Tipps zum Selbstvorstellen

◆ **Weniger ist mehr:** Wenn Sie sich selbst vorstellen, halten Sie sich kurz. Nennen Sie Ihren Namen und geben Sie dem anderen einen kurzen Anhaltspunkt, der ihm hilft, Sie richtig „einzuordnen".

◆ **Understatement:** Es ist eine Frage des guten Stils, bei der Selbstvorstellung den eigenen Berufstitel oder akademischen Grad nicht zu nennen. Wenn Sie Ihrem Gegenüber eine Visitenkarte geben, sieht er dort ohnehin die für ihn relevanten Informationen.

♦ **„Anker" werfen:** Sie können Ihre Vorstellung ruhig mit etwas Humor vorbringen – Sie liefern so dem anderen einen zusätzlichen „Anker", der ihm hilft, Sie nicht zu vergessen. Gemeint sind hier nicht langatmige Erklärungen zu Ihrer Person. Schaffen Sie eher eine Verbindung zu dem Anlass, zu dem die Begegnung stattfindet. Befinden Sie sich zum Beispiel bei einem Vortrag zum Thema „Zeitmanagement", können Sie sich beim Gespräch in der Pause einem anderen Teilnehmer etwa so vorstellen: „Darf ich mich vorstellen? Mein Name ist Meier – ich bin auch einer dieser hoffnungsvollen Fälle, die glauben, irgendwann ihre Zeit in den Griff zu bekommen!" So ergibt sich anschließend sicher leichter ein Gespräch. Wer sich selbst nicht immer all zu ernst nimmt, ist ein beliebter Gesprächspartner.

Ihre Visitenkarte

Einen wesentlichen Beitrag zum Ersten Eindruck liefert gerade beim Vorstellen wie schon erwähnt die eigene Visitenkarte. Sie enthält wesentlich mehr Informationen über Sie als nur Namen und Adresse. Sie spiegelt wider, wie Sie sich präsentieren. Überlassen Sie daher die optische Gestaltung nicht dem Zufall oder einer Druckerei. Überlegen Sie selbst, welchen Eindruck Sie hinterlassen wollen.

Unterscheiden Sie zunächst genau zwischen privater und geschäftlicher Visitenkarte.

1) Bei der **privaten Visitenkarte** wirkt es umso vornehmer, je weniger darauf steht. Wer also besonders witzig sein will und seinen Namen auch in japanischer und arabischer Schrift abdruckt, erweckt eher einen zweifelhaften Eindruck. Titel können, müssen jedoch nicht auf privaten Karten stehen. Wer die Adresse seiner Ferienwohnung an der Côte d'Azur ebenfalls auf die Karte druckt, kann als Angeber gewertet werden. Oder will er wirklich auch dort jederzeit aufgestöbert werden?

Achten Sie auf ein möglichst **klares, einfaches Design**. Weniger ist meist mehr. Rosa Wölkchen und Glitzerbuchstaben eignen sich höchstens für Teenager. Die kreative Ausgestaltung soll auch nicht dazu führen, dass jeder, der die Karte in Händen hält, diese mehrmals stirnrunzelnd dreht, bevor er entnervt aufgibt. Anthrazitfarbene Schrift auf schwarzem Hintergrund oder ein Schriftverlauf an der Kartenkante entlang sind einfach nicht leserfreundlich. Die Schrift sollte auch nicht zu klein oder dünn sein, so dass sie auch noch Leute jenseits der Vierzig lesen können. Fünf verschiedene Schriftarten ergeben darüber hinaus ein sehr unruhiges und uneinheitliches Bild. Für eine Visitenkarte reicht eine **einheitliche Schrift**! Wo Sie nicht sparen sollten: am Papier. Normalpapier eignet sich einfach nicht für diesen Zweck. Je fester die Papierqualität ist, desto unbeschadeter wird die Visitenkarte den Transport in der Brieftasche des neuen Bekannten überleben. Nicht nur deshalb sind Visitenkarten Marke Eigenbau am PC mit Vorsicht zu genießen. Meist geht nämlich angesichts der ungeahnten Gestaltungsmöglichkeiten der Heim-Software das kreative Genie des Erstellers durch: Was hat das Flugzeug oder der Golfball als Hintergrund mit Lieschen Müller zu tun?

2) **Geschäftliche Visitenkarten** müssen notgedrungen etwas mehr Information enthalten. Vielfach ist auch die Form und Gestaltung von der Firma vorgegeben, die alle Visitenkarten zentral anfertigen lässt. Bestandteile sind meist:

   ◆ Vor- und Zuname, gegebenenfalls akademische Titel oder Ehrentitel
   ◆ Position, Funktion
   ◆ Abteilung, Firmenname/Logo
   ◆ Firmenanschrift
   ◆ Telefonnummer/Durchwahl, Faxnummer
   ◆ E-Mail- bzw. Internet-Adresse

Diese Vielzahl an Information steht im Gegensatz zu der Erkenntnis, dass weniger Information mehr ist, da wir uns eine prägnante Aussage einfach besser merken. Achten Sie darauf, dass die Schrift auch hier nicht zu klein ist.

Drängen Sie nicht jedem, mit dem Sie zufällig ins Gespräch kommen, gleich Ihre Visitenkarte auf. Der Austausch sollte erst nach einem Gespräch erfolgen, in dem sich herausgestellt hat, dass ein weiterer Kontakt ins Auge gefasst wird.

Trotzdem sollten Sie immer Visitenkarten bei sich haben – es erweckt nicht gerade den Eindruck perfekter Organisation, wenn Sie Ihren Namen, Adresse und Telefonnummer auf eine (benutzte) Papierserviette schreiben müssen, weil Sie Ihre eigene Karte nicht zur Verfügung haben!

Und ein Tipp aus der Praxis dazu

Die Visitenkarte bleibt während des gesamten Gesprächs vor den Besprechungsteilnehmern liegen, sie wird nicht sofort weggesteckt!

7.4 „How to talk small"

Wie gehen wohl große Geister mit Smalltalk um? Muss Smalltalk immer „geistreich" sein? Hier dazu eine kleine Anekdote:
Der große Dichter Goethe saß einmal an einem Abendessen zwischen zwei jungen Frauen: Die eine, rechts neben ihm, war sehr schüchtern und offensichtlich von bäuerlicher Herkunft. Sie wagte es nicht, das Wort an den berühmten Mann zu richten. Ganz anders da seine linke Nachbarin. Sie hielt sich für gebildet und kultiviert. Sie wurde nicht müde, die Vorzüge der schönen Künste und der kultivierten Lebensart zu preisen um so ihren Geist unter Beweis zu stellen. Goethe wurde durch so viel „Geplapper" immer gelangweilter. Da wurde das Dessert, eine frische Ananas serviert. „Ach, wie riecht diese köstliche Frucht nicht göttlich!", flötete die linke Nachbarin. Da reichte es dem Dichter und Denker. „Woher wissen Sie denn, wie das Göttliche riecht?", fragte er seine verdutzte Nachbarin, wandte sich nach rechts und fragte: „Und wie viele Kühe hat Ihr Vater?"

Smalltalk kann also auch gründlich daneben gehen. Je krampfhafter wir uns bemühen, Eindruck zu hinterlassen, umso mühsamer wird es. Sollte man dieses belanglose Wortgeplänkel dann nicht ganz weglassen? So einfach können wir es uns eindeutig nicht machen. Denn die größten geschäftlichen Erfolge beginnen oft mit ein paar belanglosen Worten. Selbst die wichtigsten wirtschaftlichen Kontakte fangen „klein" an – niemand fällt mit der Tür ins Haus, Smalltalk ist sozusagen Pflicht!

Wer die Kunst des stilvollen kleinen Gespräches beherrscht, der macht aus dieser Pflicht eine Kür und punktet vom ersten Augenblick an. Es ist daher wichtig, diese Kunst zu beherrschen, was oft gar nicht so einfach ist. Fachliche Gespräche sind dagegen oft leichter: Man bewegt sich auf sicherem Terrain, kennt die Hintergründe und ist informiert. Doch wie unterhält man sich treffsicher und passend mit einem wildfremden Menschen, von dem man nichts weiß? Diese Situation gleicht oft dem berühmten Sprung ins kalte Wasser. Viele stürzen sich da nervös in ein Gespräch, ganz nach dem Motto: „Augen zu und durch!" Genau diese Einstellung merkt der andere und dementsprechend „holprig" fällt auch der Erste Eindruck aus. Nirgendwo sonst stehen die Fettnäpfchen so „trittbereit"!

Worüber also reden?

Gerade bei der ersten Kontaktaufnahme passen tiefsinnige Bemerkungen zur Weltlage oder allzu Persönliches nicht ins Bild. Sinn dieses Erstgespräches ist es ja, das Interesse des anderen zu wecken, Gemeinsamkeiten herauszufinden und die Basis für eine zukünftige Gesprächskultur zu schaffen. Viele halten Smalltalk nur deswegen für oberflächlich, weil ihnen im entscheidenden Moment einfach nie das Richtige einfällt und sie daher nur belanglose Bemerkungen, etwa über das Wetter, parat haben. Dabei müssen Sie nicht unbedingt der geborene Alleinunterhalter sein, um eine geeignete Bemerkung zu finden, mit der Sie ein Gespräch beginnen. Wenn Sie einige Grundregeln beachten, wird es Ihnen leicht gelingen, den anderen in ein nettes Gespräch zu verwickeln.

Tipps zum Smalltalk

◆ **Vertrauen Sie auf Ihre Phantasie!**
Jeder von uns hat genügend Phantasie, um eine geeignete Einleitung zu finden. Nur stehen sich die meisten dabei selbst im Weg. Sie hinterfragen kritisch jeden Einfall und verwerfen ihn, weil sie glauben, den anderen damit zu langweilen. Lassen Sie einfach Ihren Gedanken freien Raum, bevor Sie auf jemanden zugehen. Smalltalk funktioniert leichter in entspannter Atmosphäre.

◆ **Zeigen Sie Interesse!**
Langweilig sind nur jene Menschen, die sich für nichts interessieren. Wenn aber jemand echtes Interesse an einer Sache oder an einem Menschen hat, strahlt er das auch aus. Nichts ist mitreißender als

echtes Interesse! Zeigen Sie aber vor allem Interesse an Ihrem Gesprächspartner, stellen Sie entsprechende Fragen.

Bereiten Sie sich vor!
Nehmen Sie sich die Zeit, täglich eine Zeitung zu lesen oder hören Sie bewusst die Nachrichten. Damit bleiben Sie auf dem Laufenden. Informieren Sie sich vor dem Treffen über mögliche Gesprächsthemen. Kommen Sie unvorbereitet in eine Situation, in der Smalltalk gefordert ist, sehen Sie sich kurz im Raum um, beobachten Sie, was gerade rundum passiert. Das liefert meist genügend Gesprächsstoff.

Formulieren Sie positiv!
Eine weit verbreitete Erscheinung beim Smalltalk ist das gemeinsame Klagen über das Wetter, die Parkplatzsituation, das Essen oder Ähnliches. Wer nörgelt, wirkt negativ! Es fällt ja auch schwer, über das ganze Gesicht zu strahlen, wenn man über „dieses miserable Wetter" schimpft. Auch wenn Ihnen nicht immer ein witziger Satz einfällt, formulieren Sie positiv und zeigen Sie Ihr schönstes Lächeln – der Rest ergibt sich dann meist von selbst.

Machen Sie aus dem Gespräch kein Verhör!
Wir haben bereits die Wichtigkeit von Fragen im Gespräch erwähnt. Doch sollten Sie es gerade beim Smalltalk nicht übertreiben – stellen Sie dem anderen ausschließlich Fragen, fühlt er sich verhört, ausgehorcht. Treffen Sie dazwischen auch einmal eine Feststellung zu Ihrer eigenen Person, möglichst in humorvoller Weise. Sich selbst heiter zu sehen, wirkt stets auflockernd auf ein Gespräch!

Wählen Sie das richtige Thema!
Es ist immer unverfänglich, sich zum Beispiel über den Anlass, zu dem das Treffen stattfindet, zu unterhalten. Ungeeignet sind hingegen negative Themen, wie Politik oder Rassenfragen.

Halten Sie sich kurz!
Niemand möchte einen Fachmonolog hören. Auch wenn Sie noch so viel zum Thema zu sagen haben, weniger ist hier immer mehr! Es geht beim Smalltalk nicht darum, ein Thema umfassend abzuhandeln, sondern sich lediglich gegenseitig Denkanstöße zu liefern!

Smalltalk-Themen	
Geeignete Themen	**Ungeeignete Themen**
• Hobbys • Sport • Beruf • Reisen, Orte • Kultur • Essen und Trinken • aktuelle Tagesthemen • Ihr Gesprächspartner • Sie selbst • gemeinsame Bekannte • Tiere • der Anlass, bei dem das Treffen stattfindet • die Räumlichkeiten, in denen man sich gerade befindet • das Unternehmen, das Sie / Ihr Gesprächspartner vertreten/vertritt • das Wetter	• Politik • Religion • globale Bedrohungen, wie z.B. Terrorismus • Rassenfragen • „Stammtisch-Parolen" • Krankheiten • Betriebsgeheimnisse • sexuelle Praktiken • persönliche Probleme • allzu persönliche Themen bei Unbekannten

◆ **Bemühen Sie sich nicht krampfhaft um Humor!**
Humor ist eine wunderbare Sache, lässt sich aber leider nicht erzwingen. Wo man bewusst versucht, besonders witzig zu sein, ist der Humor sehr schnell verschwunden. Versuchen Sie es also erst gar nicht, wenn sich Heiterkeit nicht von selbst ergibt! Erzählen Sie einen Witz auch wirklich nur dann, wenn Sie ihn gut vortragen können. Nichts ist peinlicher, als mittendrin stecken zu bleiben oder einfach durch eine falsche Erzählweise die Pointe zu „killen".

◆ **Akzeptieren Sie „Smalltalk-Verweigerer"**
Wohlfühlen wird von jedem anders interpretiert. Für manche Menschen entsteht eine entspannte Atmosphäre eher durch das **Schweigen** – sie wollen einfach nur in Ruhe gelassen werden. Wer diesen Wunsch ignoriert und immer wieder versucht, ein Gespräch zu starten, wird als aufdringlich und unangenehm empfunden! Ein **freund-**

liches **Lächeln** – ganz ohne Worte – kann auch als Einstieg in eine positive Beziehung dienen.

♦ **Achten Sie auf die richtige Körperhaltung**
Wer seine Worte durch eine **offene, entspannte Körperhaltung** untermauert, bewirkt einen positiven Ersten Eindruck. Wer jedoch verkrampft und ablehnend wirkt, kann noch so originell formulieren, seine „Erst-Botschaft" wird nicht ankommen! Vermeiden Sie alle **ablehnenden, bedrohlich wirkenden Gesten.** Wer zum Beispiel dem anderen aggressiv Hände oder Brille entgegenstreckt, der wird kaum Sympathie erzeugen.

♦ Stellen Sie **offene Fragen**: Alle Fragen, die mit einem „W-Wort" beginnen, erfordern eine ausführlichere Antwort als nur ein „Ja" oder „Nein". Konzentrieren Sie sich mehr aufs Zuhören als auf Ihr eigenes Gespräch – **auch Schweigen ist Kommunikation!**

♦ Beginnen Sie **bei sich selbst**, mit einer eigenen Erfahrung oder einem persönlichen Eindruck: „Ich bin das erste Mal hier in Heidelberg. Kennen Sie Heidelberg besser?"

♦ Wenn es zur Situation passt, scheuen Sie sich nicht, um einen kleinen **Gefallen zu bitten** – oder bieten Sie Hilfe an.

♦ Wenn Sie zu einer Runde dazu stoßen, **knüpfen Sie** an eine andere, eben gehörte Äußerungen an: „Ich höre, Sie sind Salzburg-Kenner. Welches Restaurant können Sie hier in der Nähe empfehlen?"

♦ Wenn Sie es ehrlich meinen, machen Sie Ihrem Gegenüber ruhig ein **Kompliment**. Übertreiben Sie dabei jedoch nicht. Der andere spürt, ob Sie es ehrlich meinen oder nicht.

♦ Äußern Sie **Ihre Meinung** oder stellen Sie die Meinung eines anderen zur Diskussion.

♦ Bleiben Sie immer **ehrlich und aufrichtig** – wer sich verstellt, ist schnell durchschaut!

> ◆ **Was Sie sonst noch vermeiden sollten:**
> - Hüten Sie sich vor Pauschalurteilen und Verallgemeinerungen. Teilt der andere Ihr Urteil nicht, ist das Gespräch meist beendet, bevor es noch begonnen hat!
> - Ziehen Sie nicht über Dritte her! Das ist nicht nur unfair, sondern lässt in Ihrem Gesprächspartner die Vermutung hochkommen, Sie könnten über ihn genauso reden!
> - Machen Sie sich nie auf Kosten anderer lustig!
> - Geschmacklose Witze sind leider immer noch weit verbreitete Gesprächseinleitungen! Alle Arten von menschenverachtenden Witzen, egal ob rassistisch oder sexistisch, sind absolut tabu!

Irgendwann muss jedoch auch das netteste kleine Gespräch beendet werden – vor allem dann, wenn Sie noch weitere „Smalltalk-Pflichten" zu erfüllen haben. So ein Gespräch zu beenden, ist jedoch auch nicht einfach. Schließlich wollen Sie die neu gewonnenen Sympathien nicht gleich wieder verspielen! Gehen Sie daher behutsam vor: Bedanken Sie sich für einen erhaltenen Tipp, eine Information, ein Kompliment – aber nicht für das Gespräch! Sprechen Sie den anderen noch einmal mit seinem Namen an – so bleiben Sie positiv in Erinnerung. Schenken Sie dem anderen noch einmal einen offenen Blickkontakt und ein Lächeln.

Vermeiden Sie jedoch **peinliche Floskeln**, wie „Man sieht sich ja sicher irgendwann einmal wieder …"

Sind Sie an einen **„Vielredner"** geraten, unterbrechen Sie den anderen mit seinem Namen und einer geschlossenen Frage: „Herr Meier, Sind Sie nicht auch der Meinung, dass wir uns einen Platz im Vortragssaal sichern sollten?"

Wenn Sie das Thema interessiert und Sie mehr darüber erfahren möchten, dann sagen Sie das auch – so bietet sich der **Anknüpfungspunkt** für ein späteres Gespräch.

Bewegen Sie sich langsam gemeinsam mit Ihrem Gesprächspartner zu einer andern Gruppe, wenn Sie **noch mit anderen Anwesenden** „smalltalken" wollen: „Darf ich Ihnen noch Frau Huber und Herrn Müller von der Firma X vorstellen?"

Vermeiden Sie jedoch **Zeichen der Ungeduld**, wie zum Beispiel unruhiges Herumschauen im Raum oder den „heimlichen" Blick auf die Uhr.

Wenn Sie das Gespräch beenden müssen, sagen Sie einfach, was Sie tun werden, ohne sich peinlich berührt zu entschuldigen: „Ich begrüße jetzt noch im Namen meines Chefs den nächsten Vortragenden – ich habe mich gefreut, Sie kennen zu lernen und wünsche Ihnen weiter einen spannenden und angenehmen Konferenztag."

8. Der Erste Eindruck und die Praxis

In diesem Teil wollen wir auf einige spezielle Situationen aus dem Berufsalltag eingehen und aufzeigen, welche Einflussfaktoren dabei jeweils den Ersten Eindruck entscheidend mitgestalten. Vieles davon mag dem Leser als selbstverständlich erscheinen und wird gerade wegen dieser Selbstverständlichkeit so oft außer Acht gelassen. Denn es sind wieder einmal die zahlreichen Details, die wie ein Mosaik zusammengefügt werden und so ein Gesamtbild entstehen lassen. Wir wollen Ihren Blick auf diese Details lenken und Sie dazu aufrufen, Ihr „Erster-Eindrucks-Mosaik" bewusst zu gestalten.

Wir haben dafür stellvertretend einige Situationen ausgewählt. Diese Auswahl ließe sich noch beliebig fortsetzten. Wer jedoch einmal das Prinzip erkannt hat, auf welche Faktoren zu achten ist, der kann die neue Sichtweise auf viele andere Situationen übertragen. Es geht dabei um ein Bewusstmachen und das Entwickeln einer gewissen Sensibilität gegenüber den vielen Details, die unseren Ersten Eindruck prägen!

8.1 Der Erste Eindruck am Telefon

„Leute mit hohen Positionen, Leute mit niedrigen Positionen, Reiche, Arme, Bewunderte, Verachtete, Geliebte, Gehasste, Zivilisierte, Wilde – mögen die alle sich einmal in einem Himmel mit ewiger Ruhe und ewigem Frieden zusammenfinden. Sie alle; nur nicht der Erfinder des Telefons!"

Mark Twain, 1890

Unsere berufliche Kommunikation ist ohne Telefon nicht vorstellbar. Egal, ob Festnetz, Mobiltelefon oder Internettelefon – wir sind wirklich immer und überall erreichbar! Wunderbare neue Welt der perfekten Kommunikation!

Aber warum zucken wir nervös zusammen, wenn schon wieder dieses quälende Geräusch an unser Ohr dringt? Warum ist gerade das Telefon zum „Arbeitsfeind Nr. 1" aufgestiegen? Einfach, weil wir uns die Dosis nicht aussuchen können, weil wir uns verfolgt fühlen, wenn wir ständig erreichbar sein müssen. Und da sollen wir auch noch an einen perfekten Ersten Eindruck denken? Ist doch nur gut, wenn der andere durch die eigene Unfreundlichkeit abgestoßen wird, ruft er wenigstens nicht mehr an! Oder?

Das Telefon hat jedoch nicht nur Nachteile: Telefonieren ist eine sehr spontane, unmittelbare Art der Kommunikation. Wir müssen uns nicht lange um „druckreife" Formulierungen bemühen, wir können wie im direkten Gespräch einfach drauflos sprechen. Noch dazu sieht uns der andere nicht, wir können also auch bei einem wichtigen Gespräch einfach die Füße auf den Tisch legen und unsere Manieren vergessen. Und wird es uns endgültig zu bunt, legen wir einfach auf! Man kann sich ja im Nachhinein immer noch auf die Technik ausreden!

Beide Sichtweisen bringen uns im Umgang mit dem Medium Telefon nicht recht weiter. Auch wenn uns diese Errungenschaft der Technik zeitweilig ordentlich in Stress versetzt, so ist sie doch ein wesentlicher Bestandteil unseres heutigen Lebens und einfach nicht wegzudenken. Wir müssen daher lernen, bewusst damit umzugehen und die Vorteile für uns zu nutzen bzw. die Nachteile zu minimieren, und dort, wo Nachteile unvermeidbar sind, sie einfach zu akzeptieren.

Es gibt schon eine große Anzahl an Büchern und Seminaren für richtiges Telefonieren, daher möchten wir uns hier auf jene Faktoren beschränken, die für den Ersten Eindruck via Telefon entscheidend sind.

◆   **Die innere Einstellung macht den Unterschied!**
Betrachte ich das Läuten des Telefons nur als Störung, wird es mir schwer gelingen, spontan einen guten Eindruck am anderen Ende zu erzielen. Der Anrufer merkt intuitiv, dass er unerwünscht ist – kein guter Start für ein produktives Gespräch! Sorgen Sie daher für eine positive Einstellung gegenüber dem Telefon, betrachten Sie es als wichtiges Arbeitsinstrument und als Möglichkeit, interessante Kontakte vom Schreibtisch oder von zu Hause aus zu knüpfen. Atmen Sie einmal tief durch, bevor Sie den Hörer abheben, und besinnen Sie sich auf diese positive Einstellung – das entspannt und macht den Kopf frei für das Gespräch!

◆ **Vorbereitung als Basis**
Wenn Sie derjenige sind, der anruft, haben Sie die Möglichkeit, sich bewusst und richtig auf das Gespräch vorzubereiten. Gehen Sie dabei – und bei wichtigen Gesprächen auch zum Teil schriftlich – die folgende „Fragen-Checkliste" durch:

Checkliste zur Gesprächsvorbereitung:

☐ Wer wird mein Gesprächspartner sein? Was weiß ich schon über ihn?

☐ Wann ist der günstigste Zeitpunkt?

☐ Was will ich erreichen?

☐ Was wird der andere erreichen wollen?

☐ Welche Argumente habe ich?

☐ Welche Fragen werde ich stellen?

☐ Was wird der andere einwenden? Wie reagiere ich darauf?

☐ Welche Unterlagen benötige ich?

☐ Welche Einleitungsformulierung wähle ich?

◆ **Korrektes Melden und die richtige Begrüßung**
Der wichtigste Punkt für den Ersten Eindruck ist gleichzeitig auch die größte Falle: die ersten Worte nach dem Abheben des Hörers!

Fehler Nummer 1: Schon zu sprechen beginnen, während der Hörer noch weit von Mund und Ohr entfernt ist

Fehler Nummer 2: Undeutliches und rasches Aussprechen des eigenen Namens bzw. des Firmennamens

Fehler Nummer 3: Alleinige Nennung des Firmennamens – man wird so zum „unpersönlichen Repräsentanten" seines Unternehmens. Der Erste Eindruck fällt aber meist positiver aus, wenn der andere auch weiß, dass er einen Gesprächspartner mit Namen am anderen Ende hat!

Fehler Nummer 4: Statt eines Lächelns begleitet ein unterdrückter Seufzer die ersten Worte am Telefon! Der andere merkt sofort Ihre Stimmung und lässt sich davon beeinflussen!

Fehler Nummer 5: Bei der Begrüßung wird der andere nicht mit seinem Namen angesprochen! Genauso, wie der Gesprächspartner Ihren Namen kennen will, möchte er auch selbst das Gefühl haben, dass Sie ihn als Mensch wahrgenommen haben – das merkt er am deutlichsten, wenn Sie ihn mit seinem Namen ansprechen!

◆ **Die richtige Stimme beim Telefonieren**

Am Telefon spiegeln hauptsächlich Ihr Tonfall und Ihre Stimmlage die Gefühle wider, die Sie im Moment haben. Aus diesen „Informationsquellen" bezieht der Gesprächspartner seinen Eindruck. Eine gepresste, schrille Stimme vermittelt am anderen Ende kein Wohlbefinden! Natürlich bekommt nicht jeder die perfekte Telefonstimme angeboren oder hat eine Schauspielausbildung mit Stimmtraining hinter sich. Aber trotzdem können Sie Ihre „Stimmlage" beim Telefonieren verbessern, wenn Sie auf einige einfache Tipps achten:

Tipps für Ihre Telefonstimme

◆ **Die richtige Haltung:** Setzen Sie sich beim Telefonieren aufrecht hin! Sie können so den gesamten Brustkörper als „Resonanzkörper" für Ihre Stimme nutzen.

◆ **Die richtige Atmung:** Atmen Sie vor dem Telefonat tief durch. Achten Sie wieder bewusst auf die Bauchatmung. Sie vermeiden damit, dass Ihnen bald „die Luft ausgeht" und Ihre Stimme gepresst klingt.

◆ **Tiefere Stimmen klingen kompetenter:** Wenn Sie auf die beiden ersten Punkte achten, klingt Ihre Stimme automatisch tiefer. Unterstützen Sie diesen Effekt, in dem Sie bewusst eine Spur tiefer sprechen.

◆ **Nimm dir Zeit!** Sprechen Sie nicht zu rasch! Die Nervosität bei einem wichtigen Gespräch beflügelt meist die Stimme und der Gesprächspartner merkt, dass der andere das Gespräch am liebsten so schnell wie möglich hinter sich bringen will.

◆ **Die richtige Sprechtechnik:** Betonen Sie bewusst und achten Sie auf Satzzeichen, indem Sie mit der Stimme hinauf- bzw. hinuntergehen. Machen Sie Sprechpausen!

◆ **Die richtige Hörerhaltung:** Halten Sie den Hörer so nahe wie möglich an den Mund. Ihre Stimme kommt so möglichst unverfälscht durch die Leitung, Sie müssen nicht so laut sprechen und wirken selbstsicherer.

◆ **Lächeln Sie – der andere hört es!**

◆ **Telefonieren Sie aktiv**

Wenn Sie beim nächsten Telefonat genau darauf achten, werden Sie feststellen, wie viel Sie aus der Art und Weise, wie der andere spricht, heraushören können.

Auch wenn der andere Sie nicht sehen kann, ist das kein Grund, Ihre normalen Sprechgewohnheiten zu ändern. Gestikulieren Sie ruhig mit Händen und Füßen – die Lebendigkeit kommt auch durchs Telefon. Schreiben Sie zum Beispiel auch mit, wenn der andere wichtige Informationen übermittelt – er merkt es und fühlt sich ernst genommen.

Aktives Zuhören ist besonders auch am Telefon wichtig!

◆ **Achten Sie auf Ihren Standpunkt**

Nützen Sie besonders im Sitzen die gesamte Sitzfläche Ihres Stuhls aus, setzen Sie sich aufrecht hin – eine aufrechte, selbstbewusste Haltung verleiht nicht nur ihrer Stimme mehr Nachdruck, sie gibt Ihnen auch innere Sicherheit und unterstreicht ihren Standpunkt.

Bei besonders schwierigen Gesprächen am Telefon stehen sie einfach auf. Das verleiht noch einmal mehr Nachdruck. Ein körperlich fester Stand gibt Ihnen auch eine feste innere Haltung.

◆ **Der richtige Zeitpunkt**

Eines der Hauptprobleme mit dem Telefon ist die Tatsache, dass es immer genau dann läutet, wenn man gerade bei einer wichtigen anderen Tätigkeit ist. Es unterbricht unsere Gespräche, unsere Gedanken, unsere Arbeit. Deswegen reagieren viele auf einen Anruf zunächst so ungehalten. Auch wenn es der gute Ton verbietet, einfach „Sie stören mich, rufen sie doch später an!" ins Telefon zu brüllen – zwischen den Worten kann man mit einiger Feinfühligkeit genau heraushören, dass der andere nicht gerade glücklich über die Störung ist – und der negative Erste Eindruck ist entstanden.

Überlegen Sie daher vor dem Griff zum Hörer, ob der Zeitpunkt passt. Weiß ich zum Beispiel, dass in einer Firma der freitägliche Frühschluss gepflegt wird, ist Freitagnachmittag um 15 Uhr sicher nicht der beste Zeitpunkt, einen dortigen Geschäftspartner von den eigenen Ideen zu überzeugen. Montagmorgen zwischen 8 und 10 Uhr ist ebenfalls ungünstig, da läutet sowieso überall das Telefon und meist finden auch noch die wöchentlichen Meetings zu diesem Zeitpunkt statt. Will man sich nicht ständig den schönen Spruch „Der Herr X ist leider nicht zu sprechen, er ist bei Tisch!" anhören, ist die Mittagszeit ebenfalls nicht ideal.

◆ **Hintergrundgeräusche**
Hintergrundgeräusche werden am Telefon sehr genau beachtet. Wir sehen die Umgebung des Gesprächspartners nicht, wir sind auf die akustischen Informationen angewiesen. Und da ordnen wir eben zu: Gläserklirren bedeutet feuchtfröhliches Feiern, Radiomusik legt uns die Vermutung nahe, dass da nicht gearbeitet wird, sondern alle in fröhlicher Freizeitstimmung den Tag verbringen. Achten Sie daher besonders im geschäftlichen Bereich auf das Vermeiden von typischen „Freizeitgeräuschen". Auch wenn eine kleine Feier im Büro durchaus seine Berechtigung hat und Musik im Hintergrund so manche Arbeitsleistung zu steigern vermag, so ist die Wirkung am anderen Ende nicht unbedingt positiv. Weichen Sie daher mit einem Telefonat in einen Nebenraum aus, wenn Sie nicht wollen, dass sich der Anrufer als lästiger Spielverderber fühlt.

◆ **Andere Gespräche im Hintergrund**
Ebenso störend für einen Ersten Eindruck am Telefon sind private Gespräche im Hintergrund. Die Ohren des Anrufers „wachsen" geradezu durch die Leitung, wenn er im Hintergrund ein lautes Streitgespräch zweier Kollegen vernimmt. Er ist abgelenkt, wird misstrauisch und stellt die Kompetenz in Frage. Manchmal rückt das Hintergrundgespräch sogar in den Vordergrund, nämlich dann, wenn der Telefonierende noch heftig mitstreitet, während er abhebt oder wenn er weiterverbindet. Statt eines Grußes hört der unfreiwillige Zeuge vielleicht eine heftige Beschimpfung. Ob er dann noch die übliche Begrüßungsformel ernst nimmt?

◆ **Unterbrechen Sie nur, wo unbedingt notwendig!**

Jede Unterbrechung des Telefongesprächs empfindet der andere als unangenehm.

Lassen Sie daher Ihren Gesprächspartner am Telefon grundsätzlich aussprechen. Unterbrechen Sie nur, wenn unbedingt notwendig. Es kommt auch auf die Formulierung an. Wenn Sie ihm ein barsches „Da sind Sie bei mir total falsch!" entgegenschleudern, ist das wie die berühmte Falltür. Besser ist es, den anderen mit einer Frage zu unterbrechen, das wirkt wesentlich weniger hart. Und nennen Sie möglichst auch seinen Namen: *„Herr Meier, habe ich Sie richtig verstanden, Sie wollen eine Auskunft bezüglich Ihrer letzten Spesenabrechnung? Da verbinde ich Sie gerne mit Frau Huber, die gibt Ihnen die gewünschte Auskunft!"*

◆ **Lassen Sie sich nicht überrumpeln**

Kommt ein Anruf wirklich sehr ungelegen, ist es besser, das auch höflich auszusprechen und den anderen zu einem späteren (vereinbarten) Zeitpunkt verlässlich zurückzurufen. Formulieren Sie höflich und erklären Sie dem Anrufer, warum es auch und gerade in seinem Sinn besser ist, wenn Sie erst die nötigen Unterlagen vorbereiten und ihn dann zurückrufen. Bedenken Sie, dass ihn sein eigener Nutzen mehr interessiert als die Tatsache, dass Sie gerade so im Stress sind.

◆ **Vorsicht mit den Tücken der Technik**

Passiert es Ihnen häufig im Berufsalltag oder auch bei privaten Telefonaten, dass Sie plötzlich mit der Bemerkung „Warten Sie bitte kurz, ich habe jemanden anderen in der Leitung" kaltgestellt werden? Wenn ja, wissen Sie um Ihre eigene innere Reaktion!

Vermeiden Sie das „Jonglieren" von zwei parallelen Telefongesprächen – Sie wirken unkonzentriert und geben beiden Anrufern das Gefühl, sie nicht wichtig genug zu nehmen. Denn nichts stört den Ersten Eindruck mehr, als plötzlich sein Anliegen nicht mehr weiter besprechen zu können. Versetzen Sie sich in die Lage Ihres ersten Gesprächspartners – letztlich kostet es ihm Zeit und Geld durch das Warten und durch einen weiteren Gesprächsanlauf. Und auch Sie müssen sich neuerlich konzentrieren und gleichzeitig die Worte des zweiten Gesprächspartners im Gedächtnis behalten.

Wer versucht, zwei Gespräche parallel zu führen, hat gleich zweifach einen negativen Ersten Eindruck geschaffen!

Der Anrufbeantworter bzw. die Mailbox

Was für ein Segen der Technik! Wir können das Telefon auch nützen, wenn wir gar nicht da sind! Nie wieder kann sich einer darauf ausreden, er hätte uns nie erreicht! Und wir können anderen unsere Meinung sagen, auch wenn sie nicht persönlich abheben! Und dann kann auch jeder noch seine Originalität beweisen, indem er humorvolle kleine „Ergüsse" auf Band spricht und damit ahnungslose Anrufer beglückt!

Wie auch immer Sie Ihren Anrufbeantworter bzw. Ihre Mailbox einsetzen – ob als reines Mittel zum Zweck, als Informationshilfe, oder als kabarettistische Selbstverwirklichung – um zwei Tatsachen kommen wir nicht hinweg:

1. Der Text des Anrufbeantworters ist Ihre Visitenkarte und prägt so den Ersten Eindruck
2. Dieser Erste Eindruck ist aber immer auch eine Enttäuschung für den Anrufer – der wollte mit Ihnen sprechen und hat nur ein Band als „Partner".

Hinter dieser „Visitenkarte" verstecken sich viele Aussagen zu Ihrer Person, zu Ihrem Unternehmen. Ist der Text undeutlich oder zu rasch gesprochen, ist die technische Aufnahme- und Abspielqualität mangelhaft, steht Ihre Professionalität auf dem Spiel. Ich bekomme als Anrufer den Eindruck, dass sich da schon lange keiner mehr mit dem Anrufbeantworter befasst hat. Wahrscheinlich löscht diese Firma die Anrufer einfach sofort vom Band!

Zu viel Information überfordert den Hörer, macht es schwierig für ihn, zu reagieren. Oft legt er entnervt auf.

Übertrieben originelle Texte schrecken ab – ein paar Beispiele
„Leider sind wir nicht da, aber nutzen Sie Ihre Chance! Wann hört Ihnen schon jemand so aufmerksam zu, wie unser Anrufbeantworter nach dem Piepston?"
„Wir sind nicht zu Hause, und unser Wellensittich kann trotz Trainings noch immer nicht telefonieren. Also singen doch Sie uns etwas nach dem Piepston vor …!"
„Halt! Nicht auflegen! Sie dürfen uns alles anvertrauen! Aber bitte erst nach dem Piepston und nicht über dreißig Sekunden!"

Bei so viel Witz bleibt einem glatt das Wort im Mund stecken! Gott sei Dank sind die Texte im Geschäftsleben etwas weniger originell. Da bekommt man höchstens erst mal ein Musikstück zu hören. Egal, ob Beethovens Neunte oder Robbie Williams – so viel unerwartete Kultur kann einem ebenfalls die Rede verschlagen!

Tipps zum Anrufbeantworter

♦ **Nur außerhalb der eigenen Bürozeiten**
Nichts entnervt einen Anrufer mehr, als wenn er um 9 Uhr morgens Folgendes vom Band hört:
„Leider sind wir im Moment nicht mehr für Sie erreichbar. Unsere Bürozeiten sind von 8 Uhr bis 17 Uhr. Bitte rufen Sie doch gleich morgen Früh wieder an!" Der Anrufbeantworter sollte nie innerhalb der Bürozeiten laufen.

♦ **Aktueller Text**
Achten Sie auf einen passenden Text, also z.B. keine Verabschiedung in die Sommerferien, wenn ein Blick auf den Kalender den 23. Dezember anzeigt! Prüfen Sie also Ihren Text und auch die technische Qualität immer wieder durch einen Kontrollanruf!

♦ **Die richtige Stimme**
Eine freundliche, angenehme Telefonstimme kann die Enttäuschung des Anrufers etwas mildern. Es ist völlig egal, wem diese Stimme gehört – ob Chef oder Mitarbeitern! Wichtig ist auch noch eine Entschuldigung im Text, um dem Anrufer zu signalisieren, dass man seine Enttäuschung auch versteht!

Das Mobiltelefon

Nichts hat unser Telefonverhalten so revolutioniert wie das Mobiltelefon. Wo immer wir sind, was immer wir tun, nichts hindert uns mehr daran, sofort mit jedermann (Fern-)Kontakt aufzunehmen. Was stören schon die paar Nebengeräusche? Oder die erhöhte Unfallgefahr bei 160 km/h auf der Autobahn? Hauptsache, wir sind dynamisch, immer am Ball und wichtig genug, um immer erreichbar zu sein! Welchen Ersten Eindruck wir dabei bei unseren Gesprächspartnern und unserer Umwelt hinterlassen, sei dahingestellt.

Tipps zum Mobiltelefon

◆ Die **Nebengeräusche**: Es stört den Anrufer sehr, wenn er Teile eines Gespräches nicht richtig versteht. Am Lästigsten aber ist es, wenn das Gespräch unterbrochen wird, weil entweder beim Telefonieren im Auto ein Tunnel auftaucht oder der Wechsel zwischen zwei Sendebereichen nicht so ganz reibungslos klappt. Wer so seinen Gesprächspartner elegant „losgeworden" ist, sollte sofort zurückrufen und sich für die „Panne" entschuldigen!

◆ Die **Hintergrundgeräusche** verraten dem Anrufer sehr genau, wo sich der andere gerade befindet und prägen den Ersten Eindruck besonders nachhaltig. Es fällt schwer, dem Kunden klarzumachen, wie sehr man um seine Auftragsabwicklung bemüht ist, wenn im Hintergrund fröhliches Badetreiben zu vernehmen ist. „Ich muss bei 30 Grad im Schatten ja auch im Büro sitzen!", ist der erste Gedanke! Oder Sie erreichen Ihren Anwalt endlich um 15 Uhr und können an den Hintergrundgeräuschen genau erkennen, dass er sich noch immer beim „Nobeljapaner" aufhält, wo er laut seiner Sekretärin schon um 12 Uhr hinentschwunden ist: „Mit meinen Honoraren lässt sich gut tafeln, das kann ich mir vorstellen!"

◆ **„Feind hört mit"**: Habe ich als Anrufer den Eindruck, der andere telefoniert an einem öffentlichen Ort, zum Beispiel im Großraumwaggon der Bahn, liegt die Vermutung nahe, dass da jede Menge Leute mithören. Wer hat nicht schon selbst erlebt, wie andere ungeniert über diesen und jenen Geschäftspartner herziehen, ohne zu bedenken, dass möglicherweise gerade ein guter Freund des „Geschmähten" hinter ihm sitzt? Wie viele Geschäftsgeheimnisse sind auf diesem Weg schon an die falsche Adresse gelangt! Aber irgendwie hält sich das hartnäckige Gefühl bei allen Mobiltelefonierern, sie wären mit dem ersten Läuten ihres Handys plötzlich allein auf der Welt!

◆ **Hektik**: Telefonieren auf „freier Wildbahn", sprich an öffentlichen Plätzen zu Geschäftszeiten, vermittelt immer den Eindruck von Hektik am anderen Ende. Es bringt nicht nur den Anrufer, sondern auch den Mobiltelefonierer um seine Konzentration, er wird von der Unruhe leicht angesteckt. Der Gesprächspartner bekommt das Gefühl, nur „die zweite Geige" zu spielen. „Schwierige" Gespräche lassen sich so nicht führen. Achten Sie daher auf möglichste Störungsfreiheit beim

Telefonieren: Suchen Sie sich einen ruhigen Ort, oder entschuldigen Sie sich wenigstens bei ihrem Gesprächspartner, Konzentrieren Sie sich noch bewusster auf das Gespräch.

♦ **Fehlende Unterlagen:** Wer unterwegs telefoniert, hat selten sämtliche benötigten Unterlagen griffbereit: *„Das kann ich Ihnen jetzt nicht sagen, da muss ich erst im Büro nachsehen!" „Soweit ich mich erinnere, sind es ungefähr …!" „Ich weiß jetzt nicht, um welches Datum es sich genau handelt, aber das ist ja auch nicht so wichtig!"* Solche und ähnliche Sätze hört man oft in „mobilen Gesprächen". Ob der Anrufer mit solchen Informationen zufrieden ist? So wird Telefonkommunikation zum uneffizienten Zeitkiller. Statt sich und dem Gesprächspartner die Zeit zu stehlen, sollten Sie Ihr Mobiltelefon wirklich nur für wichtige Nachrichten und Terminvereinbarungen etc. benützen. Verkaufsgespräche oder Reklamationsbehandlung via Handy sind nicht empfehlenswert!

♦ **Mobile Anrufe während eines Gesprächs:** Wer hat sich nicht schon über die lästige Unterbrechung eines wichtigen Gespräches geärgert, weil irgendwo in den „Habseligkeiten" des Gegenübers das Mobiltelefon läutet? Da beginnt dann zunächst die hektische Suche nach der „Lärmquelle", um dann mit entschuldigendem Blick Richtung Gesprächspartner das Telefonat entgegenzunehmen. So hat man unter Umständen gleich zwei Gesprächspartner verärgert. Schalten Sie daher Ihr Mobiltelefon unbedingt aus, bevor Sie ein wichtiges Gespräch beginnen.

♦ **Das Zubehör:** Hier entscheidet sich, wie der Erste Eindruck ausfällt: zeig mir Dein Handy und ich sag Dir, wer Du bist! Dieser Spruch hat durchaus Gültigkeit, betrachtet man die Versuche mancher Mobiltelefonierer, sich durch die individuelle Gestaltung ihres „Lieblingsspielzeuges" aufzufallen. Da gibt es Modelle mit auswechselbaren Fronten – die Farbe je nach Kleidung abgestimmt – oder lieber doch das Modell im Tiger- oder Zebra-Look? Leicht zu erkennen sind auch die treuen Fußballfans mit dem Modell in „ihren" Klubfarben. Diverse Etuis, Schmuckanhänger und Gürteltaschen ergänzen das Angebot für den „Telefonierer von Welt". Und dann erst der Unfug mit all den Klingeltönen! Das Mobiltelefon bietet eine Vielzahl von Selbstdarstellungsmöglichkeiten! Wer genau hinsieht, erhält so viele Informationen über Persönlichkeit, Vorlieben und Kommunikationsverhalten seiner Mitmenschen.

♦ **„Handyholics":** Wenig prägt den Ersten Eindruck, den ein Mitmensch erweckt, so sehr wie sein Handy-Verhalten. Der permanente, nervöse Griff zum Handy, das sofortige Einschalten nach Verlassen des Flugzeuges, glückseliges Lächeln beim SMSen, ungestörtes und lautes Telefonieren in jeder, aber auch wirklich jeder Lebenslage – all das sind Hinweise auf einen Süchtigen, einen „Mobile-Phone-Junkie". Verwenden Sie also Ihr Mobiltelefon möglichst diskret und unauffällig. Es ist einfach eine Frage des guten Stils, seine Umwelt nicht mit seinem Mobiltelefonverhalten zu belästigen.

Im Leben eines jeden Büromenschen gibt es drei einschneidende Ereignisse: Erstens einen Wechsel des Vorgesetzten, zweitens den Tod der Topfpflanze und drittens eine neue Telefonanlage.

8.2 Bewerbung und Vorstellungsgespräch

Wenn der Erste Eindruck über die Zukunft entscheidet

Es gibt Situationen, da weiß ich ganz genau um die Bedeutung meines Auftretens und die Wichtigkeit, einen positiven Ersten Eindruck zu hinterlassen. Ich weiß, es hängt sehr viel davon ab, wie der andere mich aufnimmt. Nur, wenn ich auch wirklich den bestmöglichen Eindruck hinterlasse, habe ich Chancen, mein Ziel zu erreichen. Besonders „dramatisch" wird die Situation, wenn ich dabei auch noch im Mittelpunkt des allgemeinen Interesses stehe. Alle Augen sind erwartungsvoll auf mich gerichtet und mein „Auftritt" beginnt. Hundert Dinge gehen mir durch den Kopf: Ich bemühe mich um eine offene Körpersprache, ein gewinnendes Lächeln, versuche meine schweißnassen Hände nicht um meine Tasche zu verkrampfen, fest auf beiden Beinen zu stehen, krame meine vorbereiteten „Einstiegsworte" aus den hintersten Windungen meines Gedächtnisses hervor. Ich atme tief durch, um das Lampenfieber in den Griff zu bekommen (ich erinnere mich daran, dass ich das Lampenfieber ja eigentlich toll finden sollte, weil es mir hilft, Spitzenleistungen zu vollbrin-

gen, das habe ich zumindest im letzten Ratgeber gelesen!), und hoffe inständigst, dass mich meine Stimme nicht im entscheidenden Augenblick verlässt! Ob soviel aktives Bemühen noch einen positiven Ersten Eindruck zulässt?

Hier wird deutlich, wo die Grenzen aller guten Tipps und Ratschläge für eine optimale Verhaltensweise liegen. Je mehr Sie sich bemühen, auf alle Details Ihres Erscheinungsbildes zu achten, desto verkrampfter können Sie wirken. Diese Bemühungen bremsen die Spontaneität. Die natürliche Ausstrahlung verliert sich im Mantel der künstlichen Äußerlichkeiten. Die Originalität, die Ihre Persönlichkeit ausmacht, ist nicht mehr erkennbar. Was zu einem perfekten Auftritt werden sollte, wird zum Desaster!

Ist es also sinnlos, auf die guten Ratschläge zu hören? Haben Sie dieses Buch bis hierher umsonst gelesen?

Keine Angst, es macht Sinn, sich mit seinem Verhalten in wichtigen Situationen kritisch auseinander zu setzen. Und es gelingt sehr wohl, einige Ratschläge zu befolgen und trotzdem nichts von seiner unverwechselbaren Natürlichkeit zu verlieren.

Wie das geht? Das folgende Sieben-Schritte-Programm soll Ihnen dabei helfen:

Schritt 1: Prüfen Sie jeden Tipp zum perfekten ersten Auftritt genau. Nur das, wovon Sie wirklich überzeugt sind, werden Sie auch in Ihr Verhalten integrieren können. Nicht jeder Tipp ist für jeden Menschen gleich passend. Wir sind Gott sei Dank keine austauschbaren Maschinen. Es geht auch nicht darum, Ihre Persönlichkeit zu verändern, sondern darum, Ihre Stärken hervorzuheben!

Schritt 2: Es hat wenig Sinn, sich erst unmittelbar vor einem entscheidenden Termin Gedanken über seinen Ersten Eindruck zu machen. Setzen Sie sich schon länger vorher mit diesem „Problem" auseinander. Je öfter Sie einzelne Verhaltensweisen, wie zum Beispiel die offene Körpersprache, trainieren, desto selbstverständlicher wird sie Ihnen bei Ihrem großen Auftritt gelingen.

Schritt 3: Legen Sie vor wichtigen Auftritten besonderes Augenmerk auf eine gewissenhafte Vorbereitung. Erstellen Sie rechtzeitig eine genaue Checkliste, was Sie am „großen Tag" nicht vergessen dürfen. Suchen Sie Ihre Garderobe sehr sorgfältig aus: Fühlen Sie sich wohl darin? Ist sie bequem? Ist Ihnen damit eventuell zu heiß? Auch das schönste Kostüm verliert seine Wirkung, wenn es Ihnen Schweißperlen auf die Stirn befördert.

Schritt 4: Versetzen Sie sich in Ihre Zuhörer, Ihren Gesprächspartner. Was erwartet man von Ihnen? Wie perfekt muss Ihr Auftritt wirklich sein? Meist hat man nämlich vor einem Personalchef oder einem größeren Publikum immer den Eindruck, die anderen würden jede Unsicherheit sofort merken und könnten es sicher besser. Und das stimmt mit Sicherheit nicht! Denken Sie daran, dass das auch „normale" Menschen mit Stärken und Schwächen sind, die sicher nicht nur darauf warten, dass Ihnen etwas nicht gut gelingt!

Schritt 5: Analysieren Sie die bevorstehende Situation genau: Was macht sie so wichtig? Wovor haben Sie dabei Angst? Auf was freuen Sie sich? Je öfter Sie sich Ihre Ängste vergegenwärtigen, desto mehr verlieren sie an Kraft. Und je öfter Sie sich vorstellen, wie Sie die Situation erfolgreich meistern, desto eher glauben Sie an sich und Ihre Fähigkeiten!

Schritt 6: Konzentrieren Sie sich auf den Inhalt, nicht auf den Rahmen. Sie haben ein Anliegen, von dem Sie überzeugt sind. Besinnen Sie sich nicht nur auf Ihre kommunikative, sondern auch auf Ihre soziale Kompetenz: auf Ihre Fähigkeit, mit anderen Menschen gut umgehen zu können, andere in das Zentrum Ihres Interesses zu stellen. Wenn es Ihnen gelingt, Ihrem Gegenüber zu vermitteln, dass Sie an ihm interessiert sind, dass Sie Ihr Publikum mögen, wird man Sie positiv aufnehmen, auch wenn Ihr Auftritt nicht bühnenreif ist.

Schritt 7: Lassen Sie sich nicht vom Kurs abbringen, wenn Unvorhergesehenes passiert. Sehen Sie gerade schwierige Situationen als Herausforderung, als Chance. Wer nichts riskiert, gewinnt auch nichts. Denken Sie an Ihren persönlichen Gewinn, wenn Sie eine schwierige Situation meistern: Sie gewinnen an Selbstvertrauen! Wir haben die Beobachtung gemacht, dass gerade im Berufsleben viele Menschen das Gefühl haben, versagt zu haben, nicht weil sie eine schwierige Situation „vermasselt" haben, sondern weil sie die Herausforderung erst gar nicht angenommen haben!

Es gibt kein allgemein gültiges Rezept für das richtige Verhalten – es gibt nur **Ihr persönliches Rezept**, um Ihre ganz spezielle Ausstrahlung zur Wirkung zu bringen! Es geht dabei nicht um aalglatte Perfektion, sondern um echt empfundene und vermittelte Gefühle. Wenn Ihr Publikum bzw. Ihr Gesprächspartner Ihre Ehrlichkeit, Ihre Überzeugung und Ihre Emotionen spüren, haben Sie schon fast gewonnen.

Eine typische Situation, bei der der Erste Eindruck über die Zukunft entscheiden kann, ist das **Vorstellungsgespräch**.

Es ist eine Tatsache, dass die meisten Chefs Ihre zukünftigen Mitarbeiter hauptsächlich nach den Kriterien Sympathie und gleiche Wellenlänge aussuchen. Die fachlichen Kriterien sind dabei wichtig, aber nicht ausschlaggebend. Das ist auch durchaus gut so, denn jemand, mit dem man künftig intensiv zusammenarbeitet, muss auch von seiner Persönlichkeit her ins Team passen. Sonst nützen die besten fachlichen Voraussetzungen nichts, wie es unser Schulungsalltag immer wieder bestätigt.

Viele Chefs wollen sich diese Tatsache jedoch nicht eingestehen. Sie meinen, nach rein logischen Argumenten zu entscheiden. Manche tun das auch wirklich, ohne auf Ihr Gefühl zu hören. Und wundern sich dann, warum das Verhältnis zu diesem Mitarbeiter dann im Berufsalltag nicht klappt. Er war doch eindeutig der am besten Qualifizierte! Aber ein bestimmtes Gefühl hat ihnen ja gleich gesagt, dass das nichts wird mit dem!

Hier stoßen wir schon zu einem der wichtigsten Aspekte beim Vorstellungsgespräch:

Der positive Erste Eindruck ist keine einseitige Sache. Viele Bewerber haben nämlich das Gefühl, dass es nur darauf ankommt, selbst den bestmöglichen Eindruck zu hinterlassen. Genauso wichtig ist es umgekehrt, dass auch der zukünftige Chef beim neuen Mitarbeiter einen positiven Eindruck hinterlässt. Und meist geht das Hand in Hand: man merkt sofort, ob die gemeinsame Wellenlänge da ist!

Würden sich die Stellenbewerber dieser Tatsache etwas mehr bewusst sein, wären sie etwas weniger nervös. Nicht nur sie müssen sich anstrengen, sondern auch der Gesprächspartner. Schließlich will er ja auch etwas für ihn Wichtiges erreichen, nämlich einen guten Mitarbeiter zu finden!

Wichtig!
Denken Sie vor Ihrer nächsten Bewerbung daran: ein Vor-
stellungsgespräch ist keine einseitige Herausforderung!

---

1. Die schriftliche Bewerbung

Bevor Sie zu einem Vorstellungsgespräch eingeladen werden, müssen erst Ihre schriftlich eingesandten Bewerbungsunterlagen für gut und interessant genug befunden worden sein. Das bedeutet, dass Sie schon hier einen Ersten Eindruck hinterlassen. Um einen guten Job bewerben sich heute oft mehrere Hundert Personen, viele davon auch noch mit besten Voraussetzungen. Und nur die Interessantesten werden eingeladen.

Die wichtigsten Beurteilungskriterien:
- Vollständige Angaben und Unterlagen
- Professionelle und übersichtliche Form (nach ÖNORM, DIN)
- Fehlerfrei (Rechtschreibung, Grammatik, Zeichensetzung)
- Guter Schreibstil
- Aussagefähiger Inhalt
- So viel wie nötig, so wenig wie möglich

Was enthält eine Bewerbung?
1. Ein individuelles Anschreiben, selten auch handschriftlich
2. Einen tabellarischen Lebenslauf, unterschrieben
3. Ein aktuelles Foto
4. Kopien der Ausbildungs- und Arbeitszeugnisse, chronologisch geordnet
5. Bescheinigungen und Zertifikate über Weiterbildungen und Zusatzqualifikationen

Tipps für die Bewerbungsunterlagen

- **Papier:** Verwenden Sie weißes, unliniiertes Papier (mind. 70g/m2), beschreiben Sie es nur einseitig.
- **Schrift:** Verwenden Sie eine klare Standardschrift und versuchen Sie nicht, mit einer besonders ausgefallenen, aber unleserlichen Schrift aufzufallen. Achten Sie auf eine nicht zu kleine Schriftgröße, empfehlenswert ab Schriftgröße 12.
- **Fehler vermeiden:** Lesen Sie alles lieber einmal mehr durch, bitten Sie auch andere um ein Korrekturlesen. Nichts erweckt so sehr den Eindruck von Unprofessionalität wie Fehler in einer Bewerbung!

◆ **Leserfreundlichkeit:** Achten Sie auf eine klare Gliederung und kurze Sätze. Wenn sich der Leser erst einmal durch endlose, seitenlange Schachtelsätze kämpfen muss, wird seine Neugier, den Bewerber kennen lernen zu wollen, rasch schwinden.

◆ **Aktualität:** Wer seine Unterlagen mit einem alten Datum versehen weitergibt, erweckt nur einen Eindruck: dass er schon länger einen neuen Job sucht oder die Sache nicht ganz so wichtig nimmt. Beides nicht in Ihrem Sinn!

◆ **Mappe:** Ordnen Sie die Unterlagen in eine Bewerbungsmappe ein (nach der oben angeführten Reihenfolge, also das Anschreiben lose oben auf). Falten Sie nichts, sondern verwenden Sie einen DIN-A4-Briefumschlag mit korrekter Adress- und Absenderangabe sowie ausreichender Frankierung.

2. Die richtige Vorbereitung auf ein Vorstellungsgespräch

Werden Sie zu einem Vorstellungsgespräch eingeladen, haben Sie die erste, schwierige Hürde genommen. Ab jetzt geht es um den persönlichen Ersten Eindruck!

Tipps zur richtigen Vorbereitung

◆ Einige Fragen, die Sie sich **über das Unternehmen** stellen sollten:
 – Wie sehen die genauen Besitzverhältnisse aus?
 – Wie ist die derzeitige wirtschaftliche Lage des Unternehmens/der Branche?
 – Wie viele Mitarbeiter beschäftigt das Unternehmen?
 – Was kennzeichnet die Produkte/Dienstleistungen aus?
 – Welches Image hat das Unternehmen?
 – Welche Hauptkonkurrenten gibt es?
 – Auf welchen Märkten ist das Unternehmen tätig?
 – Wie könnte die Zukunftsstrategie aussehen? Wie die Unternehmensleitbilder?

◆ Mögliche **Informationsquellen** sind für Sie:
 – Direkt bei der Firma angefordertes Informationsmaterial: Prospekte, Broschüren, Geschäftsberichte etc.
 – Internet, die Homepage der Firma
 – Wirtschaftsteil der Tageszeitungen und Fachzeitschriften

- Nachrichten in Radio oder TV
- Die Handelskammer
- Fachvorträge
- Freunde und Bekannte

◆ Unterscheiden Sie bei Ihren Informationen zwischen **Klatsch** und seriösen **Fakten**. Nichts ist peinlicher, als wenn Sie sich beim Vorstellungstermin auf unwahre Gerüchte berufen.

◆ Überlegen Sie einige für Sie interessante **Fragen** zum Unternehmen, die einerseits Ihr Interesse, aber auch Ihre Fachkenntnis widerspiegeln, zum Beispiel:
- „Welche neuen Aktivitäten plant das Unternehmen?"
- „Was unterscheidet die Produkte/Dienstleistungen von anderen auf dem Markt?"
- „Wo liegen die Schwerpunkte in der Unternehmenstätigkeit?"

Genauso wichtig sind Fragen zu Ihrem unmittelbaren zukünftigen Arbeitsbereich:
- „Wie sehen die internen Abläufe aus?"
- „Welche Kompetenzen sind mit der Stelle verbunden?"
- „Gibt es eine genaue Stellenbeschreibung?"
- „Wer wird der hauptsächliche Ansprechpartner?"
- „Wie sieht das Team aus?"
- „Wie sehen die Zukunftsperspektiven aus?"
- „Welche Fort- und Weiterbildungsmöglichkeiten gibt es?"

◆ Schreiben Sie **Antworten auf Fragen** auf, die Sie möglicherweise gestellt bekommen werden (siehe Seite 158). Üben Sie die Gesprächssituation in einer Art „Trockentraining" mit einem neutralen Gesprächspartner durch. Auch wenn das tatsächliche Gespräch dann völlig anders verlaufen wird – Sie gewinnen damit Sicherheit und prägen sich einige Standardformulierungen ein.

◆ Informieren Sie sich genau über den **Anfahrtsweg**, die Verkehrsmittel und die Parkmöglichkeiten. Planen Sie genügend Pufferzeit für den Anfahrtsweg ein.

◆ Wählen Sie Ihr **Outfit** sehr sorgfältig aus. Grundsätzlich gilt zum Vorstellungsgespräch die Regel „Weniger ist mehr!" ganz besonders.

Wer versucht, mit seinen körperlichen „Vorzügen" – egal ob durch hautenge Minikleider oder zu eng sitzende Hosen – zu punkten, disqualifiziert sich selbst. Dezente, qualitativ hochwertige Mode ist angesagt. Dunkle Farben wirken dabei grundsätzlich dezenter, aber das soll nicht heißen, dass Sie unbedingt im obligatorischen dunkelblauen Kostüm oder dunkelgrauen Anzug erscheinen müssen. Wählen Sie lieber eine Farbe, die Ihnen gut steht und trotzdem nicht vom wichtigsten, nämlich Ihrer Persönlichkeit ablenkt. Versuchen Sie auch Ihrem Stil treu zu bleiben, egal, ob Sie sich in einer Anwaltskanzlei oder einer Werbeagentur bewerben. Wenn Sie nun einmal nicht der Typ für trendige Outfits sind, sollten Sie sich auch nicht so „verkleiden", nur um Ihre Kreativität unter Beweis zu stellen. Dasselbe gilt für Schmuck, Accessoires, Parfüm und Frisur. Verwenden Sie lieber mehr Deo als üblich und putzen Sie Ihre Schuhe noch einmal. Ein rundum gepflegtes Erscheinungsbild versteht sich von selbst!

3. Das richtige Verhalten beim Gespräch

Tipps zum Bewerbungsgespräch

♦ **Achten Sie auf Pünktlichkeit:** Nicht nur eine Verspätung macht einen schlechten Eindruck, auch wer eine Viertelstunde zu früh kommt, beweist ein mangelhaftes Zeitmanagement. Der Gesprächspartner fühlt sich dadurch möglicherweise unter Druck gesetzt, weil er vorher noch etwas erledigen wollte – kein guter Start für Sie!

♦ **Begrüßen Sie die Sekretärin bzw. andere Mitarbeiter besonders freundlich**, lächeln Sie sie freundlich an, üben Sie die offene Körpersprache. Es ist durchaus wichtig, zur „Vorzimmerdame" von Anfang an einen guten Draht zu haben. Nicht selten fragen Chefs auch ihre Sekretärin nach deren Eindruck. Wer sich zu gut dafür ist, eine Sekretärin freundlich zu grüßen, der wird vom neuen Team kaum begeistert aufgenommen werden.

♦ **Wohin mit dem Mantel?** Wenn das Vorstellungsgespräch in der kalten Jahreszeit stattfindet, ziehen Sie den Mantel unbedingt aus und fragen Sie notfalls höflich, wo Sie ihn ablegen können, wenn Sie nicht ohnehin dazu aufgefordert werden. Wenn Sie ihn aus Verlegenheit einfach anlassen, riskieren Sie vorzeitige Schweißausbrüche. Meist wird Ihnen ohnehin noch warm genug!

◆ **Feuchte Hände:** Ein schweißnasser Händedruck ist kein guter Einstieg. Drücken Sie daher unauffällig Ihre rechte Hand unmittelbar vor dem Eintreten ins „Chefbüro" noch einmal fest um ein Stofftaschentuch – das löst das Problem.

◆ **Der Händedruck:** Warten Sie, bis der Gesprächspartner Ihnen die Hand reicht. Stürmen Sie nicht mit vorgestreckter Hand und einem herzlichen „Ich freue mich ja so, Sie endlich kennen zu lernen!" auf ihn zu. Und warten Sie, bis Sie der andere zum Hinsetzen auffordert.

◆ **Die Körpersprache:** Achten Sie auf eine aufrechte Haltung, stets dem anderen zugewandt. Halten Sie Bodenkontakt beim Stehen und beim Sitzen (auf beiden Beinen stehen, auf der ganzen Sitzfläche sitzen). Suchen Sie weder die Verankerung mit den Beinen (um das Stuhlbein) noch mit den Händen (um die Aktentasche geklammert).

◆ **Die Wellenlänge:** Lassen Sie den Blickkontakt nie ganz abreißen, auch wenn Sie dem Gegenüber nicht dauernd in die Augen starren. Achten Sie auf die Körperhaltung des anderen. Auch wenn Sie ihn nicht imitieren sollen, versuchen Sie, eine ähnliche Haltung einzunehmen – so schaffen Sie „Wellenlänge". Wenn Sie sich sehr auf ihn konzentrieren, tun Sie das wahrscheinlich ohnehin automatisch.

◆ **Nervosität:** Stehen Sie zu Ihrer Nervosität. Versuchen Sie sie nicht um jeden Preis zu überdecken – das gelingt sowieso nicht. Beweisen Sie Mut, indem Sie zugeben, nervös zu sein, weil Ihnen das Gespräch besonders wichtig ist.

◆ **Antworten Sie kurz, prägnant und ehrlich!** Der Gesprächspartner ist nicht daran interessiert, dass sie ihm ausführlich noch einmal dasselbe erzählen, das er schon Ihren schriftlichen Unterlagen entnehmen konnte.

Fragen, die Sie sicher gestellt bekommen:

„Was haben Sie bisher gemacht?"
Diese Frage sollten Sie nicht nur mit dem Inhalt Ihres Lebenslaufes beantworten, den kennt der andere bereits. Erwähnen Sie lieber Besonderheiten oder Dinge, die Sie besonders gerne gemacht haben, oder ein privates Engagement, das vielleicht nicht im Lebenslauf steht.

„Warum wollen Sie gerade bei uns arbeiten?"
Hier können Sie einige Ihrer gesammelten Informationen verwerten. Das positive Image nach außen, die internationale Ausrichtung oder die Affinität zu den angebotenen Produkten wären mögliche Antworten. Bleiben Sie aber trotzdem möglichst ehrlich. Ihr zukünftiger Chef wird Ihnen kaum abnehmen, dass Sie schon als kleines Kind davon geträumt haben, einmal Führungskraft zu werden!

„Wo liegen Ihre Stärken?"
Bevor Sie loslegen wie ein Maschinengewehr, um alle Ihre unzähligen Vorzüge aufzuzählen, oder bescheiden errötend die Augen niederschlagen – auf diese Frage sollten Sie vorbereitet sein und eine ehrliche, nicht übertriebene Antwort geben können. Hüten Sie sich aber vor Allgemeinplätzen wie „guter Umgang mit Menschen, Verlässlichkeit, Genauigkeit und Organisationstalent". Beschreiben Sie besser Ihre Stärken etwas konkreter. Und verwenden Sie dabei statt „Ich bin besonders gut bei …" lieber die Formulierung „Ich mache gerne …".

„Was sind Ihre Schwächen?"
Diese inhaltlich sinnlose Frage ist immer noch nicht aus dem Fragenrepertoire der (Personal-)Chefs verschwunden. Oft untersuchen diese dabei vor allem Ihre Reaktion darauf. Es ist genauso falsch, hier offen und ehrlich alle ihre Minuspunkte auszubreiten, wie auch abzustreiten, je so etwas Ähnliches wie eine Schwäche an sich entdeckt zu haben. Wir halten auch wenig von dem oft gehörten „guten Tipp", eine Schwäche anzuführen, die eigentlich eine Stärke ist („Mein Problem ist, dass ich allen Dingen immer auf den Grund gehen muss und mich mit vielen Antworten nicht zufrieden gebe. Da kann ich meine Kollegen einigermaßen nerven!"). Das wirkt scheinheilig und unehrlich! Führen Sie lieber eine echte Schwäche an, die aber für das spezielle zukünftige Berufsfeld keine direkten Auswirkungen hat.

„Wie viel möchten Sie verdienen?"
Diese Frage stellt wahrscheinlich Berufsanfänger vor die größten Probleme.
Es ist ziemlich schwer, hier richtig zu antworten. Nennen Sie einen zu hohen
Betrag, ist es genau so unpassend wie ein zu niedriger Betrag. Wenn Sie die
Möglichkeit haben, informieren Sie sich schon vorher, wie viel in der Branche in etwa für diese Position üblich ist.
Bisher Berufstätige können auch von ihrem bisherigen Gehalt ausgehen, und
einen 10 bis 20% höheren Betrag nennen. Es gilt immer noch die Regel, dass
man in einem neuen Job ein um diesen Betrag höheres Gehalt bekommen
sollte, was sich allerdings bei der derzeitigen Arbeitsmarktlage etwas rela-
tiviert. Sollte es sich um Ihren absoluten Traumjob handeln und Sie wissen,
dass in dieser Branche keinen höheren Gehälter drinnen sind, geben Sie sich
ruhig auch mit etwas weniger zufrieden, sollten Sie Verbesserungschancen
sehen. Begründen Sie das aber auch im Gespräch!

4. Der richtige Umgang mit heiklen Situationen

Manchmal kommt in einem Vorstellungsgespräch ein Punkt, an dem plötzlich
die Hände wieder schweißnass werden. Das Gespräch läuft in eine für Sie un-
günstige Richtung. Wie soll man sich da verhalten?

Manche Arbeitgeber bauen immer noch „Stolperfragen" in ein Bewerbungsge-
spräch ein. Lassen Sie sich davon nicht aus dem Konzept bringen. Es hat keinen Sinn, selbst auf indiskrete Fragen beleidigt zu reagieren. Denken Sie daran, auch Ihr Gegenüber hat etwas zu verlieren: seinen guten Ruf, das Image
des Unternehmens und vielleicht eine für ihn gute Arbeitskraft! Reagieren Sie
daher gelassen, wiederholen Sie die Frage noch einmal als Gegenfrage („Meinen Sie damit, dass …"). Damit gewinnen Sie Zeit und zwingen den anderen,
seine „unangenehme" Frage noch einmal zu formulieren, vielleicht etwas weniger „hart".

Beispiel: Drei typische „Stolperfragen"

„Haben Sie vor, demnächst eine Familie zu gründen?"
Das ist eine Frage, die vorrangig Frauen gestellt wird. Lassen Sie sich da-
durch nicht in die Enge treiben („Ich habe nicht so schnell vor, Kinder zu be-
kommen, und wenn, dann hat das sicher keine Auswirkungen auf meine Ar-
beitsleistung"). Genauso wenig zielführend ist es, beleidigt darauf zu reagie-
ren („Also, das geht Sie ja nun wohl wirklich nichts an!").

Reagieren Sie mit einer möglichst unverbindlichen Antwort. Der Fragesteller hat hier durchaus einen „Gemeinplatz" als Antwort verdient („Heutzutage kommt nun einmal die Karriere vor der Familie.", „Wenn man einen guten Job hat, wird man ihn nicht so leicht aufgeben."). Oder reagieren Sie mit einer Gegenfrage (Haben Sie einen bestimmten Grund für diese Frage?).

„Wie begründen Sie dieses „Loch" von einem Jahr in Ihrem Lebenslauf?"
Gehen Sie davon aus, dass Sie grundsätzlich alles begründen können, vorausgesetzt, Sie finden die richtigen Argumente! Gerade ein „Loch" in Ihrem Lebenslauf, also eine Zeitspanne, in der Sie aus welchen Gründen auch immer nicht erwerbstätig waren oder Ihre Ausbildung unterbrochen haben, bietet oft interessanten Gesprächsstoff. Haben Sie in dieser Zeit eine größere Reise unternommen? Und dabei Ihre Sprachkenntnisse verbessert? Ihren Horizont erweitert? Erzählen Sie kurz davon – solche Stationen im Leben sind persönlichkeitsbildend und bereichernd. Wenn Sie jedoch das Gefühl haben, sich rechtfertigen und sogar dafür entschuldigen zu müssen, („Ich war ja ohnehin nur ..."), wird sich der Gesprächspartner dieser Meinung anschließen. Genauso verhält es sich mit „Orientierungspausen", zum Beispiel während oder nach der Ausbildung. Erklären Sie, was Sie in dieser Zeit gemacht haben und warum diese Phase für Sie wichtig war, stehen Sie zu solchen Unterbrechungen.

„Und wie sieht es mit Ihrem Privatleben aus?"
Ordnen Sie diese Frage nicht sofort unter „Das geht dich nichts an!" ein. Natürlich ist Ihr Privatleben ganz alleine Ihre Sache. Es gibt jedoch Berührungspunkte, die einen potenziellen Arbeitgeber durchaus interessieren können. Leben Sie zum Beispiel mit Ihrer Familie 100 km vom Arbeitsplatz entfernt, hat dies möglicherweise Auswirkungen auf Ihre Arbeitszeit, Ihre Bereitschaft, auch einmal Überstunden zu machen. Oder Sie leben gerade in Scheidung – der psychische Stress dieser Phase kann durchaus Ihre Arbeitsleistung mindern. Sind Sie allein erziehende Mutter? Dann will Ihr zukünftiger Chef sicher wissen, wie Sie die Kinderbetreuung geregelt haben, vor allem, was Sie in Notfällen tun, wenn zum Beispiel das Kind krank ist. Manche Chefs wollen auch wissen, wo der Partner beschäftigt ist (vielleicht im Konkurrenzunternehmen?). Diese Frage lässt auf einen sehr misstrauischen Chef schließen. Geben Sie ihm ruhig die gewünschte Antwort, meist ist es ja kein Geheimnis. Ein Verweigern führt eher zur „Disqualifikation"! Sollten die Fragen nach Ihrem Privatleben dann doch zu indiskret werden, übergehen Sie sie am besten oder stellen eine Gegenfrage: „Finden Sie es

wichtig für den Job, wie ich über Religion und Homosexualität denke?" –
Vielleicht ist in diesem Moment für Sie so wie so schon klar, dass Sie nicht un-
bedingt in dieser Firma arbeiten wollen.

Was tun, wenn der Gesprächspartner unkonzentriert ist und nicht zuhört?

Gehen Sie davon aus, dass dieses unhöfliche Verhalten des anderen nichts mit
Ihnen persönlich zu tun hat. Wahrscheinlich steht er stark unter Druck, hat
noch zehn weitere Kandidaten zu interviewen und soll noch einen ganzen Berg
von anderen Dingen auf die Reihe kriegen. Da kann schon einmal die Konzentration schwinden.

Antworten Sie in so einer Situation betont kurz und präzise. Sprechen Sie aber
nicht schneller – unbewusst beginnen viele Menschen schneller zu reden, wenn
der andere nicht mehr zuhört, weil sie möglichst schnell wieder aus dieser un-
angenehmen Lage herauswollen. Stellen Sie in so einem Moment eine Ihrer
vorbereiteten Fragen (beginnend mit dem Namen Ihres Gesprächspartners) –
das zwingt den anderen, sich wieder dem Gespräch zu widmen.

Das Gefühl, alles läuft schief

Wenn Sie mitten im Gespräch das Gefühl bekommen, dass das Gespräch nicht
so läuft, wie Sie sich das vorgestellt haben, ist das noch lange kein Grund zur
Panik. Atmen Sie einfach tief durch und weiter geht's. Oft ist gerade die Erkenntnis: „Jetzt hast Du es verbockt, jetzt ist schon alles egal!" der Auslöser
für eine größere Lockerheit, die dem Gespräch plötzlich doch noch eine positive Wendung gibt. Erst, wenn Sie den Absagebrief in Händen halten, ist wirklich nichts daraus geworden!

Wenn das Gespräch zu Ende ist ...

Es zählt zwar nicht mehr ganz zum Ersten Eindruck, wie Sie ein Gespräch beenden, doch gerade beim Vorstellungsgespräch entscheidet auch der richtige
Ausstieg über Erfolg oder Misserfolg. Es rundet das erste Bild, das am für Sie
möglicherweise neuen Arbeitsplatz von Ihnen entsteht, ab.

Bedanken Sie sich für das Gespräch und erkundigen Sie sich, wann Sie mit einer Antwort rechnen können. Wenn Sie Glück haben, bekommen Sie schon
jetzt ein Feedback. Dafür sollten Sie dankbar sein, auch wenn es nicht so positiv ausfällt.

Springen Sie nicht erleichtert auf und hasten Sie nicht fluchtartig hinaus. Bleiben Sie auch noch in dieser Phase souverän. Die offene Körperhaltung und ein Lächeln sind auch am Schluss entscheidende Faktoren.

Verabschieden Sie sich auch von der Sekretärin freundlich und bedanken Sie sich für etwaige Hilfeleistungen.

Ist das Gespräch nun aus Ihrer Sicht wirklich nicht gut gelaufen, stecken Sie nicht den Kopf in den Sand. Analysieren Sie – möglichst ehrlich zu sich selbst – die einzelnen Phasen des Gesprächs. Was haben Sie aus Ihrer Sicht nicht optimal gemacht? Was ist Ihnen gut gelungen? Was hat Sie an Ihrem Gesprächspartner gestört?

Jedes Vorstellungsgespräch, auch wenn es nicht erfolgreich verläuft, ist ein wunderbares Training. Sie werden mit jedem Gespräch sicherer und lernen eine Menge über sich. Konzentrieren Sie sich abschließend immer auf Ihre Stärken – dann wird es das nächste Mal sicher besser laufen!

8.3 Der erste Arbeitstag

Haben Sie nun den begehrten Job bekommen, ist die erste große Hürde genommen. Ihren neuen Chef haben Sie mit Ihrem Auftritt überzeugt.

Jetzt gilt es, die Weichen für eine gute Zusammenarbeit mit den neuen Mitarbeitern und Kollegen zu stellen. Auch hier hängt wieder sehr viel vom Ersten Eindruck ab. Wie dieser bei den anderen ausfällt, kann auch hier über Ihre Zukunft mitentscheiden.

Was ist also zu Beginn wichtig?

◆   Sich auf das neue Arbeitsgebiet zu stürzen und durch Fachkompetenz überzeugen?

◆   Oder sich erst mal um die Beziehung zu den neuen Mitarbeitern zu kümmern?

Die Antwort ist eindeutig: **Die soziale Kompetenz hat Vorrang!** Ihre Fachkenntnisse können Sie später noch genug unter Beweis stellen. Von einem Neuen erwartet man nicht gleich am ersten Tag Wunderdinge – im Gegenteil, man wird Sie eher als neunmalklug und angeberisch einstufen, wenn Sie sofort Lösungen zu den bestehenden Problemen anbieten.

Legen Sie also in den ersten Tagen Ihr Hauptaugenmerk auf die Beziehungen zu den Menschen in Ihrem neuen Umfeld. Und damit meinen wir **alle** Menschen, von der Putzfrau bis zum Generaldirektor – den Sie übrigens wahrscheinlich nicht gleich zu Gesicht bekommen werden, ganz im Unterschied zu Portier und Putzfrau!

Tipps für den ersten Arbeitstag

♦ **Gehen Sie offen und selbstbewusst auf die anderen zu.** Sie haben keinen Grund, bescheiden und schüchtern in Abwartestellung zu verharren. Dass Sie unter vielen Bewerbern ausgesucht wurden, sollte Ihr Selbstbewusstsein genügend gestärkt haben! Die anderen sind sicher gebührend neugierig, also zeigen Sie auch, wer Sie sind. Das bedeutet aber nicht, dass Sie „den Auftritt des großen Stars" spielen sollen. Ihr erster Arbeitstag ist nicht die Oskar-Verleihung und ob Sie eine Trophäe ergattern, hängt vom Ersten Eindruck ab, den Sie erzielen.

♦ **Freundlichkeit und Interesse** an den anderen ist der Schlüssel zum Erfolg. Konzentrieren Sie sich ganz auf die neuen Kollegen. Auch hier gilt das oberste Gebot für einen positiven Ersten Eindruck:

„Zeige ehrliches Interesse am anderen, versetze Dich in seine Lage!"

♦ **Namen:** Versuchen Sie, sich möglichst viele Namen zu merken. Schaffen Sie für sich Eselsbrücken, machen Sie sich Notizen, gehen Sie im Geist am ersten Abend alle Personen mit ihren Namen noch einmal durch. Sie punkten, wenn Sie Ihre neuen Kollegen gleich mit Namen ansprechen!

♦ **Stellen Sie Fragen:** So beweisen Sie aktiv Ihr Interesse an den anderen, deren Sicht der Dinge und der Art der Arbeit. Zunächst ist es ja Ihre Aufgabe, zu lernen und sich einzuarbeiten.

◆ **Neutraler Standpunkt:** Beobachten Sie, wie die Abläufe und Beziehungen unter den Kollegen laufen. Verhalten Sie sich aber unbedingt neutral, so Sie zu Beginn gleich in einen Konflikt hineingezogen werden.

◆ **Aktive Kontaktaufnahme:** Gehen Sie auf die anderen zu. Warten Sie nicht, bis man Sie auffordert. Fragen Sie ruhig eine(n) KollegIn, ob er/sie mit Ihnen in die Mittagspause geht.

◆ **Offen und ehrlich:** Spielen Sie nicht die Geheimnisvolle, den Geheimnisvollen! Erzählen Sie von sich, wenn Sie jemand danach fragt, allerdings nicht zu persönliche Details. Sprechen Sie dabei nicht ausschließlich über Fakten, sondern in gewissem Rahmen auch über Ihre Gefühle. Sprechen Sie ruhig auch Ihre Unsicherheit mit der neuen Situation an. Das macht Sie für die anderen menschlich, irgendwie „angreifbar".

◆ **Mit Widerständen umgehen:** Nehmen Sie eine zurückhaltende bis ablehnende Haltung anderer nicht persönlich. Viele Menschen fürchten sich vor Veränderungen und sehen Ihr „Eindringen" vielleicht als Bedrohung. Bleiben Sie besonders freundlich und hartnäckig. Werten Sie solche „Ablehner" auf, indem Sie sie um Rat und Hilfe bitten. Sollten Ihre Bemühungen nachhaltig erfolglos sein, suchen Sie ein offenes Gespräch.

◆ **Vermeiden Sie am Anfang Kritik.** Auch wenn manche Dinge für Sie als Außenstehenden völlig unbegreiflich und unpraktisch erscheinen, warten Sie mit Ihren Verbesserungsvorschlägen. Diplomatie ist jetzt wichtiger als das Aufdecken von Betriebsblindheit!

Es ist nicht wichtig, alle anderen zu lieben und von allen geliebt zu werden. Es ist aber wichtig, dass Sie sich mit allen eine Basis schaffen, auf der Sie gut beruflich zusammenarbeiten können. Gefährden Sie diese Basis nicht, indem Sie sich vorschnell auf ein zu freundschaftliches Verhältnis einlassen.

Wichtig!
Eine gewisse Distanz ist am Anfang klüger. Echte Freundschaften müssen wachsen, man kann sie nicht mit einem Glas Bier und dem Du-Wort nach dem ersten Arbeitstag erzwingen.

8.4 Präsentationen und öffentliche Auftritte

**Wenn einer spricht, müssen die anderen zuhören – das ist
deine Gelegenheit! Missbrauche sie!**
Kurt Tucholsky

Ein Meilenstein im Berufsleben ist mest die erste große Präsentation. Jeder erinnert sich noch, wie er mit schweißnassen Händen, Herzklopfen und trockener Kehle das erste Mal vor ein größeres Publikum getreten ist. Will man jedoch die Karriereleiter erklimmen, sind solche Auftritte unerlässlich. Und sie sind eine wunderbare Chance, gleich einer großen Anzahl von Leuten auf einmal zu beweisen, wie professionell man ist. Was sonst in vielen mühevollen Einzelgesprächen verfolgt werden muss, kann man hier „auf einen Streich" erledigen, nämlich andere zu überzeugen!

Das klingt doch verlockend! Wenn da nicht diese innere Angst vor dem Auftritt wäre …

Eine alte Bühnenweisheit beweist hier ihre besondere Gültigkeit:

„Wenn es dir nicht gelingt, in den ersten paar Sekunden hinüberzukommen, gelingt es dir gar nicht mehr!"

Es hängt also wieder einmal viel vom professionellen Ersten Eindruck ab!
Aber der Erste Eindruck, den ein Redner vermittelt, entsteht anders als in einem persönlichen Gespräch:

- ◆ Die Entfernung zwischen Redner und Publikum ist wesentlich größer als im Zwiegespräch.

- ◆ Er muss also eine viel größere Distanz überwinden, um seine Wirkung „hinüberzubringen".

- ◆ Die Kommunikation findet – speziell in den ersten Sekunden – nur auf einem Weg statt. Der Redner sendet und die Zuhörer empfangen!

- ◆ Die gesamte Aufmerksamkeit konzentriert sich auf eine bestimmte Person, während diese Person Ihre Aufmerksamkeit einem ganzen Saal widmen muss – ein ziemlich ungleiches „Duell".

- Jede noch so winzige Kleinigkeit am äußeren Erscheinungsbild des Redners wird bewusst registriert und gespeichert.

- Der Perfektionsanspruch der anderen ist wesentlich höher: „Wenn sich einer schon da hinausstellt und so viele ihm zuhören, dann muss er schon etwas zu sagen haben!"

- Der eigene Perfektionsanspruch ist viel höher: „Die sind alle nur wegen mir oder unserem Unternehmen gekommen, da muss ich einfach gut sein!"

Diese Punkte machen deutlich, in welcher ungewohnten Rolle man sich als Redner oder Präsentator plötzlich wiederfindet. Die normalen Kommunikationsstrukturen, die wir sonst im Alltag verwenden, sind ziemlich durcheinander gebracht.

Sicher kann man sich auch an diese Situation gewöhnen, bekommt mit der Zeit Routine und erkennt aus Erfahrung, wie man einen guten Eindruck hinterlässt. Doch nicht jedem gelingt das. Viele sind auch noch vor der x-ten Präsentation genauso verunsichert und manche „lernen es eben nie." Nicht jeder ist zum Redner geboren!
Und ist es wirklich aussichtslos, ein guter Redner zu werden, wenn diese „Erbanlagen" fehlen?

Tipps für den Redeprofi

- **Begeisterung steckt an:** Ein guter Redner ist nicht nur überzeugt von dem, was er sagt, er ist fasziniert von der Sache, über die er spricht! Und diese Faszination wird bei der Rede spürbar, ja gerade zu angreifbar. Nur, wer wirklich von dem, was er sagt, überzeugt ist, kann auch andere damit fesseln. Oder haben Sie schon einmal einen „professionellen Grabredner" gehört, dessen Worte zu Tränen rühren, obwohl er den Verstorbenen nicht einmal gekannt hat?

- **Das Ziel vor Augen:** Der Redeprofi weiß genau, was er will. Seine Hauptbotschaft verliert er nie aus den Augen, sie stellt den krönenden Abschluss seiner Rede dar. Alles ist auf dieses Ziel hin ausgerichtet.

◆ **Reden für die Zuhörer:** Der Redeprofi redet zu seinen Zuhörern und nicht, um sein Image zu verbessern, sich selbst wieder einmal zu beweisen, wie gut er ist. Daher wird auch eine Rede zum gleichen Thema nie völlig gleich klingen, weil ja auch das Publikum nie völlig gleich ist. Der Profi stellt sich auf das jeweilige Publikum ein, überlegt bei der Vorbereitung, was gerade für diesen Personenkreis interessant ist und reagiert auch noch während der Rede auf die Stimmungslage im Publikum.

◆ **Frei reden:** Das Manuskript des Redeprofis besteht nur aus Stichworten (mit Ausnahme von Zitaten), er liest eine Rede nie vom Blatt. Er weiß, dass er damit sein Publikum ziemlich langweilen würde. Er weiß, dass seine Zuhörer lieber weniger perfekt formulierte Sätze hören, bei denen sie aber das Gefühl haben, sie entstehen gerade jetzt und ausschließlich für sie! Die Rede wird so zum unverwechselbaren, einmaligen Ereignis. Eine Rede, die nur vorgelesen wird, ist Zeitverschwendung für die Zuhörer – sie könnten den Text auch in Ruhe zu Hause lesen!

◆ **In Bildern sprechen:** Der Redeprofi verwendet anschauliche Vergleiche und Bilder, die der Vorstellungsgabe der Zuseher „auf die Sprünge" helfen. Er nimmt sie mit auf seine Reise.

◆ **Visualisierungshilfen richtig einsetzen:** Der Redeprofi verwendet bei einer Präsentation publikumsfreundliche Visualisierungshilfen. Er übertreibt dabei aber auch nicht. Es sind eben nur Hilfen, und kein „Ersatz" für Gesagtes. Er liest den Inhalt seiner Visualisierungshilfen nicht einfach nur ab.

◆ **Nie als Besserwisser auftreten:** Der Redeprofi belehrt sein Publikum nicht. Er hält sich nicht für schlauer, nur im Moment noch überzeugter von seinen Inhalten. Diese Überzeugung will er auch bei seinem Publikum erwecken!

◆ **Weniger ist mehr:** Der Redeprofi beschränkt sich auf das Wesentliche. Er lässt alles weg, was nicht unmittelbar zum Thema gehört, was die anderen nicht interessiert oder nur verwirren würde, was ohnehin schon bekannt ist. Er weiß, dass er sich mit jedem Wort zu viel einen kleinen Schritt von seinem Hauptziel entfernt!

Den ersten und den letzten Punkt halten wir für die beiden wichtigsten. Vertreten Sie Ihr Hauptanliegen mit Überzeugung und nur mit den unbedingt dafür nötigen Worten!

Das bedeutet aber nicht, dass Sie sich schon nach drei Sätzen wieder davonstehlen können, weil neben Begrüßung und Schluss Ihr Hauptanliegen in einem Satz gesagt ist. Das würde Ihre Zuhörer überfordern. Sie haben nicht den gleichen Ausgangspunkt wie Sie, das heißt, nicht den gleichen Wissenstand. Sie haben sich nicht im Rahmen der Vorbereitung auf diese Rede mit dem Thema eingehend befasst. Und sie sind vielleicht nicht den ganzen Vortrag hindurch gleich konzentriert. Halten Sie sich daher an folgende „goldene Regel":

„Deine Zuhörer wollen wissen, was sie hören werden, sie wollen es hören und sie wollen wissen, was sie gehört haben!"

Da macht es absolut keinen Unterschied, ob Sie vor einer Gruppe von Universitätsprofessoren oder Laien sprechen!

Visuelle Hilfsmittel

Zum Themenbereich „visuelle Hilfsmittel" lassen sich gut einige Bücher füllen, wobei es bereits sehr gute Literatur zu diesem Thema gibt. Wir möchten uns hier auf die wesentlichsten Tipps zum Einsatz von visuellen Medien beschränken:

Tipps zum Medieneinsatz

◆ Was für Ihre Rede gilt, gilt ganz besonders für Ihre Folien: Gestalten Sie sie kurz, einfach, präzise und anschaulich! Nichts strengt das Publikum mehr an, als sich ständig an neue Bilder gewöhnen und dann auch noch endlos viel Text, unübersichtliche Grafiken und Tabellen betrachten zu müssen, während Sie munter weiterreden!

◆ Formulieren Sie den Text nicht vollständig aus, Stichworte sind für die Aufnahmefähigkeit des Publikums besser geeignet.

♦ Die Schrift darf auf keinen Fall zu klein sein (min. 18 Pt). Verwenden Sie Druckbuchstaben, eine leicht lesbare Schrift und variieren Sie die Schriftart nicht öfter als zwei Mal.

♦ Verarbeiten Sie immer nur ein Thema pro Folie.

♦ Schreiben Sie nicht mehr als sechs bis acht Zeilen auf eine Folie und nicht mehr als sechs Wörter in eine Zeile.

♦ Verwenden Sie maximal drei Farben pro Folie. Zu helle Farben oder ein dunkler Hintergrund kann bei einem schlechteren Projektor die Wirkung zerstören. Verzichten Sie daher besser darauf!

♦ Verwenden Sie nicht nur Text, sondern sparsam auch Grafiken, Cartoons und andere Gestaltungselemente.

♦ Bei Zahlenfolien sollten Sie nur maximal 30 Zahlen verwenden, wobei jede Zahl nicht mehr als fünf Stellen haben sollte. Es ist besser, Zahlen in Grafiken umzuwandeln: in Kreis-, Balken-, Linien- oder Flächendiagramme. So machen Sie die abstrakten Zahlen für Ihr Publikum „begreifbar".

♦ Achten Sie auf die Technik. Sind die richtigen Kabel vorhanden? Sind die Versionen der Präsentationssoftware kompatibel? Wenn Sie nicht mit dem eigenen PC und Beamer arbeiten, machen Sie sich rechtzeitig mit den Geräten im Raum vertraut. Je sicherer Sie im Umgang mit der Technik sind, desto mehr können Sie sich auf Ihre Rede konzentrieren.

♦ Machen Sie „visuelle Pausen". Bei einer guten Präsentation folgt nicht einfach Folie auf Folie. Schalten Sie das Bild weg, sobald Sie den jeweiligen Inhalt besprochen haben. „Alte" Bilder im Hintergrund wirken als Aufmerksamkeitskiller, lenken das Interesse der Zuhörer immer wieder zum Bild an der Wand.

♦ Sprechen Sie nie zu lange zu einer Folie. Der Zuhörer verliert rasch das Interesse. Geben Sie dem Publikum ausreichend Zeit, den Inhalt der Folie zu erfassen und die Verbindung zu Ihren Worten herzustellen. Zeigen Sie dabei auf einzelne Punkte, die Sie gerade ansprechen, so helfen Sie bei der Orientierung.

◆ Bleiben Sie immer dem Publikum zugewandt! Selbst, wenn Sie von Ihren Folien noch so begeistert sind, drehen Sie sich nie mit dem Rücken zu den Zuhörern. Bedenken Sie auch, weiter Augenkontakt zu halten.

Lassen Sie sich nicht von den technischen Möglichkeiten des modernen Medieneinsatzes verleiten. Visuelle Hilfsmittel sollen auch wirklich nur Hilfsmittel bleiben und nicht zu Trägern der Botschaft werden. Sie stehen selbst im Mittelpunkt, Sie sind der Überbringer der Botschaft!

Weitere Vorbereitungstipps

Es versteht sich von selbst, dass gerade eine Rede oder Präsentation eine besonders genaue Vorbereitung erfordert. Alle bisher dazu besprochenen Tipps sollten hier beachtet werden. Auf die genaue inhaltliche Gestaltung einer Rede möchten wir hier nicht näher eingehen, es würde den Rahmen dieses Buches überschreiten. Aber einige Zusatztipps möchten wir hier ergänzend zur Wirkung des Ersten Eindrucks noch anführen:

Tipps zur Vorbereitung

◆ **Genügend Zeit für die Vorbereitung:** Es genügt nicht, einfach nur die Fakten zu sammeln. Sie müssen den Ablauf mehrmals durchgehen und immer wieder kritisch hinterfragen. Denken Sie an den eingangs erwähnten erhöhten Perfektionsanspruch!

◆ **Informieren Sie sich besonders genau über Ihren Zuhörerkreis.** In welchem Rahmen findet Ihr Auftritt statt? Wie viele Personen werden Ihnen zuhören? Was war schon vorher? Nichts ist peinlicher, als wenn Sie kurz vor Ihrer Rede feststellen, dass ein Vorredner schon viele Dinge, die auch bei Ihnen vorkommen, erwähnt hat!

◆ **Prüfen Sie die Räumlichkeiten genau:**
  – Wo werden Sie stehen?
  – Wie ist die Sitzordnung des Publikums?
  – Wie sind die Lichtverhältnisse im Raum?
  – Stehen Sie während Ihrer Rede auch nicht im Gegenlicht?
  – Wie funktionieren die technischen Hilfsmittel?

– Sind Computer und Beamer ans Netz angeschlossen?

– Wie funktioniert das Mikrofon?

– Sind die Kabel so verlegt, dass sie nicht zur Stolperfalle werden?

– Bläst die Klimaanlage von oben oder von hinten auf Sie?

– Ist das Rednerpult richtig angebracht?

– Wo haben Sie eventuell Platz, um sich während der Rede zu bewegen, auf Ihr Publikum zuzugehen?

◆ **Checkliste:** Erstellen Sie vorher eine genaue Checkliste für alle Dinge, die Sie mitnehmen müssen. In der Aufregung kurz vorher übersieht man leicht wesentliche Punkte!

◆ **Nummerieren Sie Ihre Manuskriptseiten.** Sie können diese damit jederzeit wieder in die richtige Reihenfolge bringen, sollten Sie einmal durcheinander geraten.

◆ **Handouts:** Teilen Sie am besten Ihre „Handouts" (Arbeitsblätter und sonstige Vortragsunterlagen) schon vorher aus, um Ihren Vortrag nicht durch Zettelverteilen zu stören. Sollten Sie aus welchen Gründen auch immer Ihre Handouts erst nach dem Vortrag austeilen, kündigen Sie das bitte vor Beginn Ihrer Präsentation auch an.

Das Verhalten beim großen Auftritt

Was müssen Sie beachten, um auch „über die Distanz" einen positiven Ersten Eindruck zu hinterlassen? Welche Besonderheiten gelten für einen Redner? Ist es überhaupt möglich, trotz Lampenfieber und Konzentration auf den Inhalt der Rede und auch noch auf Körpersprache und Ähnliches zu achten? Wir wollen Sie auch hier nicht mit guten Ratschlägen „erschlagen" – lesen Sie folgende Tipps vor Ihrem nächsten großen Auftritt einfach noch einmal durch. Was Sie für wichtig erachten, wird sich mit der Zeit von selbst in Ihrem Verhalten ergeben.

Tipps zur Präsentation

◆ **Offene Körpersprache:** Stellen Sie sich nicht gleich zu Beginn hinter dem Rednerpult, dem PC oder einen anderen Tisch. Stellen Sie sich mit offener Körperhaltung so hin, dass Ihr Publikum Sie zur Gänze „mustern" kann. Auch wenn die Versuchung, sich möglichst zu verstecken oder zu schützen, groß ist – widerstehen Sie ihr und geben Sie dem Publikum die Chance, seine Neugier zu befriedigen.

◆ **Ein fester Standpunkt:** Achten Sie auf einen guten „Standpunkt" – mit beiden Beinen fest am Boden, ohne zu schwanken und damit unsicher zu wirken. Verstecken Sie auch Ihre Hände nicht hinter dem Rücken, jeder soll sehen, dass Sie nichts zu verbergen haben.

◆ **Die Präsentations-Stimme:** Die aufrechte Haltung ist nicht nur für das Ausstrahlen von Selbstsicherheit bei der Präsentation notwendig. Sie ermöglicht auch ein volles Ausnützen des Resonanzkörpers. Ihre Stimme kommt so am besten zur Geltung und klingt nicht gepresst.

◆ **Ohne Angriff aufs Publikum:** Wenn Sie sich zu stark vorbeugen oder die Hände vorstrecken, kann das auf Ihre Zuhörer leicht aggressiv wirken. Drehen Sie sich nie von Ihren Zuhörern weg, um z.B. am Flipchart zu schreiben. Halten Sie immer wieder „Zwischenkontakt" mit Ihrem Publikum!

◆ **Natürlichkeit:** Denken Sie während der Rede nicht permanent an eine möglichst optimale Körpersprache. Lassen Sie die Sprache Ihrer Hände sich frei und von selbst entwickeln. Wenn Sie nicht darauf achten, entsteht diese Sprache wie von selbst. Voraussetzung dafür ist, dass Sie Ihren Händen den nötigen Freiraum lassen und sie nicht an das Pult oder einen anderen Gegenstand festgeklammert haben.

◆ **Eine Präsentation ist kein Wettrennen:** Achten Sie auf Ihre Sprechgeschwindigkeit. Aus Nervosität neigt man dazu, immer schneller zu sprechen. Achten Sie also bewusst auf eine gleich bleibende Geschwindigkeit. Machen Sie immer wieder kurze Pausen, wenn Sie einen Gedanken zu Ende gedacht haben.

Richtiges Umgehen mit Pannen

Auch dem begnadetsten Redner passieren manchmal Pannen. Niemand ist auch mit noch so perfekter Vorbereitung und Routine davor geschützt. Auch kleinere Pannen können einem ganz schön aus dem Konzept bringen. Wie können Sie hier professionell reagieren?

Grundsätzlich ist es wichtig, zunächst Ruhe zu bewahren. Laufen Sie auf keinen Fall einfach davon. So würden Sie sich auf der ganzen Linie geschlagen geben, und dafür besteht absolut kein Grund. Aus der richtigen Bewältigung von Pannen können Sie als Redner großes Kapital schlagen und Pluspunkte sammeln!

Beispiele von Pannen bei Präsentationen und wie Sie darauf reagieren sollten:

Wenn plötzlich alle Lichter ausgehen …
Sprechen Sie von Ihnen gewünschte Lichtvariationen vorher mit dem Techniker ab. Sonst kann es passieren, dass der wohlmeinende Techniker den Saal sofort verdunkelt, wenn Sie Ihren Beamer zur Einleitung in Aktion setzen und dabei auch noch sprechen. Er hat es ja bei Ihrem Vorredner auch so gemacht …
Sollte ein für Ihren Vortrag notwendiges Licht plötzlich ausgehen, unterbrechen Sie für eine kurze Pause und bitten Sie den Techniker, den Schaden zu beheben. Gleichzeitig können Sie sich Alternativen für Ihre Visualisierungstechniken überlegen. Zeichnen Sie einfach die wichtigsten Inhalte auf ein Flipchart. Bitten sie die Zuhörer, näher zu rücken, falls Sie ohne Mikrofon weitersprechen müssen. Der Improvisationsgabe sind hier kaum Grenzen gesetzt. Wir haben schon einmal anlässlich eines Stromausfall ein Seminar bei Kerzenlicht zu Ende geführt – es wurde eine mehr als gelungene Veranstaltung, gerade wegen der „gemütlichen Atmosphäre"!

Wenn Sie plötzlich den Faden verlieren …
Suchen Sie nicht hektisch in Ihren Unterlagen und füllen Sie die entstehende Pause nicht mit „Ja und … ähm … was ich dazu noch sagen wollte …"
Fassen Sie einfach den letzten Gedanken noch einmal zusammen. Damit gewinnen Sie Zeit, um in Ihren Stichwörtern wieder den Faden aufzuspüren. Gelingt dies nicht, setzen Sie eben einfach woanders fort. Ihr Publikum weiß ja nicht, wie Ihre Rede ursprünglich aufgebaut war!

Wenn Sie kurz vor Beginn plötzlich Ihr Manuskript nicht finden …
Schreiben Sie einfach aus dem Gedächtnis die wichtigsten Stichworte zusammen. Konzentrieren Sie sich ganz fest auf den Inhalt, dann kommt der Rest sicher von ganz alleine. Vielleicht wird die Rede sogar besonders gut, weil Sie natürlich, ganz aus dem Bauch heraus reden. Erwähnen Sie das Problem keinesfalls („Ich habe leider mein Manuskript vergessen und werde daher versuchen, frei zu sprechen …") – Ihre Zuhörer warten sonst geradezu darauf, dass Sie hängen bleiben und sind vom Inhalt abgelenkt.

Wenn Sie sich versprechen, stolpern, etwas zu Boden werfen ...
Entschuldigen Sie sich nicht übermäßig. Kleine Versprecher fallen dem Publikum meist gar nicht auf. Reden Sie ruhig weiter, schließlich sprechen Sie „live"!
Fällt etwas zu Boden, heben Sie es einfach kommentarlos auf. Sind Sie dankbar für diese zusätzliche „Turnübung", sie kann Ihnen helfen, Spannungen abzubauen!
Stolpern Sie zum Beispiel über den Kabelsalat, nehmen Sie es mit Humor. Aber kommentieren Sie Ihre Ungeschicklichkeit nicht mit Sätzen wie: „Ach, was bin ich heute nur wieder tollpatschig. Entschuldigen Sie!" Es gibt keinen Grund, sich bei jemanden dafür zu entschuldigen – Sie haben ja lediglich die eigenen Knochen gefährdet!

Wenn Besucher zu spät kommen oder sonst irgendwie „stören"
Wird Ihre Einleitung durch zu spät Kommende gestört, gehen Sie nicht einfach darüber hinweg, indem Sie besonders laut weitersprechen. Meist sind nicht nur Sie, sondern auch ihre Zuhörer aus der Konzentration gerissen. Unterbrechen Sie Ihren Vortrag, begrüßen Sie die Neuankömmlinge und warten Sie, bis wieder halbwegs Ruhe herrscht.
Sollte jemand im Saal stören, indem er spricht oder telefoniert, versuchen Sie zunächst, in seine Richtung zu blicken und in der Folge diesen Störer bewusst anzusprechen. Nützt dieses Signal nichts, versuchen Sie die Störung ruhig und höflich aufzuklären. Darüber hinaus hilft aus unserer Erfahrung auch Schweigen, um auf sich aufmerksam zu machen.

Grundsätzlich gilt für jede Art von Missgeschick:

Je überzeugter Sie vom Inhalt Ihrer Rede sind, desto weniger werden Sie Pannen aus der Ruhe bringen. Es geht Ihnen um die Sache und nicht um Äußerlichkeiten. Sie sind ehrlich darum bemüht, Ihrem Publikum den Inhalt, von dem Sie so begeistert sind, näherzubringen. Und Sie sind offensichtlich an Ihrem Publikum interessiert. Sie sehen das Publikum nicht als „ gesichtslosen Feind", sondern als eine Summe von Einzelindividuen mit all ihren Emotionen.

Sprechen Sie genau diese Emotionen an. Scheuen Sie sich nicht, die eigenen Emotionen zu zeigen. Je mehr Sie mit all Ihren Gefühlen sprechen, desto glaubhafter werden Sie. Ihre Zuhörer merken, dass dort ein Mensch steht, der etwas zu sagen hat, der sich nicht scheut, Stellung zu beziehen. Und der seine Gefühle nicht versteckt!

**Ein Vortrag sollte wie ein Bikini sein – kurz und knapp,
aber inhaltsreich**

8.5 Der Erste Eindruck schriftlich

Vielfach erfolgt der erste Kontakt für eine neue und für Sie wichtige Geschäftsbeziehung schriftlich. Der Erste Eindruck, den der Empfänger erhält, entscheidet über seinen nächsten Schritt: Legt er das Geschriebene schnell wieder weg oder befasst er sich weiter damit. In manchen Situationen hängt gerade für den Verfasser des Schriftstückes von dieser Entscheidung sehr viel ab – etwa bei

- der Akquisition von Neukunden,
- der Stellenbewerbung,
- der Werbebotschaft,
- einem für Sie oder Ihr Unternehmen wichtigen Anliegen.

Das sind nur einige Beispiele für wichtige schriftliche „Kommunikationspakete". Tagtäglich werden unzählige solcher Pakete versendet. Ob wir das Paket auch annehmen, hängt entscheidend vom Ersten Eindruck ab!

Daher finden Sie im Folgenden die wichtigsten Grundregeln für einen erfolgversprechenden schriftlichen Einstieg.

Tipps zum schriftlichen Ersten Eindruck

- **Grundregel 1: Schreiben Sie für den Leser!**
  Ähnlich wie in der mündlichen Kommunikation gilt auch bei der schriftlichen Botschaft: Setzen Sie immer vorher die Brille des zukünftigen Lesers auf! Viele Punkte ergeben sich von selbst, wenn Sie sich auch hier wieder in die Lage des Lesers hineindenken. Egal, ob Sie einen privaten Glückwunschbrief, einen Beschwerdebrief oder eine Bewerbung schreiben – stellen Sie sich den Adressaten ganz genau vor: Was könnte ihn interessieren, wie wecken Sie seine Neugier? Und was könnte ihn dazu veranlassen, Ihr Schriftstück schon nach den ersten zwei Sätzen in den Papierkorb zu entsorgen?

◆ **Grundregel 2: Schreiben Sie, um etwas auszudrücken, nicht um zu beeindrucken!**
Je mehr Papier uns täglich auf den Schreibtisch flattert, desto weniger sind wir gewillt, unsere Zeit mit inhaltslosen Ergüssen zu vergeuden. Das ist der Grund, warum in manchen Unternehmen so großer Wert auf ein schriftliches Berichtswesen gelegt wird ist und dass gerade damit eine sehr klare, kurze und präzise Ausdrucksweise möglich ist. Die Formulierung jedes Satzes kann exakter überlegt werden als beim gesprochenen Bericht. In unserer zweck- und sachorientierten Zeit gewinnen Sie daher mit blumenreichen Umschreibungen wenige Pluspunkte. Eine umständliche und unübersichtliche Informationsgestaltung zählt zu den größten Zeiträubern im Arbeitsalltag.

◆ **Grundregel 3: Planen Sie die schriftliche Informationsweitergabe gewissenhaft!**
Konzentrieren Sie sich auch hier genau auf Ihre Zielsetzung:
– Was wollen Sie ausdrücken, was ist Ihr Anliegen?
– In welcher Form und wie lange soll es sein?
– Welche Unterlagen oder Informationen benötigen Sie dazu?
– Wie ist der derzeitige Informationsstand des Empfängers?
– Wie sieht der zeitliche Rahmen aus?
Erstellen Sie eine Gliederung und notieren Sie wichtige Stichwörter.

◆ **Grundregel 4: Formulieren Sie professionell!**
– Halten Sie **die Sätze möglichst kurz** und vermeiden Sie komplizierte Schachtelsätze. Je klarer und präziser Ihre Ausdrucksweise ist, desto besser: Vermeiden Sie daher Wörter wie „hätte", „könnte", „sollte", „eventuell", „gelegentlich" usw.
– Treffen Sie **konkrete Aussagen** und ersetzen Sie die Worte „man" oder „alle" möglichst durch „wir", „ich", „Sie".
– Das Wort „müssen" erzeugt in uns auf Grund der Erinnerung an die Kindheit eine negative Stimmung, streichen Sie es daher sowohl aus Ihrem schriftlichen als auch wenn möglich aus Ihrem gesprochenen Wortschatz.
– Eine **Aneinanderreihung von Hauptwörtern** („in Anlehnung an die Aufforderung zur Genehmigung der Unterzeichnung ...") wirkt hölzern und leblos. Ihr Schriftstück landet in der Schublade mit der Aufschrift „Amtsdeutsch"!

- Vermeiden Sie auch eine **Aneinanderreihung von Vorwörtern** („ mit einer in ihrer an ein Original grenzenden Unverwechselbarkeit …").
- Ebenfalls auf der „schwarzen Liste": **Doppelaussagen** („Rückantwort"), **Übertreibungen, „es … dass"-Formulierungen und belehrende, schulmeisterliche Formulierungen**.
- Gehen Sie mit **Fremdwörtern** möglichst **sparsam** um! Es ist kein Zeichen von besonderer Bildung, wenn Sie den „Usus der Termini technici auf ein Maximum aggravieren".

◆ **Grundregel 5: Achten Sie auf die äußere Form!**
Die jeweilige Gestaltung eines Schriftstückes hängt von seinem Zweck ab. Ein offizielles Beileidsschreiben unterliegt anderen Formvorschriften als eine Werbeaussendung. Einige Grundregeln in der Gestaltung gelten aber für fast alle Schriftstücke:

- **Absätze** erleichtern das Lesen. Ein zu großer Textbrocken bleibt dem Leser leicht „im Hals stecken." Je kleiner die „Textportionen" sind, desto eher werden sie gelesen.
- Nehmen Sie nicht nur bei der Gestaltung Ihrer Visitenkarten Rücksicht auf die Sehkraft des Lesers: Eine **zu kleine Schrift** hat schon so manchen Leser in die Flucht geschlagen!
- **Heben Sie wichtige Textstellen hervor.** Besonders Zahlen und Daten sollen deutlich erkennbar sein. Sie helfen so dem Leser, sich auf Anhieb zu orientieren.
- Vermeiden Sie Ihnen oder nur Fachleuten vertraute **häufige Abkürzungen**, sie erschweren ebenfalls das Lesen.
- Achten Sie bei Geschäftsbriefen auf die aktuellen **Schriftverkehrsregeln und Normen**.

◆ **Grundregel 6: Die visuelle Gestaltung**
Der Erste Eindruck wird besonders durch das optische Erscheinungsbild eines Schriftstückes oder E-Mails geprägt. Bevor Sie es also aus der Hand geben, lassen Sie einfach die Seite auf sich wirken, ohne den Inhalt zu beachten. Wirkt der Gesamteindruck harmonisch? Macht er Lust aufs Lesen?
Gerade die vielfältigen Gestaltungsmöglichkeiten am PC verleiten zu einer besonders „kunstvollen" Ausgestaltung. Doch auch hier gilt: weniger ist mehr!

- Verwenden Sie pro Seite **nicht mehr als maximal zwei verschiedene Schriftarten** und **nicht mehr als 3 verschiedene Farben**!

– **Reduzieren** Sie die **Zahlen** auf die wirklich notwendige Anzahl.

– Wechseln Sie die **Schriftgröße nicht zu oft (maximal drei Mal)**. Bedenken Sie dabei, dass ein vorgedrucktes Briefpapier Ihrer Firma schon meist ein Logo mit ein bis zwei Farben und eine unterschiedliche Schriftart und Größe aufweist. Für Sie ist das Briefpapier schon so selbstverständlich, dass Sie diese „Umrahmung" gar nicht mehr wahrnehmen. Aber im Auge des Betrachters trägt sie sehr wohl zum Gesamteindruck bei.

◆ **Grundregel 7: Achten Sie besonders auf Einleitung und Schluss**
Da Zeit besonders im Geschäftsleben zum knappen Gut und damit zur Kostbarkeit geworden ist, sucht jeder nach Möglichkeiten, Zeit zu sparen. In einschlägigen Fachbüchern und Schulungen wird daher u.a. auch dem rationellen Lesen von Schriftstücken Beachtung geschenkt. Aber auch, wer noch keinen Kurs im Schnelllesen absolviert hat, liest zunächst die Einleitung und danach den Schluss. Eventuell macht er es auch umgekehrt, aber der Rest des Textes wird erst dann näher betrachtet, wenn Einleitung und Schluss sein Interesse geweckt haben.

– Bedenken Sie diese Tatsache bei der Gestaltung Ihres Textes. Anfang und Ende sind die wichtigsten Teile.

– Vermeiden Sie daher gerade hier abgedroschene Floskeln.

– Beginnen Sie mit einer positiven Formulierung, stellen Sie eine partnerschaftliche Relation zum Leser her!

– Beginnen Sie zum Beispiel mit einer Frage, wecken Sie so das Interesse. Wiederholen Sie in der Einleitung nicht Tatsachen aus vorherigen Schreiben oder Dinge, die ohnehin bekannt sind.

– Vermeiden Sie am Schluss schwülstige, übertriebene Formulierungen oder inhaltsleere Floskeln. Nehmen Sie gerade am Schluss noch einmal Bezug auf die Beziehung zum Empfänger und fassen Sie Fakten und geplante Aktionen oder Wünsche nochmals zusammen.

Die richtigen Formulierungen sind der Schlüssel zum Erfolg. Achten Sie auf einen aktuellen Schreibstil. Nichts prägt den Ersten Eindruck mehr. Bedenken Sie immer, dass eine beschriebene Seite schnell in der „Rundablage" landen kann – viel schneller, als oft ein persönlicher Kontakt abgebrochen wird!

Beispiele: Textblüten

Alle kennen die nachfolgenden Textblüten nur zu gut. Tagtäglich finden sie sich in Ihrer Post, erblühen auf offiziellen Schreiben und bevölkern interne Rundschreiben. Nicht einmal die Privatlektüre ist frei davon!

„In Anbetracht und in Kenntnisnahme der derzeitigen Informationsverknappung des dargebotenen Datenamaterials sehen wir uns genötigt, unser monatlich erscheinendes Informationsmagazin für intermedialen Datentransfer interimistisch zu suspendieren.“

... die „Informationsverknappung“ möge nur ja recht lange andauern!

„Letztendlich ersuchen wir Sie um alsbaldige Rückantwort, ob unsere Anfrage um Aufschubgewährung unseres fristgerecht eingebrachten Ansuchens einer wohlwollenden Prüfung Ihrerseits unterzogen werden könnte.“

... ob so viel Höflichkeit auf Wohlwollen stoßen wird?

„Wenn das Bild in Schritt 4 auf der vorvorigen Seite nicht scharf ist, gehen Sie vor wie in Schritt 7: drücken Sie die in Schritt 3 beschriebene Tastenfolge, um die Kanalauswahlprozessauslösung zu aktivieren.“

... ich glaube, ich bleibe beim unscharfen Bild auf Seite – wo?

„Es wurde der Geschäftsleitung zugetragen, dass die unlängst aufgetauchte Vermutung der Unzulänglichkeit des Prüfprozesses ein alsbaldiges Handlungsgebot wünschenswert erscheinen lässt. Es wird daher ersucht, dem ehebaldigst Rechnung zu tragen!“

... wer fühlt sich da wohl angesprochen?“

8.6 Der Erste Eindruck via Internet

Zu einem zentralen Kommunikationsmedium hat sich in den letzten Jahren das Internet entwickelt. Immer mehr Anwendungsmöglichkeiten stehen dem Benützer, dem User, und dem Anbieter von Informationen zur Verfügung. Das Internet ermöglicht einen weltweiten, schier unbegrenzten Informationsaustausch. Damit können Informationen anonym abgefragt oder direkt und interaktiv miteinander kommuniziert werden. Die Entwicklung dieses Mediums hat auf Grund ihrer Geschwindigkeit eine Eigendynamik entstehen lassen: Ich weiß zwar nicht so genau, wo ich auf dem globalen Datenhighway hingelange, aber ich will unbedingt mit! Der Ausdruck „Internet-Surfen" drückt dies ganz gut aus. Die Welle erfasst den Surfer und treibt ihn mit atemberaubender Geschwindigkeit an einen unbekannten Strand. Und wenn es ihm dort nicht gefällt, surft er einfach mit der nächsten Welle weiter.

Dieses neue Medium hat daher ein völlig neues Kommunikationsverhalten geschaffen:

1. Die Kontaktaufnahme erfolgt meist unter den gleichen „Rahmenbedingungen", nämlich am PC-Arbeitsplatz. Im Unterschied zu einem Printmedium, das ich genauso gut im überfüllten Bus oder im Kaffeehaus lesen kann, ist hier daher das Umfeld meist gleich. Der User ist also ausschließlich auf die Informationsaufnahme konzentriert und durch sein Umfeld weniger abgelenkt.

2. Die Zielsetzung ist oft eindeutig: Man sucht Informationen, holt sich die Welt auf den Bildschirm – je rascher, desto besser!

3. Der User bleibt zunächst anonym: Wenn er nicht will, muss er nicht direkt mit dem anderen in Kontakt treten. Er hat zwar die Möglichkeit dazu, kann sich aber per Mausklick sofort wieder in die Anonymität zurückziehen. Diese Tatsache beeinflusst sein Kommunikationsverhalten entscheidend.

4. Durch die genau definierten Auswahlkriterien und Icons kann der User seine gewünschte Information sehr gezielt abfragen. Er kann sich sozusagen das Kommunikationspaket des Senders selbst zusammenstellen. Er muss nicht einfach hinnehmen, was der andere sendet, sich nicht alles anhören, was der Partner sagt. Daher setzt er seinen persönlichen Filter schon viel früher ein als z.B. bei einem Gespräch. Die Kommunikation via Internet wird dadurch um ein weiteres Stück reduziert.

5. Fakten stehen im Vordergrund. Smalltalk und „um den heißen Brei herumreden" ist nicht angesagt.

6. Das Tempo bestimmt die Kommunikation. Das Motto lautet: Je rascher, desto lieber. Der User wird ungeduldig, wenn der Aufbau einer Seite am Bildschirm länger als ein paar Augenblicke dauert. Die absolute Schmerzgrenze liegt laut Untersuchungen derzeit bei drei Sekunden, Tendenz sinkend!

Was bedeutet das nun für den Ersten Eindruck? Was muss ich beachten, wenn ich via Internet z.B. an neue Kunden herantreten will?

◆ Dem Ersten Eindruck kommt im Internet besondere Bedeutung zu: Der Empfänger will seine Information rasch und gesteht keine zweite Chance zu, wenn der Einstieg nicht klappt. Dauert der Aufbau der Seite zu lange, ist die Gefahr groß, dass er einfach „weitersurft". Wichtig sind dabei die effektive Verfügbarkeit und die Aufbaugeschwindigkeit einer Website.

◆ Der Empfänger kann die „Beziehung" jederzeit abbrechen – ein Mausklick genügt und ich bin mit meiner Botschaft im wahrsten Sinne des Wortes „von der Bildfläche verschwunden!" In seiner Anonymität muss sich der User nicht erst höflich verabschieden, wie er es bei einem direkten Kontakt tun sollte.

◆ Auf der anderen Seite habe ich ungeahnte Möglichkeiten, sein Interesse zu wecken: Nicht nur das geschriebene Wort, die visuelle Darstellung, sondern auch animierte Bilder und Ton stehen mir zu Verfügung! Die Verlockung ist daher groß, möglichst viel in diesen Erstkontakt in dieses „Erstpaket" hineinzupacken! Die Technik sprengt die „engen" Grenzen zwischenmenschlicher Kommunikation!

◆ Die rasante Entwicklung macht ein bewusstes Umgehen mit dem Medium besonders schwer. Die Gefahr, überrollt zu werden, ist groß. Selbst in der Werbebranche fällt es den meisten schwer, hier mitzuhalten. Obwohl ja gerade diese Branche sich von Berufs wegen schon lange mit der Macht des Ersten Eindrucks befasst und dessen Wirkung für alle anderen Medien stets beachtet, wird Werbung im Internet meist noch ziemlich unstrukturiert eingesetzt. Der Betrachter wird von einer Vielzahl verschieden ausgestalteter Werbebotschaften nahezu überfahren.

Nachfolgend wollen wir für Sie einige Grundsatzregeln herausgreifen, die uns besonders wichtig dafür erscheinen, eine Botschaft gekonnt über den Bildschirm zu bringen:

Regeln für den Ersten Eindruck im Internet

Regel 1: Oberste Priorität bei der Gestaltung einer Website hat die Struktur und die Navigation. Alle Elemente, die der Besucher gleich am Anfang sieht, sollten eindeutig sein (klare Begriffe für Rubriken, Links und Buttons) und ihn schnell zur gewünschten Information weiterleiten (maximal zwei bis drei Klicks) – siehe auch Tipps zur Navigation und Links.

Regel 2: Das Internet ist ein neues Medium und verlangt daher auch neue Inhalte. Seitenlanger Fließtext eignet sich einfach nicht für eine Web-Site. Passen Sie daher den Textinhalt an die „Websprache" an. Dies gilt auch für E-Mails: Ihre Sprache ist meist besonders kurz, sachorientoiert und formlos. Lange Begrüßungsformeln fallen weg und die Ansprache erfolgt meist auch kürzer als in einem normalen Brief. Vollständige Sätze bilden meist die Ausnahme.

Regel 3: Lassen Sie sich nicht von der Gestaltungsvielfalt verleiten: Hier gilt der Grundsatz „weniger ist mehr" ganz besonders – gerade, weil das Auge des Betrachters einer derartigen Vielfalt ausgeliefert ist: Text, Farben und Animationsmöglichkeit machen das Betrachten sehr ermüdend. Besonders zutreffend ist das z.B. beim Zeitungslesen via Internet: Neben dem eigentlichen Text strömt eine Vielzahl bewegter und statischer Bilder bzw. Farben auf den Betrachter ein. Diverse Werbeschriften am Rand der Homepage lenken vom eigentlichen Inhalt ab. Der Besucher verliert leicht die Lust am Weiterblättern. Beschränken Sie sich daher auf möglichst wenige Farben und einen kurzen, übersichtlichen Text.

Regel 4: Bewegte Bilder ziehen die Aufmerksamkeit besonders auf sich. Verwenden Sie daher diese Möglichkeit nur für „Kernaussagen" Ihrer Botschaft, nicht bloß als „Aufputz". Auch die schönsten Fotos verlieren ihre Wirkung, wenn der Bildaufbau zu lange dauert! Wählen Sie daher lieber einfache, aber prägnante grafische Elemente.

Regel 5: Beachten Sie, dass nicht nur die grafische Gestaltung Ihrer Webseite auf das Auge des Betrachters wirkt, sondern dass es da noch die Bildschirmoberfläche (z.B. die Windows-Oberfläche), die Oberfläche des Providers bzw. des Online-Dienstes und schließlich auch noch das Logo am Bildschirm selbst gibt. Der „Rahmen" ist also mehr als vielfältig gestaltet: Auch, wenn sich der User an all diese Vielfalt gewöhnt hat und sie bewusst nicht mehr wahrnimmt, so ist sie doch vorhanden und beeinflusst die Wahrnehmung. Es ist eben ein Unterschied, ob auf einer riesengroßen, leeren Hauswand ein einziges Plakat hängt oder eine kleine Werbung unter tausend anderen auf einer Internetseite erscheint!

Regel 6: Der Computer bietet schier unbegrenzte Gestaltungsmöglich-keiten auch für den Laien. Layout ist ein „Massensport" gewor-den, jeder ist sein eigener Grafiker. Eine Vielzahl an „selbstge-strickten" Visitenkarten, Werbebotschaften und anderen Druck-sachen beweisen dies. Der Einstieg als Anbieter ins Internet ist nicht billig und sollte daher professionell erfolgen. Nutzen Sie das Fachwissen von spezialisierten Internet-Agenturen, Webentwick-lern und Multimedia-Designern.

Regel 7: Machen Sie aus Ihrer Internet-Botschaft keinen Irrgarten. Die Möglichkeit, Hypertext-Links einzufügen und so dem Betrachter die Wahl zu lassen, wohin er weitersurft, ist verlockend. Wird die Auswahl aber zu groß, ist der User verunsichert, wie er sich wei-ter informieren soll. Sind dann die Icons noch dazu unübersicht-lich und nicht benutzerfreundlich, ist der Erste Eindruck eher ne-gativ.

Regel 8: Überlegen und planen Sie den Internet-Einstieg sehr konkret. De-finieren Sie Ihre Ziele für Ihre Web-Site genau. Das Informations-angebot muss an die Bedürfnisse Ihrer Zielgruppe angepasst wer-den. Der Betrachter Ihre Web-Site erkennt, ob er ein durchdachtes „Informationspaket" vor sich hat oder nur heiße Luft. Nichts ist ärgerlicher, als beispielsweise einen angezeigten Link anzukli-cken und die betreffende Seite ist noch nicht verfügbar!

Regel 9: Beachten Sie auch die Bildschirmgröße. Der Bildschirm ist im-mer kleiner, als man meint! Solange großflächige Bildschirme noch nicht zum Massenprodukt geworden sind, haben Sie nicht viel mehr als 30–35 cm zur Verfügung! Das ist wesentlich weni-ger als eine Seite in einer Tageszeitung!

Regel 10: Besonders die Möglichkeit, in eine interaktive Kommunikati-on mit dem User einzutreten, eröffnet neue Perspektiven. Nützen Sie diese Möglichkeiten! Die E-Mails, die Sie von Kunden, Inter-essenten, Mitarbeitern etc. erhalten, sind für Sie und Ihre Kolle-gen bzw. Mitarbeitern ein wertvolles Feedback. Der konkrete An-sprechpartner hinter einer Website muss daher leicht erkennbar sein, der „Kontakt" schnell aufrufbar.

Regel 11: Das Internet ist ein besonders dynamisches Medium. Die Geschwindigkeit, mit der Informationen veralten, ist hier noch um ein Vielfaches höher als bei den Printmedien. Tragen Sie dieser Geschwindigkeit Rechnung und aktualisieren Sie Ihre Web-Site wöchentlich! Nur so bleiben Sie für den User interessant! Ältere Informationen gehören ins virtuelle Archiv und können dort für die Recherche bereitgestellt werden.

Die leserfreundliche Gestaltung eines Internettextes und die einfache Navigation sind also zentrale Anliegen. Wir wollen Ihnen daher noch einige Zusatzhinweise dazugeben:

Tipps zur Textgestaltung

- **Strukturieren Sie** – kleine Portionen erleichtern das Lesen.
- **Text-Spalten:** Eine Einteilung in Spalten erleichtert den Überblick.
- **Anker:** Bauen Sie in längere Texte Zwischentitel als „Anker" ein. So kann der Leser innerhalb des Textes springen. Vergessen Sie aber nicht, den „Zurück"-Anker!
- **Druckversion:** Wer Texte lieber auf Papier als am Bildschirm liest (und das sind mehr Menschen als Sie vielleicht meinen!), ist für diesen „Kundenservice" dankbar. Wer direkt ab Browser ausdruckt, erhält oft eine unschön formatierte oder gar unleserliche Version.
- **Typografie:** Je komplexer der Inhalt, desto ruhiger sollte die typografische Gestaltung ausfallen – im Sinne der Leserfreundlichkeit!
- **Gleiche Reihenfolge:** Gleichartige Informationen und Links sollten immer am gleichen Ort zu finden sein. Denken Sie dabei an die Lesegewohnheit; reihen Sie nach der Wichtigkeit von links oben nach rechts unten.
- **Vereinheitlichen:** Verwenden Sie nur bekannte Symbole und Abkürzungen und vereinheitlichte Schriften und Sonderzeichen. So ist es z.B. besser, Währungen nicht mit Sonderzeichen zu benennen. Statt dem €-Zeichen kann beim Ausdruck plötzlich ein Fragezeichen werden. Da ist es besser, Sie verwenden EUR als Abkürzung!
- **Bildschirmschriften:** Das oberste Gebot ist die Lesbarkeit. So sind z.B. Invers-Schriften (hell auf dunkel) sowie Kursiv-Schriften schlechter lesbar und daher für längere Texte nicht geeignet. Wenn Sie sie als Gestaltungselement trotzdem verwenden, setzen Sie sie immer fett.

- **Einfach:** Oberstes Gebot ist hier „je einfacher, desto besser". Nichts zerstört den Ersten Eindruck mehr, als „tote" Links, unauffindbare Informationen und chaotische Navigationshilfen, die den Leser verirrt und verwirrt in den Weiten des WWW zurücklassen.

- **Überblick:** In der Hauptnavigation sollten nicht zu viele Menüpunkte angeführt sein – max. sieben. Vermeiden Sie sich konkurrenzierende oder unklare Menüleisten.

- **Weniger ist mehr:** Überfrachten Sie Ihre Homepage nicht mit Hyperlinks. Setzen Sie Popup-Fenster und Aufklapp-Menüs sparsam ein. Links sollten einen wirklichen Mehrwert bieten und sich nicht nur als „Heiße Luft" oder Sackgasse entpuppen.

- **Verständlichkeit:** Bezeichnen Sie Navigationshilfen besser mit Text als mit irreführenden Symbolen. Verwenden Sie dafür etablierte Begriffe wie „Aktuell", „Kontakt", „Über uns".

- **Sprache:** Ein weit verbreiteter Unfug ist das zunehmende Vermischen der englischen und der deutschen Sprache, wobei sich Standards fast schon als Fachsprache in Englisch etabliert haben, wie z.B. „Home", „Shop", „Sitemap". Wer darüber hinaus meint, besonders „trendy" sein zu müssen, wirkt meist nur gekünstelt.

- **Erkennbarkeit:** Links müssen immer als solche erkennbar sein. Üblich sind dabei Unterstreichen, Einfärben oder Mouse-over-Effekte (= der Effekt, dass sich der Text in der Farbe ändert oder der Hintergrund die Farbe wechselt, wenn man mit dem Mouse-Zeiger darüberfährt). Diese Formen der Textgestaltung sollten lediglich für Links verwendet werden, da dies sonst für den Leser irreführend ist.

- **Links an den Rand:** Hyperlinks stören den Lesefluss im Text. Es ist daher besser, die Links in eine Randspalte oder separat am Ende des Textes zu platzieren.

- **Externe Links:** Bieten Sie auf Ihrer Seite auch Links zu anderen Sites an, sollten sich dabei eigene Fenster öffnen, damit Sie Ihre eigenen Site-Besucher nicht vorzeitig verlieren.

Das Internet eröffnet uns eine völlig neue, bunte und unendlich vielfältige Medienwelt. Viele meinen, hier liege die eigentliche Zukunft der Kommunikation. Aber diese Zukunft entsteht zunächst nur in unseren Köpfen. Wie wir sie dann „nutzerfreundlich" auf den Bildschirm bringen, wird entscheiden, ob wir in diesem neuen Medium erfolgreich sind oder nicht. Gerade hier ist der positive Einstieg wichtig. Kein anderes Medium ist auf Grund seiner Geschwindigkeit so sehr vom Ersten Eindruck geprägt wie das Internet. Bedenken Sie daher bei all der Vielfalt, dass gerade dieses Medium eine besondere Anforderung an die Aufnahmefähigkeit des Benutzers stellt.

Wichtig:
Vergessen Sie nie, die Brille des Users aufzusetzen!

9.1 Was tun gegen Lampenfieber?

„Nur schlechte Schauspieler haben kein Lampenfieber."
Karl Kraus

Je mehr ich mir über einen bevorstehenden Auftritt Gedanken mache, desto sicherer ist auch das Aufkommen einer für diese Situation typischen „Krankheit": dem Lampenfieber. Wer behauptet, dieses Gefühl nicht zu kennen, der schwindelt höchstwahrscheinlich – oder er lebt als Einsiedler, ohne je auf fremde Menschen getroffen zu sein. Es gibt viele Schauspieler, die auch noch vor dem tausendsten Auftritt heftig davon ergriffen werden. Der Puls beginnt zu jagen, sie bekommen kaum noch Luft, das Gesicht färbt sich abwechselnd rot und weiß, die Hände werden feucht oder sie glauben, keinen Ton mehr herauszubekommen. Alle vorbereiteten Sätze sind wie aus dem Gedächtnis gefegt!

Wie soll es da gelingen, einen lockeren, souveränen Eindruck zu hinterlassen?

Betrachten Sie zunächst Lampenfieber als etwas **ganz Natürliches**, wenn ein wichtiger Auftritt bevorsteht. Nur wer seine Ängste zulässt, sie nicht als Schwäche betrachtet, kann sie auch überwinden! Verdrängen Sie dieses natürliche Gefühl nicht – das gelingt auch meist nur für kurze Zeit. Stehen Sie zu Ihrem Lampenfieber, Sie teilen dieses Gefühl mit vielen prominenten „Kollegen".

Lampenfieber hat einen sehr positiven Aspekt. Es schafft einen Spannungszustand im Körper, bewirkt eine vermehrte Produktion von Adrenalin und das wiederum wirkt wie eine Droge: Alle Ihre Sinne sind hellwach, Sie reagieren schneller und sind zu Höchstleistungen fähig. Ein erfolgreicher Redner hat uns einmal anvertraut, dass er genau dann am besten ist und am meisten Beifall bekommt, wenn er vorher besonders unter Lampenfieber leidet. Seither sehen wir unser eigenes Lampenfieber viel gelassener!

Hinterfragen Sie Ihre Angst: Wovor habe ich eigentlich Angst?

- Vor den anderen, vor fremden Zuhörern?
- Vor der unbekannten Situation?
- Vor einer möglichen Ablehnung?
- Vor Kritik?
- Vor dem eigenen Versagen?
- Vor der Überforderung?
- Vor dem Nicht-erfüllen-Können der eigenen Erwartungen?

Besonders der letzte Punkt erscheint uns wichtig:

Wenn Sie an sich zu hohe Anforderungen stellen, setzen Sie sich unnötig unter Druck. „Ich muss es schaffen!" hemmt. Ein besserer Vorsatz lautet: „Ich werde es schaffen – auf meine Weise!"

Wenn jedoch das Lampenfieber trotz positiver Einstellung überhand zu nehmen droht, geraten Sie in Gefahr, sich selbst zu blockieren. Daher ist es wichtig, diese „Angstdroge" in erträglichem Rahmen zu halten.

Tipps gegen Lampenfieber

- **Visualisieren.** Die Methoden des Visualisierens und der optimalen Vorbereitung helfen, das Lampenfieber zu bekämpfen. Je besser Sie vorbereitet sind, desto sicherer fühlen Sie sich. Je bewusster Sie die unbekannte Situation im Geiste vorwegnehmen, desto vertrauter wird sie, desto weniger bedrohlich.

- **Gute Vorbereitung.** Haben Sie sich gründlich auf den großen Moment vorbereitet, hält sich das Lampenfieber meist auch in natürlichen Grenzen. Übertriebenes Lampenfieber ist oft ein Ausdruck von schlechtem Gewissen. „Hätte ich doch nur alles noch einmal durchgegangen, dann wäre ich jetzt ruhiger!"

- **Positive Erfahrungen.** Erinnern Sie sich kurz vor einem wichtigen Auftritt oder einer wichtigen Begegnung an einen Anlass, wo Sie erfolgreich waren. Rufen Sie sich dieses gute Gefühl in allen Details in Erinnerung – das gibt Kraft, es noch einmal genauso gut zu machen!

- **Kritik als Chance.** Erwarten Sie nicht, es immer allen recht machen zu können. Immer wieder wird es Menschen geben, die nicht ausschließlich positiv auf Sie und Ihr Anliegen reagieren. Nehmen Sie sich das nicht zu sehr zu Herzen. Niemand ist immer nur ein Sieger! Lernen Sie aus Niederlagen, sehen Sie Kritik als Chance und als Herausforderung, sich zu verbessern.

- **Gute Kondition.** Achten Sie vor wichtigen Anlässen auf eine ausgewogene, nicht zu schwere Ernährung und ausreichend Schlaf. Stress-Situationen kosten auch körperlich Kraft, und eine gute Kondition verhilft nicht nur Spitzensportlern zu Spitzenleistungen.

- **Positive Droge Lampenfieber.** Gehen Sie sehr vorsichtig mit „Angstkillern", wie Alkohol, Medikamenten und übermäßigem Nikotingenuss, um. Diese Drogen beruhigen zwar kurzfristig, aber sie entziehen dem Körper seine natürlichen Kräfte und verfälschen Ihre natürliche Erscheinung. Nützen Sie lieber die Droge, die Ihnen die Natur für solche Situationen liefert: den Adrenalin-Stoß des Lampenfiebers!

- **Entspannungstechniken.** Autogenes Training ist eine äußerst wirksame Methode, sich zu entspannen, sich aufs Wesentliche zu konzentrieren und damit der wichtigen Situation ruhig und souverän zu begegnen. Beim autogenen Training suggerieren Sie selbst Ihrem Körper Entspannung und können auch noch Ihr Selbstwertgefühl positiv beeinflussen. Auch Yoga oder andere Entspannungstechniken helfen, das nötige Maß an Ruhe zu bewahren.

- **Richtig atmen.** Vor einem wichtigen Auftritt oder einem für Sie bedeutenden Gespräch sollten Sie unbedingt noch schnell einige Atemübungen machen. Bleibt Ihnen nämlich vor Aufregung die Luft weg, fällt der rhetorische Einstieg schwer (siehe auch Tipps aus Kapitel 4.4).

9.2 Was tun, wenn der Erste Eindruck danebengegangen ist?

Beispiel

Herr Jung hat sich viel vorgenommen: Er leitet heute in seiner neuen Firma zum ersten Mal eine wichtige Besprechung mit einem neuen Kooperationspartner. Rhetorik, sicheres Auftreten und Verhandeln sind seine Stärken. Nicht umsonst hat er den begehrten Job bekommen und sich gegen andere Bewerber durchgesetzt.

Er weiß nicht allzu viel über den neuen Gesprächspartner, nur, dass er sehr genau, fast pedantisch ist im Umgang mit Sachinhalten – und dass er eben von einem dreiwöchigen Urlaub zurückgekommen ist. „Ich werde ihn freundlich willkommen heißen und mit gekonntem Smalltalk über seinen Urlaub knacken", nimmt er sich vor.

Sein Verhandlungspartner, Herr König, betritt braun gebrannt und dynamisch den Raum. Herr Jung stürzt auf ihn zu, schüttelt ihm die Hand und bringt das Gespräch sofort auf den Urlaub des Gastes.

„Sie sehen wunderbar erholt aus, wo waren Sie denn auf Urlaub?"

„In Brasilien …"

„Ah, wunderbar, da war ich letztes Jahr auch! Ich muss sagen, außer der Sonne und dem Meer sind mir vor allem zwei Dinge in Erinnerung geblieben: Fußball und die schönen Frauen."

„Ja, der Fußball …"

„Toll nicht, wie da schon die kleinsten Kinder mit dem Ball umgehen können. Und dann erst die schönen, kaum bekleideten Frauen! Die sind ja alle so offenherzig, einem kleinen Flirt oder auch mehr nie abgeneigt, wenn Sie wissen, was ich meine … ha, ha!"

Das verbindliche Lächeln auf dem Gesicht des Herrn König verkrampft sich plötzlich, seine Haltung versteift sich.

„Wenden wir uns doch unserem heutigen Punkt eins zu", stellt er knapp fest und es beginnt ein zähes Ringen um mühsame Details. Herr Jung kommt zunehmend ins Schwitzen. So schwierig hat er sich diese Verhandlung nicht vorgestellt. Er hat den Eindruck, bei seinem Gesprächspartner nicht gerade auf Sympathie zu stoßen. Was ist da gleich am Anfang schief gelaufen?

Er konnte natürlich nicht ahnen, dass Herr König mit einer Brasilianerin verheiratet ist und mit ihr auf Heimaturlaub war, wo er sich auch um ein von seiner Frau ins Leben gerufenen Hilfsprojekt im Kampf gegen Sex-Tourismus gekümmert hat.

Dieses Beispiel ist sicher extrem – Herr Jung hätte wahrscheinlich auch bei einem „neutraleren" Gesprächspartner mit der etwas flapsigen Bemerkung nicht unbedingt gepunktet. Was hat ihn überhaupt dazu gebracht, so einen „Macho-Spruch" einzuwerfen? Er ist sonst nicht unbedingt der Typ, der überall Frauenwitze erzählt. Er hat sich aber ganz einfach bei seinem Ersten Eindruck vom anderen geirrt, er hat Herrn König falsch eingeschätzt. Dieser wirkt mit seiner sportlich-braun gebrannten und modisch gepflegten Erscheinung wie der klassische Playboy. Ein Typ, der bei Frauen positiv auffällt. Das hat Herrn Jung zu der fälschlichen Annahme verleitet, der Spruch wäre genau richtig.

Da sind wir schon bei einer Ursache für Pleiten, Pech und Pannen …

Acht Gründe, warum der Erste Eindruck negativ ausfällt – und wie Sie es verhindern können:

1. **Falsche Einschätzung des anderen.** Wir haben nur einen Augenblick Zeit, uns für eine passende Strategie bei unserem Erstauftritt zu entscheiden. Fehleinschätzungen können da sehr fatal sein.
    ◆ Wählen Sie daher eine möglichst neutrale Strategie, wenn Ihnen keine Informationen über den anderen bekannt sind. Es ist besser, belanglose Themen zu wählen, als unnütz zu provozieren. *Wäre Herr Jung nur beim Fußball geblieben …*

2. **Nervosität macht unsicher.** In einer wichtigen Situation, in der ich mir der Wichtigkeit meines Ersten Eindrucks bewusst bin, liegen naturgemäß die Nerven blank. Genau dann passieren all die Dinge, die ich bewusst vermeiden wollte. Eine Situation, die wohl jeder kennt.
    ◆ Konzentrieren Sie sich im Vorfeld nicht auf die zu vermeidenden Dinge, sondern machen Sie es genau umgekehrt: Visualisieren Sie den positiven Ablauf und spielen Sie dabei mehrere Möglichkeiten durch. Das macht mit dem Positiven vertraut, prägt Ihre Erwartungshaltung. Wer mit Pannen rechnet, wird ihnen wahrscheinlich auch begegnen!

3. **Nervosität macht ungeschickt.** Je wichtiger mein Auftritt, desto mehr tückische Fallen stellen sich in den Weg. Diese Tatsache hat schon so manchen ansonsten durchaus geschickten und trittsicheren Menschen ins Straucheln gebracht. Ausgerechnet beim Betreten des Rednerpultes stolpert er. Genau in dem Zeitpunkt, wo ihm der wichtige neue „Kon-

takt" vorgestellt wird, schüttet er sich den Inhalt seines Glases auf die Krawatte. Die Liste dieser Peinlichkeiten ist beliebig fortsetzbar.

◆ Auch hier gilt: Verbannen Sie negative Erwartungshaltungen aus ihrer Gedankenwelt. Auch wenn Sie schon einmal etwas Ähnliches erlebt haben – haken Sie die Erinnerung daran ab und konzentrieren Sie sich bewusst auf den Inhalt Ihres Auftrittes: auf die zu haltende Rede, die Punkte, die Sie mit der neuen Kontaktperson besprechen wollen etc.

4. **Ein Blackout im entscheidenden Moment.** Auch diese Situation ist fast jedem vertraut. Man steht vor einem oder mehreren erwartungsvollen Gesichtern und plötzlich ist das Gehirn wie leer, alle guten Gedanken wie weggeblasen und aus dem offenen Mund will einfach kein Wort entweichen.

◆ Ein positiver Erster Eindruck lässt sich auch ohne Worte erzielen. Lächeln sie Ihr Gegenüber offen und freundlich an. So punkten Sie immer – und Sie konzentrieren sich dabei auch auf den anderen. Dadurch fällt Ihnen leicht eine Frage ein. Auch, wenn es nicht unbedingt zum Thema passt. Ist eine Frage, wie z.B. „Wie sind Sie hergekommen?", immer noch besser, als gestammelte Versuche, krampfhaft das eigene Konzept wieder zu finden.

5. **Der falsche Zeitpunkt.** Wer zum unpassenden Zeitpunkt auf der Bildfläche erscheint, kann noch so professionell auftreten, er wird wenig Pluspunkte sammeln. Der oder die anderen sind im Moment aus welchen Gründen auch immer einfach nicht bereit, ihn positiv wahrzunehmen. Wer z.B. einen für ihn geschäftlich interessanten Gesprächspartner in der Sauna entdeckt, sollte die Kontaktaufnahme doch lieber auf einen offiziellen Anlass verschieben. Niemand wird in seiner Freizeit gerne beruflich „belästigt", da kann das Anliegen noch so interessant sein.

◆ Entwickeln Sie die nötige Sensibilität im Umgang mit anderen. Sie erwecken einen viel positiveren Ersten Eindruck, wenn Sie z.B. die Situation Sauna dazu nutzen, den anderen freundlich zuzulächeln und dann diskret die Privatsphäre des anderen respektieren. Er wird es Ihnen beim nächsten Treffen zu danken wissen.

6. **Ablehnung des anderen.** Es gibt aber auch Situationen, da liegt die Ursache für den negativen Ersten Eindruck eindeutig in der Sphäre des an-

deren. Wer zum Beispiel aus welchem Grund auch immer eine negative Einstellung zu meinem Unternehmen hat, der überträgt diese Einstellung auch auf mich, obwohl ich ihm noch nie begegnet bin. Manchmal hat man ganz einfach ohne eigenes Zutun vom ersten Moment an schlechte Karten.

♦ Erkennen Sie solche Situationen und entlarven Sie die Hintergründe. Wer die wahren Ursachen entdeckt, dem gelingt es leichter, so eine spontane Ablehnung nicht auf die eigene Person zu beziehen. Rufen Sie sich bewusst in Erinnerung: der andere hat ein Problem, nicht Sie!

7. **„Aufmerksamkeitsfresser".** Ein Erster Eindruck entsteht nur dann, wenn eine Person überhaupt wahrgenommen wird. Sind jedoch alle Sinne des anderen auf etwas anderes gerichtet, fällt es mir schwer, überhaupt in sein Bewusstsein vorzudringen. Solche „Aufmerksamkeitsfresser" können andere Menschen oder Ereignisse, die zeitgleich stattfinden, aber auch Bilder sein: Wer gerade mit jemanden anderen in ein interessantes Gespräch vertieft ist oder voller Begeisterung ein Fussballspiel verfolgt, wird einen neu auf der „Bildfläche" auftauchenden Gesprächspartner wenig beachten – und wenn, dann maximal als Störfaktor. Aber auch, wer seinen eigenen Vortrag mit der Powerpoint-Folie seines Vorredners im Hintergrund beginnt, muss mit nur geteilter Aufmerksamkeit rechnen. Oft wird so der Erste Eindruck gerade zu verfälscht, weil sich der „Aufmerksamkeitsfresser" mit dem Eindruck der Person verbindet. „Ach ja, der Typ, der vor dem Bild der lachenden Comics-Figuren über Trauerbewältigung sprechen wollte – das war echt komisch …"

♦ Achten Sie auf solche „Aufmerksamkeitskiller" in Ihrem Umfeld. Entfernen Sie z.B. alle Bilder, Flipcharts und Ähnliches aus dem Gesichtsfeld Ihrer Zuhörer. Warten Sie mit dem Gesprächseinstieg mit einem neuen Partner, bis Sie dessen ungeteilte Aufmerksamkeit haben – egal, ob er mit einem anderen spricht oder gerade dem entscheidenden Meisterschaftstor seiner Lieblingsmannschaft entgegenfiebert.

8. **Das leidige Namensproblem.** Sie möchten bei einem Kunden vom ersten Moment an punkten und genau im Moment der Begrüßung ist der Name des anderen wie weggefegt. Dabei haben Sie sich den Namen irgendwo notiert und am Herweg auch noch einmal in Erinnerung gerufen! Der Erste Eindruck des Kunden wird auf jeden Fall negativ aus-

fallen, wenn Sie ihn mit einem gestammelten „Guten Tag, Herr äh ...“ begrüßen. So positiv die Nennung des Namens bei der ersten Begrüßung wirkt, so sehr bewirkt das Vergessen das Gegenteil: der andere bekommt den Eindruck, dass er uns einfach nicht wichtig genug ist.

◆ Sprechen Sie den Namen des zukünftigen Gesprächspartners bei der Vorbereitung laut aus. Was wir tatsächlich laut sagen, prägt sich besser im Gedächtnis ein – denken Sie nur ans Vokabellernen in der Schule. Manchmal hilft es auch, sich zu dem Namen ein Bild vorzustellen: so wird aus dem Herrn Stepanek ein Tänzer, der an der Ecke Stepp tanzt. Aus der Frau Reisenhofer wird ein heimwehkranker Reisender, der immer seinen Hof in Kleinformat mit im Gepäck hat. Der Phantasie sind keine Grenzen gesetzt!

Wussten Sie, woher der Ausdruck „Ins Fettnäpfchen treten“ stammt? Früher gab es in fast jedem Bauernhaus gleich neben dem Herd einen Topf mit Stiefelfett. So konnte jeder Besucher seine nass gewordenen Stiefel gleich mit Fett einreiben, um das Schuhwerk zu schützen. Wer irrtümlich in diesen Topf trat, hinterließ auf dem Holzboden hässliche Fettspuren – nicht gerade zur großen Freude der Hausfrau!

Auch wenn der Brauch des Schuhe-Einfettens aus der Mode gekommen ist – die imaginären Fettnäpfe stehen immer noch überall herum.

Was aber tun, wenn das Unglück passiert ist? Wie reagiere ich auf einen Fauxpas gleich am Anfang einer neuen Bekanntschaft? Wie finde ich Auswege aus dem Fettnäpfchen?

Tipps zur „Pannenhilfe“

◆ **Pannen sind relativ!** Was wir als peinlich empfinden, ist vielfach eine Sache der eigenen Wertvorstellungen. Was dem einen zutiefst peinlich ist, empfindet ein anderer als eher harmlose, typisch menschliche Nebensächlichkeit. Hinterfragen Sie also Ihre inneren Werte: Wer oder was hat Sie dabei geprägt? Sind diese Normen noch zeitgemäß? Oder stelle ich einfach zu hohe Ansprüche an meinen Auftritt nach außen? Vielen tut ein gewisses Maß an mehr Natürlichkeit in ihrem Auftritt gut, sie wirken so echter, menschlicher. Perfekte, unfehlbare Gesprächspartner werden schnell langweilig!

♦ **Einfach ignorieren!** Habe ich einmal erkannt, dass ein kleiner Fauxpas nicht den Weltuntergang bedeutet, ist es in vielen Fällen die beste Möglichkeit, das Geschehene einfach zu ignorieren. Sie und auch Ihr Gegenüber misst so der ganzen Tatsache viel weniger Bedeutung zu, als wenn Sie sich langmächtig und wortreich entschuldigen. Oft verschwindet das Geschehen so im Nachhinein ganz aus dem Gedächtnis des Gesprächspartners.

♦ **Wenn notwendig, dann entschuldigen.** Kann man das Geschehene nicht einfach ignorieren, weil Sie zum Beispiel dem Gastgeber den Rotwein über das Tischtuch gelehrt haben, ist eine Entschuldigung die logische Reaktion. Je nach Schwere des Missgeschicks sollten Sie auch eine Wiedergutmachung anbieten: Reinigung, Reparatur etc.

♦ **Floskeln vermeiden!** Wer sich entschuldigt, kann durchaus Betroffenheit zeigen, wenn das Missgeschick ernsthaftere Folgen hat. Sie sollten aber in jedem Fall abgedroschene Floskeln nach dem Motto: „Das ist ja wieder einmal typisch für mich!" vermeiden. Übermäßige Entschuldigungen sind meist auch dem anderen unangenehm. Machen Sie sich nicht kleiner als notwendig.

♦ **Demutsgesten vermeiden!** Halten Sie auf jeden Fall Blickkontakt und bewahren Sie Ihre aufrechte Haltung. Es gibt keinen Grund, sich in den Staub zu werfen. Sie haben ja kein Verbrechen begangen. Ein freundliches Lächeln wirkt da wesentlich positiver.

♦ **Keine Selbstgespräche.** Führen Sie nicht parallel zum nachfolgenden Gespräch ein negatives Selbstgespräch: „Das kann ja wieder einmal nur dir passieren!"

♦ **Kein „Verlegenheitsgequassel".** Konzentrieren Sie sich lieber wieder verstärkt auf Ihren Gesprächspartner. Stellen Sie ihm eine Frage, statt selbst zu viel zu reden. Wir versuchen oft, Peinlichkeiten durch besonders viel Gerede zu überdecken – ein Versuch, der scheitern muss!

♦ **Humor beweist Selbstbewusstsein!** Machen Sie doch gleich aus dem kleinen Unglück einen Vorteil. Wer über sich selbst lachen kann, der erwirbt Sympathien. Nehmen Sie einfach lachend die angekleckerte Krawatte ab, stehen sie wieder auf, wenn Sie gestolpert sind, breiten Sie lachend die Arme aus und zucken dabei entschuldigend mit den Schultern – dieses positive Bild bleibt den anderen eher im Gedächtnis!

Was ist zu tun, wenn das Missgeschick dem anderen passiert? Reicht es, sich das schadenfrohe Grinsen zu verkneifen und ein gönnerhaftes „Ist ja halb so schlimm" zu platzieren?

Wem ein Missgeschick passiert, der fühlt sich in der betreffenden Situation nicht gerade wohl. Dieses Gefühl ist in seinem Gedächtnis untrennbar mit dieser Situation verbunden und somit auch mit Ihrer Person. So kann es passieren, dass das Missgeschick des anderen Auswirkungen auf den eigenen Ersten Eindruck hat. Es ist daher auch wichtig, auf einen „Fehltritt" des anderen richtig zureagieren. Spielen Sie die Situation wenn möglich herunter, übergehen Sie kleinere Missgeschicke ganz einfach. Gelassenheit und Freundlichkeit helfen dem andere über den peinlichen Moment hinweg. Sie können auch dadurch Größe beweisen, dass Sie eine eigene „Peinlichkeitsstory" erzählen – und zwar eine, die auf Ihrer persönlichen Hitliste ganz oben steht. Damit begeben Sie sich in gewisser Weise ins gleiche Boot wie Ihr Vis-a-vis. Nichts verbindet mehr als gemeinsames Lachen über die eigene Ungeschicklichkeit!

Auch Pannen haben ihren Wert, aber nicht jeder, der nach
Indien fährt, entdeckt Amerika.
Carl Reischach (*1927), Vorstandsvors. Erste Kulmbacher
Actien-Brauerei AG

9.3 Der Weg zur zweiten Chance

Man muss die Vorurteile seiner Zeit gut kennen, um sie weder
zu sehr zu verletzten, noch ihnen zu verfallen.
Charles de Secondat (1689 – 1755)

Wir haben uns am Anfang diese Buches viel mit unserer Wahrnehmung beschäftigt und wie sehr sie den Ersten Eindruck prägt. Kommt Wahrnehmung von Wahrheit? Ist das Bild, das in unserem Inneren entsteht, das Abbild der Wirklichkeit? Wohl kaum, bedenkt man all die Einflussfaktoren auf unsere verschiedenen Wahrnehmungskanäle.

Haben wir da überhaupt eine Chance, richtig – so wie wir wirklich sind – wahrgenommen zu werden? Sind wir nicht trotz all unserer Bemühungen um einen positiven Eindruck hilflos den Vorurteilen der anderen ausgeliefert? Und sind wir nicht selbst auch voll von diesen Vorurteilen, die uns die erste Einordnung unserer Mitmenschen nur scheinbar so leicht macht?

Mit den Vorurteilen ist es wie mit den Ameisen am Fußboden: Unternimmt man nichts dagegen, werden es immer mehr!

Egal, wie tolerant wir uns geben: Niemand ist frei von Vorurteilen. Wir kultivieren sie ja auch, um uns das Leben bei der Vielfalt an Begegnungen leichter zu machen. Doch sehr oft stehen gerade diese Vorurteile einer der Wahrheit entsprechenden Beurteilung unserer Mitmenschen im Wege. Oft verleiten sie uns zu Fehleinschätzungen, die unsere Beziehungen entscheidend mitprägen. Viele Chancen bleiben auf diese Weise ungenützt.

Der sicherste Weg, Vorurteile zu bekämpfen, ist es daher, bei sich selber anzufangen. Wer nämlich vorschnell Urteile über andere fällt, strahlt genau diese Einstellung aus. Und erhält genau die gleiche „Behandlung" zurück! Er landet wesentlich schneller in einer bestimmten Schublade. Die beste Taktik gegen Vorurteile ist daher das Bekämpfen der eigenen!

Was sind *Ihre* typischen Vorurteile? Finden Sie in der folgenden Aufzählung einige bekannte Vorurteile wieder?

- typisch Frau
- Alle Südländer sind Machos
- Wer weiße Socken trägt, hat keinen Stil
- blond und blöd
- Porschefahrer sind Angeber
- Beamte sind faul
- Ausländer wollen nicht arbeiten
- Professoren sind zerstreut

Zugegeben, diese Beispiele sind ziemlich banal. Aber genau hier beginnen unsere Vorurteile, auch wenn wir das ungern zugeben. Viele Vorurteile sind jedoch diffiziler und nicht so leicht zu identifizieren. Machen Sie sich einmal die Mühe, Ihre ganz persönlichen „Vorurteilsfallen" aufzuschreiben. Können Sie sich an einen Fall erinnern, wo Sie mit Ihrer ersten Beurteilung ziemlich falsch gelegen sind? Was war der Grund? Nur, wenn Sie absolut ehrlich zu sich sind, kommen Sie Ihren Vorurteilen auf die Spur.

Es wird Ihnen sicher schwer gelingen, alle Ihre Vorurteile von heute auf morgen über Bord zu werfen. Es ist aber schon ein erster Schritt, seine Einstellungen zu kennen. Nur so können Sie im „Ernstfall" sich selbst noch rechtzeitig ein Zeichen geben und die vorschnell geöffnete Schublade noch einmal überprüfen!

Am Ende unseres Buches wollen wir Ihnen die fünf wichtigsten Strategien vorstellen, die verhindern helfen, vorschnell in der falschen Schublade der anderen zu landen.

Strategie Nummer 1: Sind Sie immer Sie selbst, sind Sie echt! Je authentischer Sie auftreten, desto intensiver wirken Sie, desto geringer ist auch die Gefahr, falsch beurteilt zu werden. Denn wer dem anderen etwas vorspielt, verwirrt ihn und verleitet ihn zu Fehleinschätzungen. Und nicht immer landet man dort, wo man mit seinem „Verwirrspiel" auch hin will.

Strategie Nummer 2: Erkennen Sie rechtzeitig die Schublade, in die man Sie stecken will. Die Vorurteile der anderen sind erkennbar, wenn Sie nur genau hinsehen. Lernen Sie, die anderen zu durchschauen. Nur so können Sie Vorurteilen gezielt begegnen und den anderen davon überzeugen, dass er falsch urteilt.

Strategie Nummer 3: Machen Sie es sich und anderen nicht unnötig schwer: Verzichten Sie auf Details mit Signalwirkung! Wenn Sie auf Grund Ihres äußeren Erscheinungsbildes einen bestimmten Eindruck erwecken, der nicht Ihrer Persönlichkeit entspricht, sind schon wieder die falschen Schubladen weit geöffnet.

Strategie Nummer 4: Werden Sie aktiv! Wenn Sie selbst offen auf andere zugehen, sich für sie interessieren, geben Sie den anderen die Chance, Sie besser und aus der Nähe zu betrachten! Und je genauer die anderen hinschauen, desto genauer entspricht das Bild der Wahrheit. Die Mühe, die Sie sich mit der Beurteilung anderer machen, werden Sie auch zurückbekommen.

Strategie Nummer 5: Sorgen Sie für Gelassenheit! Wer souverän und selbstbewusst ist, nimmt auch einmal in Kauf, in die falsche Schublade gesteckt zu werden. Nehmen Sie es Ihren Mitmenschen nicht übel und zahlen Sie nicht Gleiches mit Gleichem heim. Und denken Sie zum Trost daran, dass man einfach nicht allen Menschen gleich sympathisch sein kann. Gerade starke Persönlichkeiten polarisieren!

Wer offen und interessiert für seine Mitmenschen durch das Leben geht, für den steckt das Leben voller positiver Überraschungen. Er entdeckt an seinen Mitmenschen immer neue und interessante Seiten. Begegnungen bleiben auch noch nach den ersten Augenblicken interessant. Der Erste Eindruck ist nicht immer die letzte Chance!

Geben Sie sich und Ihren Mitmenschen auch eine zweite Chance!

Literaturliste

(wenn nicht direkt bei der Textstelle angegeben)

AYRES, A. Jean, Bausteine der kindlichen Entwicklung, Berlin 1984

CERWINKA, Gabriele, SCHRANZ, Gabriele, Die Macht des ersten Eindrucks, Ueberreuter, Frankfurt/Wien, 1998

CERWINKA, Gabriele, SCHRANZ, Gabriele, Souverän im Sekretariat, Ueberreuter, Frankfurt/Wien, 2001

CERWINKA, Gabriele, SCHRANZ, Gabriele, Nervensägen, Linde-Verlag, Wien, 2005

CERWINKA, Gabriele, SCHRANZ, Gabriele, Die Büro-Bibel, Linde-Verlag, Wien, 2006

CHWAB, Rita, Körpersprache im Unterricht, http://www.informationstechnikadam.de/inft/themen/07SchwabKorrperprache.htm

COHEN, Stacy, Primacy Effect – Effektive orientation programs help companies build loyalty and retention, Kansas City Business Journal (7.7.2000)

EIBL-EIBELFELDT, Irenäus, Zur Ethologie des menschlichen Grußverhaltens, Zeitschrift für Tierpsychologie 25/1968, S. 727–744

FREY, Siegfried, Die nonverbale Kommunikation, Stuttgart, 1984

GOAL AG für Werbung und Public Relations, Zürich, Newsletter No. 2/2005

HASENBECK, Maja, In die Augen, in den Sinn, Offenbach/M., 1991

KNILL, Hildegard, „Wahr-Nehmen oder Falsch-Nehmen", Knill+Knill Kommunikationsberatung, auf www.rhetorik.ch

KÜHNHANNS, Christoph, Der berühmte Primacy Effect, http://www.kuehnhanns.com/html/06gespraech/01PrimacyEffect.html

MEHRABIAN, Albert, Nonverbal Communication, Chicago, 1972

MERG, Klaus, KNÖDLER, Torsten, Überleben im Job, Redline Wirtschaft, Frankfurt, 2005

MOLCHO, Samy, Körpersprache als Dialog, Mosaik-Verlag, 1988

MOORE, Monica M., BUTLER, Diana L., Predictive Aspects of Nonverbal Courtship Behaviour in Women, Semiotica 76/1989 (3-4), S. 205 ff.

MUTH, Michael, WEIDNER, Lutz, ZEHETBAUER, Emanuel, Der Einfluss nonverbaler Kommunikation, in Unternehmenskommunikation, Digitale Fachbibliothek auf CD-ROM, Düsseldorf, 2005

ROSENBUSCH, Heinz, Körpersprache in der schulischen Erziehung, Otto Schober Burgbücherei Schneider, 1986

SCHEELEN, Frank M., Menschenkenntnis auf einen Blick, mvg Verlag, Landsberg, 2000

STRUPAT, Ralf, Der erste Eindruck zählt, auf www.businessWorld.de (16.6.2005)

WIRTH, Bernhard P., Alles über Menschenkenntnis, Charakterkunde und Körpersprache, mvg Verlag, Landsberg, 2003

WIRTH, Thomas, Missing Links – über gutes Webdesign, auf webwriting.ch, 2002

ZIMMER, Renate, Handbuch der Sinneswahrnehmung, Herder, Freiburg, 1995

Stichwortverzeichnis